JAHRBUCH
DES RHEIN-SIEG-KREISES
2005

:rhein-sieg-kreis

LANDSCHAFT UND NATUR

GESCHICHTE UND GESCHICHTEN

LEBEN UND KULTUR

WIRTSCHAFT UND INDUSTRIE

CHRONIK 2003 / 2004

JAHRBUCH
DES RHEIN-SIEG-KREISES

2005

:rhein-sieg-kreis

LANDSCHAFT UND NATUR

GESCHICHTE UND GESCHICHTEN

LEBEN UND KULTUR

WIRTSCHAFT UND INDUSTRIE

CHRONIK 2003 / 2004

HERAUSGEGEBEN VOM RHEIN-SIEG-KREIS, 2004
BEARBEITUNG UND REDAKTION
RAINER LAND, SUSANNE WERNER UND REINHARD ZADO
ERSCHIENEN IM RHEINLANDIA VERLAG, KLAUS WALTERSCHEID, SIEGBURG

Die Herausgabe dieses Buches
wurde dankenswerterweise
von der
Kreissparkasse Köln
unterstützt

ISBN: 3-3-935005-88-1

© 2004, bei den Autoren
Alle Rechte vorbehalten

Herausgeber: Rhein-Sieg-Kreis, Der Landrat, Siegburg

Anschrift der Redaktion:
Rhein-Sieg-Kreis, Der Landrat – Kulturabteilung –, Postfach 1551, 53705 Siegburg
Telefon: 02241 133365, Telefax: 02241 132441, e-mail: jahrbuch@rhein-sieg-kreis.de

Erschienen im Rheinlandia Verlag, Klaus Walterscheid, Siegburg
www.rheinlandia.de
e-mail: K.Walterscheid@rheinlandia.de

Redaktionsausschuss: Rudolf Finke, Peter-Ralf Müller, Michael Solf, Astrid Thiel
Redaktion: Rainer Land (federführend), Reinhard Zado, Susanne Werner
Lektorat: Regina Gehrke

Titelbild: Reinhard Zado
Gestaltung, Satz, Layout, Herstellung: Reinhard Zado, Martina Krautscheid, Niederhofen
www.zado.de

Das Jahrbuch erscheint in einer Auflage von 7.500 Exemplaren.

UNSERE AUTOREN

Dr. Claudia Maria Arndt	Leiterin des Kreisarchivs des Rhein-Sieg-Kreises
Matthias Becker	Schulkoordinator AOK Rheinland, Regionaldirektion Rhein-Sieg-Kreis
Thomas Bernsen	Projektmanager der Kreissparkasse Köln, Zentralbereich Unternehmens- und Technologieförderung, Diplom-Kaufmann
Frieder Berres	Autor regionalhistorischer und heimatkundlicher Veröffentlichungen, Beamter i. R.
Klaus Breuer	Verschönerungsverein für das Siebengebirge
Dr. Horst Bursch	Autor regionalhistorischer und heimatkundlicher Veröffentlichungen, Lehrer
Dr. Olaf Denz	Diplom-Biologe
Elisabeth Einecke-Klövekorn	Vorsitzende der Theatergemeinde Bonn
Gerti Große	Mitarbeiterin im Kreistagsbüro des Rhein-Sieg-Kreises
Dr. Barbara Hausmanns	Journalistin
Josef Hastrich	Stellvertretender Vorstandsvorsitzender der Kreissparkasse Köln
Dr. Horst Heidermann	Autor von Veröffentlichungen zu bergischen und rheinischen Malern, Geschäftsführer a. D.
Frank Hüllen	Autor regionalhistorischer und heimatkundlicher Veröffentlichungen, Diplom-Volkswirt
Dr. Wolfgang Kemmer	Vorsitzender der Landschaftsbeirates beim Rhein-Sieg-Kreis und des NABU Rhein-Sieg, Biologe
Peter Kern	Pressesprecher des Kreisfeuerwehrverbandes des Rhein-Sieg-Kreises
Ursula Keusen-Nickel	Vorsitzende der Region Rhein-Sieg-Kreis von „Jugend musiziert", Leiterin der Musikschule Sankt Augustin a. D.
Dr. Andrea Korte-Böger	Archivarin der Stadt Siegburg
Dr. Walter Kiwit	Oberkreisdirektor des Rhein-Sieg-Kreises a. D.
Rainer Land	Leiter der Kulturabteilung des Rhein-Sieg-Kreises
Alfred Meinerzhagen	Geschäftsführer des Zweckverbandes Gemeinsame Kommunale Datenverarbeitung Rhein-Sieg/Oberberg
Jürgen Morich	Journalist
Dr. Hanns G. Noppeney	vormals Personalmanager in der Industrie
Dr. Otto Paleczek	Beamter i. R.
Elmar Scheuren	Leiter des Siebengebirgsmuseums der Stadt Königswinter
Irmgard Schillo	Gleichstellungsbeauftragte des Rhein-Sieg-Kreises
Jürgen Schmitz	Maler
Curd Söntgerath	Fotograf
Dörte Staudt	Journalistin
Dr. Christian Ubber	Leiter der Musikwerkstatt Engelbert Humperdinck Siegburg
Thomas Wagner	Pressereferent des Rhein-Sieg-Kreises
Susanne Werner	bis Juli 2004 Mitarbeiterin der Kulturabteilung des Rhein-Sieg-Kreises
Gabriele Willscheid	Leiterin des Rechts- und Hauptamtes der Stadt Lohmar

INHALTSVERZEICHNIS

Landschaft & Natur

Curd Söntgerath	Fotoimpressionen	12
Elmar Scheuren	„Romantik" – die ehemalige Abtei Heisterbach im 19. Jahrhundert	14
Olaf Denz	Vergessene Wege – Hohlwege im Rhein-Sieg-Kreis	22
Horst Bursch	Der Blutpfad im Vorgebirge – ein mystischer Pilgerweg zwischen Alfter und Brenig	28
Wolfgang Kemmer	Zäune trennen, Gärten verbinden – Kleinode im Einklang mit der Natur	34
Klaus Breuer	Das Naturpark-Haus Siebengebirge	36

Geschichte & Geschichten

Barbara Hausmanns	„En d´r Kaygaß Numero Null steiht en steinahl Schull" Heinrich Welsch – eine Lehrerlegende	42
Frieder Berres	Die dampfbetriebene Personenschifffahrt auf dem Rhein	50
Claudia Maria Arndt	Zehn Jahre Gedenkstätte „Landjuden an der Sieg" in Windeck-Rosbach	58
Andrea Korte-Böger	Die Geschichte der Flussbadeanstalten in Siegburg	64
Otto Paleczek	Der neue Jakobs-Pilgerweg von Bonn durch den linksrheinischen Rhein-Sieg-Kreis	70

Leben & Kultur

Horst Heidermann	Louis Zierckes Wiederentdeckung	78
Dörte Staudt	Brücken zwischen Mittelalter und Moderne – die Abteifenster auf dem Michaelsberg und der Künstler Ernst Jansen-Winkeln	84
Frank Hüllen	Barockaltäre in der Gemeinde Wachtberg	92
Christian Ubber	Im Zeughaus zu Hause: Musikwerkstatt Engelbert Humperdinck Siegburg	104
Claudia Maria Arndt	Das alte Siegburger Kreishaus (1907-1979)	108
Hanns G. Noppeney	Altenrath – ein sich wandelnder Troisdorfer Stadtteil mit „neuartiger Lebenskultur"?	114
Rainer Land	Lyrikweg Much – Gedichte in Natur und Landschaft	120
Andrea Korte-Böger Jürgen Schmitz	Geschichte eines Hauses – Ringstraße 21 in Siegburg	124

INHALTSVERZEICHNIS

Wirtschaft & Industrie

Gabriele Willscheid	Von der Autofalle zur Flaniermeile – Umbau der Lohmarer Hauptstraße	132
Jürgen Morich	Nach Jahrzehnten erreicht – eine Ortsumgehung für Lohmar	136
Thomas Wagner	Kambodscha – Ein Land im Aufbruch	140
Alfred Meinerzhagen	Die Gemeinsame Kommunale Datenverarbeitung (GKD) bezieht ein neues Gebäude	146
Josef Hastrich	Kreissparkasse Köln fördert Unternehmensgründungen an der Fachhochschule Bonn-Rhein-Sieg	150
Thomas Bernsen	Die Wirtschaftsförderung der Kreissparkasse Köln im Rhein-Sieg-Kreis	152
Matthias Becker	„Be smart – Don´t start" – der internationale Wettbewerb für smarte Schulklassen	154

Chronik

Peter Kern	Brandheiß – aus dem Feuerwehrjahr 2003/2004 im Rhein-Sieg-Kreis	156
Susanne Werner	Chronik 2003/2004	160
Elisabeth Einecke-Klövekorn	Kuschelhase Felix & junge „Sisters in Action" – das 2. Schultheaterfestival „spotlights"	164
Ursula Keusen-Nickel	„Da ist Musik drin…" – Jugend musiziert	184
Walter Kiwit	Niederlage – Vision – Erfolg	200
Gerti Große	„Ehre, wem Ehre gebührt" – der Verdienstorden der Bundesrepublik Deutschland	206
Irmgard Schillo	Brücken bauen zwischen den Kulturen	210
	Bildnachweis	212

VORWORT

Der Ablauf der Produktion des Jahrbuchs bringt es mit sich, dass dieses Vorwort in den letzten Tagen des Sommers 2004 geschrieben wird. Damit das Jahrbuch rechtzeitig in den Wochen vor Weihnachten vorliegt, schließt die Redaktion ihre Arbeit mit Beginn der Sommerferien ab. Dann folgen Satz und Layout, Korrektur und Druck.

Bis Sie das Buch in Händen halten, ist ein langer Weg nicht ohne Schwierigkeiten und Stolpersteine zurückgelegt worden. Er beginnt mit einer Konferenz des Redaktionsausschusses meist zu Beginn eines neuen Jahres und ist dann unumkehrbar, wenn die Druckmaschinen im September anlaufen.

Auch in diesem Jahr hat dieser Weg also sein Ziel erreicht – zum zwanzigsten Mal seit 1986. Vor Ihnen liegt somit ein Jubiläumsbuch, in doppelter Hinsicht: Dieser Band Nr. 20 ist zugleich die fünfte Ausgabe des Jahrbuchs in seiner neuen Form, mit der wir unterstützt von der Kreissparkasse in Gestaltung und Inhalt neue und sehr erfolgreiche Wege eingeschlagen haben. Allen Mitwirkenden, insbesondere den Autorinnen und Autoren, sei hierfür gedankt – aber auch Ihnen, liebe Leserinnen und Leser, die Sie unser Konzept Jahr für Jahr wohlwollend aufnehmen.

Den Wegen und Brückenschlägen hat sich das Jahrbuch 2005 in besonderer Weise verschrieben, aber dabei keineswegs nur Wege, Formen und Bauwerke des Verkehrs im Sinn. Vielmehr richtet sich der Blick auch im übertragenen Sinne auf das, was Orte, Menschen und Zeiten verbindet. Dazu gehören Übergänge und Entwicklungen, Traditionslinien und Konstanten ebenso wie Brüche und Prozesse des Wandels. Das Spannungsfeld zwischen Fortentwicklung und Identitätswahrung zu beleuchten, ist ein Aspekt der Aufgabe, der sich das Jahrbuch stellt. Hierfür stehen als Beispiele unter vielen der Beitrag über den Jakobsweg, der schildert, wie eine aus dem Mittelalter stammende Tradition zeitgemäß interpretiert und verdeutlicht wird, sowie der Aufsatz von Walter Kiwit, in dem der frühere Oberkreisdirektor den Weg nachzeichnet, den Kreis und Region in den letzten fünfzehn Jahren insbesondere unter den Auswirkungen des Umzugs von Parlament und Regierung zurückgelegt haben.

Ich wünsche Ihnen viel Freude an und mit dem Jahrbuch des Rhein-Sieg-Kreises 2005!

Landrat des Rhein-Sieg-Kreises

Landschaft und Natur

13

Fotoimpressionen
von
Curd Söntgerath

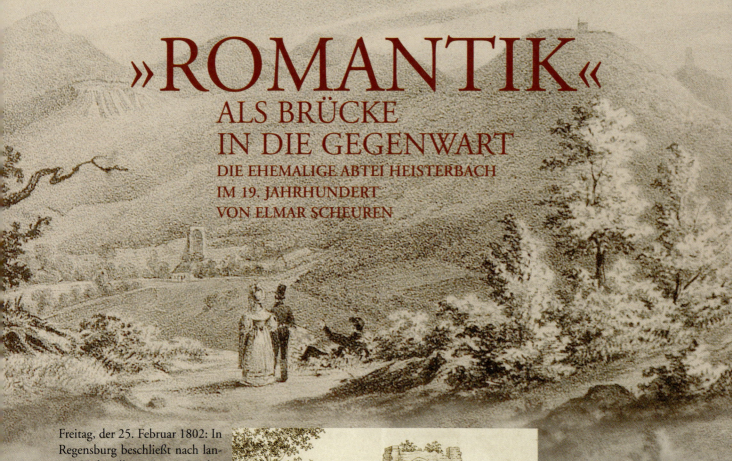

»ROMANTIK«
ALS BRÜCKE IN DIE GEGENWART
DIE EHEMALIGE ABTEI HEISTERBACH IM 19. JAHRHUNDERT
VON ELMAR SCHEUREN

Freitag, der 25. Februar 1802: In Regensburg beschließt nach langen Verhandlungen eine Reichsdeputation unter der Kontrolle des napoleonischen Frankreich die Neuordnung der staatlichen Besitzverhältnisse im ehemaligen Deutschen Reich. Zahlreiche kirchliche Einrichtungen werden demnach „säkularisiert", indem sie aufgelöst werden und ihre Besitzungen an weltliche Einrichtungen fallen.

Bild Hintergrund: „Heisterbacher Thal" Lithografie, um 1850 (?) Siebengebirgsmuseum.

Bild Vordergrund: „Die Ruinen der ehemaligen Abtei Heisterbach im Siebengebürge" Lithografie, um 1820 Siebengebirgsmuseum.

Die rechtsrheinischen Territorien holen in den folgenden Jahren eine Entwicklung nach, die im französischen Staatsgebiet bereits seit rund zehn Jahren das öffentliche Leben grundlegend verändert hat. Viele rheinische Stifte und Abteien sind davon betroffen, die konkreten Auswirkungen werden bis in entlegene ländliche Winkel spürbar. Das Ausmaß der Veränderung, aber auch die Auswirkungen neuer Nutzungen und Anforderungen lassen sich am Beispiel der traditionsreichen vorherigen Zisterzienserabtei Heisterbach im Siebengebirge eindrucksvoll nachvollziehen. Dass aus dem radikalen Bruch aber auch neue Qualitäten entstehen können, auch dafür ist der Ort ein Beispiel. Dank eines Zeitgeistes, der stark im Zeichen der Romantik und ihren Wirkungen steht, erfährt die ehemalige Abtei eine neue Zweckbestimmung.

ZWISCHEN VERLUST UND KONTINUITÄT

Nach über 600 Jahren zisterziensischen Klosterlebens beginnt im November 1803 die Entlassung der Mönche. Anschließend werden das Mobiliar und zahlreiche Kunstschätze veräußert. Nur der Weitsicht des Kölner Kunstsammlers Sulpiz Boisserée ist es zu verdanken, dass wenigstens einige herausragende Arbeiten – darunter die bedeutenden Bildtafeln eines ehemals aufwändigen Flügelaltars – erhalten bleiben und bis heute einen wichtigen Platz in öffentlichen Sammlungen einnehmen. Die Klostergebäude selbst aber werden schließlich an Steinbruchunternehmer veräußert. 1809 beginnen die Abbrucharbeiten zunächst an der Kirche: Ihre Steine werden größtenteils an den Niederrhein geliefert – für das napoleonische Großvorhaben eines Rhein-Maas-Kanals, der allerdings nie fertig gestellt wurde. Der Verkauf der übrigen Abteigebäude erfolgt unter der ausdrücklichen Maßgabe, „dass der Abbruch der Gebäude binnen Jahresfrist vorgenommen werden müsse, entstandene Löcher und Vertiefungen auszufüllen und zu ebnen, etwa aufgefundene Werthsachen abzuliefern seien". Das Zerstörungswerk dauert bis Oktober 1813 an. Übrig bleibt in Heisterbach eine Ruinenlandschaft.

In dieser Situation tritt eine einschneidende Veränderung der politischen Verhältnisse ein. Mit dem Sieg alliierter Truppen endet die Vorherrschaft des napoleonischen Frankreich in Europa. Damit steht auch die Verwertung der ehemaligen Klostergüter unter neuen Vorzeichen. In Heisterbach enden die Abbrucharbeiten; sie werden schließlich, mit einer Verfügung des Oberpräsidenten der Rheinprovinz, im Jahre 1818 sogar ausdrücklich verboten.

„Abtei-Kirche zu Heisterbach. Laengen-Aufriss". Lithografie, Wilhelm Müller, München 1830. Das Blatt stammt aus dem Werk von Sulpiz Boisserée: Denkmale der Baukunst vom 7ten bis zum 13ten Jahrhundert am Nieder-Rhein. München 1833. 2. Aufl. 1842-44. Tafel XLI. Siebengebirgsmuseum

Mitte: „Springbrunnen aus dem Kreuzgange der Abtei Heisterbach". Lithografie, Wilhelm Müller, München 1831 (Ausschnitt). Tafel XLIII Siebengebirgsmuseum

VOM KLOSTER ZUM LANDSCHAFTSPARK

Das verbliebene Gelände erwirbt im Jahre 1820 der Graf zur Lippe. Unter den noch stehenden Wirtschaftsgebäuden wird der *Küchenhof* dazu auserkoren, zum Wohnhaus der Familie umgestaltet zu werden. Entsprechend der aktuellen Mode soll das umgebende Gelände sich in einen Landschaftspark nach englischem Vorbild wandeln.

Eine frühe Ansicht des Klostergeländes verdeutlicht die Ausgangslage zu diesem Zeitpunkt am Beginn der 1820er Jahre: Inmitten umfangreicher Trümmerreste ragt die Ruine des Kirchenchors auf. Für die neuen Eigentümer haben die nun anstehenden Maßnahmen aber wenig zu tun mit der Rettung historischer Substanz. Vielmehr geht es zunächst darum, das Gelände zu bereinigen. Erst im Verlauf der Planungen setzt sich die Erkenntnis durch, dass die vorgefundene Situation teilweise sogar als Glücksfall genutzt werden kann. So kommt es zu dem Versuch, die im Themenkanon eines romantischen Parks überaus beliebte, hier schon vorhandene Ruine geschmackvoll in das entstehende Ensemble zu integrieren. Viele der übrigen Gebäudereste müssen zu diesem Zweck aber erst noch beseitigt oder eingeebnet werden, ehe der gewünschte Gesamteindruck erreicht wird:

Eine Naturinszenierung, die auf Blickachsen hin angelegt ist und in der die Ruine, als ein Element unter anderen, symbolische Assoziationen wecken soll.

Die gestalterischen Vorgaben erlauben es aber dennoch, einzelne Bau- und Zierelemente des Klosters in die Parkanlage einzubauen. Diesem Umstand ist es zu verdanken, dass die eindrucksvolle Brunnenschale erhalten blieb. Zwar herausgerissen aus dem früheren Zusammenhang eines großen Brunnens im Kreuzgang,

kann die Schale aber doch bis heute die Erinnerung an die zentrale Bedeutung der Wasserversorgung und ihre wichtige Funktion im Klosterleben wachhalten.

„Heisterbach". Kolorierte Lithografie, um 1830 (?). Nach der Größe der Bepflanzung zu urteilen, handelt es sich hier um eine sehr frühe Wiedergabe der Parkgestaltung. Siebengebirgsmuseum.

„Klosterruine im Schnee". Wilhelm Steuerwald, Öl auf Leinwand, 1863, Siebengebirgsmuseum

RUINENKULT

Heisterbach entwickelt sich in den folgenden Jahren ganz im Sinne seiner neuen Eigentümer. Das Parkgelände bleibt öffentlich zugänglich und wird zum populären Ausflugsziel. Dabei ist es offensichtlich schon in den Anfängen primär der Gesamteindruck einer gewissen Verwunschenheit, der die Attraktivität des Ortes ausmacht. Die Beschreibung von Ernst Moritz Arndt, entstanden um 1830, überliefert diesen Aspekt der Wahrnehmung einer „entrückten" Landschaft.

Noch jüngst lockte mich einer der ersten schönen Frühlingstage über den Rhein, und so ging es hinter Oberdollendorf längs dem rauschenden Mühlbache in das einsam schweigende Thal von Heisterbach hinauf. Wunderbar sprach mich diesmal das schöne noch wohl erhaltene und von dem Grafen neu geschmückte Eingangsthor zum weiland Kloster an, wo Sankt Benediktus und Sankt Bernhardus mit ihren Hirtenstäben noch als Wächter stehen. So stand ich, so ging ich still und sinnend unter den Bäumen und an den Teichen und Wassern hin – und die Sonne schien warm, die Turteltauben girrten und kutterten in den Zweigen, der Finke schlug sein lustiges Frühlingslied, die weiße Bachstelze hüpfte um die Teiche und der Geier kreiste über den Bergen. (Ernst Moritz Arndt: Rhein- und Ahr-Wanderungen. Bonn 1846 [Text ca. von 1830].)

Mit den Jahren wird es aber zunehmend die Inszenierung der Chorruine sein, die ihre Wirkung nicht verfehlt. Während eine seltene frühe Ansicht sie noch monolithisch zwischen den jung angepflanzten Bäumchen erscheinen lässt, gewinnt sie mit den Jahren an romantischer Qualität. Bei Besuchern und Betrachtern entwickelt sie sich offenbar zu einer idealen Projektionsfläche für „romantisches Gefühl". Nur so lässt es sich erklären, dass dieser Ort einen im übrigen Siebengebirge eher selten dokumentierten Bedeutungsgehalt des Ruinenkultes überliefert, der an einem besonderen Bildmotiv nachvollziehbar wird.

Ausgehend von einem Motiv, das Carl Hasenpflug sehr wahrscheinlich in Heisterbach um 1832 entworfen hat, entstehen in der Folgezeit zahlreiche Gemäldevarianten von ihm selbst oder seinen Schülern. Sie zeigen die Kirchenruine im winterlichen Kontext bei gleichzeitiger Betonung solcher Beigaben, die im Sinne der Ursprünge des romantischen Ruinenkultes dessen melancholische Momente betonen: Weltschmerz, die Präsenz der Vergänglichkeit und die winterlich tote Natur stehen hier im Vordergrund des künstlerischen Interesses. In Varianten wie etwa der Bearbeitung von Wilhelm Steuerwald werden sie dargestellt durch die Einpassung der Chorruine in eine Szenerie des Verfalls, in die ein Grabstein und ein leblos wirkender Baum bewusst eingefügt werden als mahnende Boten verlorenen Lebens und somit der Endlichkeit des Seins.

„Heisterbach". Lithografie, C. Schlickum, Bonn um 1840, Siebegebirgsmuseum

Erinnerungsfoto. Die Aufnahme vom Mai 1892 zeigt einige Besucher und zur Beförderung bereitstehende Reitesel vor der Chorruine. Siebengebirgsmuseum

TOURISMUS UND KOMMERZ

Der auf solche Art zu großer Beliebtheit gelangte Ort gerät sehr bald in die Mechanismen touristischen Interesses. Mit den vergleichsweise bescheidenen Möglichkeiten des 19. Jahrhunderts wird das Klostergelände neu genutzt: Ansichten der Ruine werden zunehmend einheitlich. In Königswinter stehen Fremdenführer mit Eseln bereit, um die Besucher in das entlegene Tal zu geleiten. In den Reiseführern treten an die Stelle nüchterner Kurzbeschreibung schwärmerische Töne.

Dieses Tal bildet einen weiten Kessel, den Heisterbacher Mantel. Von der Kirche steht nur noch der Chor. Das alte prachtvolle Gebäude (...) wurde größtentheils niedergerissen. (J.A. Klein: Rheinreise von Mainz bis Köln. Koblenz [bei Bädeker] 1828)

... in das Thal von Heisterbach. Es liegt da zwischen den Berglehnen, an welchen ringsum mächtiger Buchenwald aufragt, wie eine Idylle, wie der reine Gottesfrieden, wie eine Insel der Seligen. (...) Hier stand einst die berühmte Abtei Heisterbach mit der so prachtvollen Klosterkirche. (J. G. Schmitz: Der Rhein. Kleiner Führer von Köln bis Frankfurt. Köln 1900)

Bei solcher Nachfrage kann eine Vermarktung vor Ort nicht ausbleiben. Um die Mitte des Jahrhunderts entstehen erste gastronomische Angebote. Die Folge ist reger Ausflugsverkehr, dessen Intensität vom Rheintourismus profitiert. Mit diesen Besuchern ändert sich die Wahrnehmung des Geländes: Im Vordergrund steht nunmehr eine harmonisch-friedliche Atmosphäre, also landschaftliches Idyll. In solchem Zusammenhang wird die Heisterbacher Chorruine nun eingereiht unter die herausragenden Landschaftspunkte des Bonner Raumes – vom Rolandsbogen über den Drachenfels bis zur Ruine der Godesburg. Zusätzlichen Betrieb bringt ein Bahnanschluss: Eine Kleinbahn zwischen den Steinbrüchen des nördlichen Siebengebirges und den Niederdollendorfer Verladestellen am Rhein, die *Heisterbacher Talbahn*, wird 1891 eröffnet. Mit baldiger Ausstattung für den Personenverkehr und einer Haltestelle unmittelbar am Klostergelände erhöht sie deutlich dessen Erreichbarkeit und damit die Qualität als touristischem Ziel. Am Ende des 19. Jahrhunderts entsteht sogar ein Hotelgebäude auf dem ehemaligen Klostergelände.

Der „Küchenhof". Aufnahme: Februar 2004. Auf dieses von der Familie zur Lippe als Wohnhaus genutzte Gebäude wurde die Anlage des Parks hin ausgerichtet.

TRADITIONSPFLEGE: CÄSARIUS VON HEISTERBACH

Was dem Ort zu Beginn der romantisierenden Umgestaltung noch fehlt, ist der Nachweis historischer oder gar mythologischer Qualität. Im ersten Fall ist Abhilfe aus eigener Kraft möglich: Eine historisch belegte Persönlichkeit war der Mönch Cäsarius, der in der Anfangsphase des Klosters im 12. Jahrhundert in Heisterbach gewirkt hatte.

Als Novizenmeister hatte Cäsarius hauptsächlich seine didaktisch gemeinten Erzählungen niedergeschrieben. Eine solche im Mittelalter seltene Gründlichkeit, zudem belegt durch eine einigermaßen vollständige Überlieferung, verhilft ihm im 19. Jahrhundert zu großem Ansehen. In wissenschaftlichen Kreisen wird die Neuentdeckung seiner Schriften viel beachtet. Als einer unter wenigen überhaupt aus dem Mittelalter überlieferten Autoren entspricht er in idealer Weise den Wunschvorstellungen der zeitgenössischen Geschichtsschreibung. Am Ende des Jahrhunderts wird ihm konsequenterweise die Ehre zuteil, in einem Denkmal verewigt zu werden. Der traditionsreiche Bergische Geschichtsverein finanziert seine Errichtung an prominenter Stelle in der Nähe der Chorruine, laut Inschrift „zur Anerkennung seiner Bedeutung für die heimische Geschichte und die Kunde des Volkslebens der Hohenstaufenzeit".

Von der Kirche steht noch die kunstvolle Chorruine. Davor ist ein grosser Rasenplatz mit Springbrunnen, zur Seite wachsen hohe Bäume, die Tische und Bänke beschatten. Hierunter ist dem Geschichtsschreiber von Heisterbach, dem gelehrten Mönch Cäsarius ein Denkmal errichtet worden. Seit Sommer 1902 ist hier ein mit allem Comfort ausgestattetes Hôtel erbaut. Dasselbe bietet allen Besuchern der ehrwürdigen Chor-Ruine bei mässigen Preisen einen behaglichen Aufenthalt. Bei den stets frischen Erzeugnissen aus Heisterbachs Garten, Landwirtschaft und Fischzucht und bei einem vorzüglichen Tropfen kann man sichs hier wohl sein lassen.

(Album und Führer vom Rhein und Siebengebirge. Barmen 1903)

Der Mönch von Heisterbach. Ansichtskarte, um 1900

Oben: Das Mönchstörchen. Aufnahme: Februar 2004

Unten: Cäsarius-Denkmal des Bergischen Geschichtsvereins
Aufnahme: Februar 2004

LEGENDENBILDUNG: DER MÖNCH VON HEISTERBACH

Zum Gewinn von mehr mythischer Qualität bedurfte es aber schon größerer Anstrengungen. Das diesbezügliche Verdienst kommt einem bekannten und populären Dichter zu, Wolfgang Müller von Königswinter. Er verarbeitet den Stoff einer Wanderlegende und schneidet ihn auf Heisterbach zu.

Der Mönch und das Vöglein ist die ohne besonderen Ortsbezug überlieferte Geschichte eines zweifelnden Mönchs, den der allmächtige Gott am eigenen Leibe seine Herrschaft über Zeit und Raum erfahren lässt. Diese Geschichte fasst Müller in Versform und veröffentlicht sie unter dem Titel *Der Mönch von Heisterbach*. Dank zusätzlicher Verbreitung durch Karl Simrock erlangt die neue Fassung rasche Popularität und wird zum festen Bestandteil der regionalen Sagenwelt.

Die Ausgestaltung der neuen Sage geht schließlich sogar so weit, dass eine Tür in der Heisterbacher Klostermauer mit der Geschichte verknüpft und den Besuchern als „das Mönchstörchen" präsentiert wird. Am Ende des Jahrhunderts sorgen Ansichtskarten mit entsprechenden Illustrationen für zusätzliche Verbreitung.

Der Mönch von Heisterbach

Ein junger Mönch im Kloster Heisterbach
Lustwandelt an des Gartens fernstem Ort;
Der Ewigkeit sinnt still und tief er nach,
Und forscht dabei in Gottes heil'gem Wort.

Er liest, was Petrus der Apostel sprach:
Dem Herrn ist ein Tag wie tausend Jahr,
Und tausend Jahre sind ihm wie ein Tag! –
Doch wie er sinnt, es wird ihm nimmer klar.

Und er verliert sich zweifelnd in den Wald;
Was um ihn vorgeht, hört und sieht er nicht.
Erst wie die fromme Vesperglocke schallt,
Gemahnt es ihn der ernsten Klosterpflicht.

Im Lauf erreichet er den Garten schnell,
Ein Unbekannter öffnet ihm das Tor;
Er stutzt – doch sieh, schon glänzt die Kirche hell,
Und draus ertönt der Brüder heil'ger Chor.

Nach seinem Stuhle eilend tritt er ein –
Doch wunderbar – ein andrer sitzet dort!
Er überblickt der Mönche lange Reihn,
Nur Unbekannte findet er am Ort.

Der Staunende wird angestaunt ringsum:
Man fragt nach Namen, fragt nach dem Begehr.
Er sagt's. – Da murmelt man durchs Heiligtum:
„Dreihundert Jahre hieß so niemand mehr!"

„Der letzte dieses Namens", tönt es dann,
„Er war ein Zweifler und verschwand im Wald;
Man gab den Namen keinem mehr fortan." –
Er hört das Wort – es überläuft ihn kalt.

Er nennet nun den Abt und nennt das Jahr,
Man nimmt das alte Klosterbuch zur Hand;
Da wird ein großes Gotteswunder klar:
Er ist's, der drei Jahrhunderte verschwand!

Ha, welche Lösung! Plötzlich graut sein Haar;
Er sinkt dahin und ist dem Tod geweiht,
Und sterbend mahnt er seiner Brüder Schar:
„Gott ist erhaben über Ort und Zeit.

Was er verhüllt, macht nur ein Wunder klar;
Drum grübelt nicht, denkt meinem Schicksal nach!
Ich weiß, ihm ist ein Tag wie tausend Jahr,
und tausend Jahre sind ihm wie ein Tag!"

(Wolfgang Müller von Königswinter, nach 1837)

Von Dollendorf aus läßt sich bequem dem stillen Thal von Heisterbach ein Besuch abstatten. Von der einst hier stehenden Cisterzienser-Abtei ist nur noch der prächtige, in der Geschichte des mittelalterlichen Kirchenbaustils berühmte Chor der Kirche übrig, macht aber auch noch als Ruine einen um so tieferen Eindruck, als man in dieser abgelegenen, waldumgebenden Einsamkeit ein Werk so hohen menschlichen Kunstfleißes nicht erwartet, und man überläßt sich hier gerne solchen Betrachtungen, wie die Sage von dem Mönch von Heisterbach in der Seele erweckt.

(Adolf Waldeck: Der Führer am Rhein von seiner Quelle bis zur Mündung. Bonn 1842)

DIE BELIEBTE KULISSE

Mit dieser facettenreichen Ausstattung erlangt der Ort Heisterbach im Laufe des Jahrhunderts eine neue Qualität und wird zum festen Bestandteil der regionalen Besuchs- und Ausflugsprogramme. Besonderer Beliebtheit erfreut er sich in Kreisen der nahen Bonner Universität: Unter den – besonders bei Burschenschaften – verbreiteten Gruppenbildern in Form grafischer Blätter zur Erinnerung an die Studentenzeit finden sich häufig solche, die als Hintergrundmotiv die Heisterbacher Chorruine zeigen.

Die markante Form und Unverwechselbarkeit der Silhouette der Chorruine lässt sie schließlich zu einer der in der weiten Umgebung beliebtesten Kulissen werden. Als etwa die rheinischen Turnvereine sich im September des Revolutionsjahres 1848 in Heisterbach treffen, liefert der Ort den idealen Hintergrund für die Zeitungsillustration. Die imposante Größe der Ruine wird gezielt zu dem Zweck eingesetzt, das Ereignis aufzuwerten – ein Verfahren, das Schule machen und später noch für viele ähnliche Anlässe praktiziert werden wird.

Turnfest in der Ruine Heisterbach am 2. September. Xylographie, 1848 (?)

Studenten vor der Chorruine. Erinnerungsblatt, L. Jacly (?), Bonn 1838

Fischteich vor dem Kloster, Ansichtskarten um 1910

HEISTERBACH: AUSBLICK IN DIE GEGENWART

Die Ausgestaltung Heisterbachs zu einem romantisch inspirierten landschaftlichen Ensemble und damit einem der kulturtouristischen Fixpunkte der Region ist am Ende des 19. Jahrhunderts abgeschlossen. 1918 erwirbt der Orden der Augustiner-Cellitinnen das Gelände. Entgegen anfänglichen Befürchtungen verändert die neue Nutzung für soziale und karitative Einrichtungen wie Krankenhaus und Altersheim nicht den Charakter des Geländes und der umgebenden Tal-Lage.

In der nahen und weiten Umgebung bleiben viele Spuren früherer Wirtschaftsführung bis heute erhalten. Markante Gebäude wie der *Heisterbacher Hof* in Königswinter wurden neu genutzt und blieben so zumindest in ihrer äußeren Form erhalten, in diesem konkreten Fall lange Jahre als Hotel (*Düsseldorfer Hof*) und heute als Appartment-Haus. Mehrere Mühlen zwischen dem Kloster und Oberdollendorf sind zwar lange außer Betrieb und kaum noch als solche erkennbar, ihre Überreste prägen aber bis heute das danach benannte *Mühlental*.

Mindestens einer der von den Mönchen angelegten Fischteiche direkt vor den Klostermauern bestand bis um 1900. Inzwischen ist das Areal zwar trockengelegt, die Geländestruktur mit den begrenzenden Deichen aber verrät unverkennbar die frühere Funktion.

Zahlreiche Spuren einer langen Nutzungsgeschichte bleiben somit bis in die Gegenwart erhalten. Ihre Dokumentation und Bewusstmachung ist das zentrale Ziel der *Stiftung Abtei Heisterbach*, insbesondere mit einem umfangreichen Forschungs- und Dokumentationsprojekt *Klosterlandschaft Heisterbacher Tal im Naturpark Siebengebirge* in Zusammenarbeit mit verschiedenen anderen Institutionen. (Vgl. hierzu den Beitrag von Norbert Kühn im Jahrbuch 2001, S. 34-41.) Eine für die Stiftung über viele Jahre aufgebaute, inzwischen einzigartige Sammlung grafischer Blätter wird seit dem *Jahr der Rheinromantik* 2002 im Königswinterer Siebengebirgsmuseum präsentiert. Vor Ort werden interessierten Besuchern eine Ausstellung in der Zehntscheune und weitere Informationsmöglichkeiten angeboten. Jüngste konkrete Auswirkung ist der erfolgreiche Versuch, ein neues kulturelles Angebot zu etablieren: Seit Sommer 2003 bildet die Zehntscheune den Rahmen für eine Musikreihe *Klassik in der Scheune*. Die überaus positive Aufnahme durch ein begeistertes Publikum ist zweifellos der Verknüpfung anspruchsvoller Unterhaltung mit der besonderen Spiritualität des Ortes zu verdanken.

Literaturnachweis: Seite 198

Teichanlage im Heisterbacher Tal. Ansichtskarte einer Aussicht vom Petersberg, um 1910. Siebengebirgsmuseum

VERGESSENE WEGE – HOHLWEGE IM RHEIN-SIEG-KREIS

VON OLAF DENZ

Hohlwege oder Holen, in Süddeutschland auch als Klingen, Hohlgassen oder Kreppen bezeichnet, sind gegenüber der Umgebung deutlich eingetiefte, ehemalige oder (noch) genutzte Wegetrassen. Ihre Entstehung verdanken sie menschlichen Einflüssen. Ursprünglich handelte es sich bei ihnen um unbefestigte, zum Umland niveaugleiche Erdwege, deren Vegetationsdecke durch das häufige Befahren mit Fuhrwerken oder landwirtschaftlichem Gerät zerstört wurde. Die zerstörerische Wirkung entfaltete sich vor allem bei Talfahrten, wenn zum Abbremsen ein Radschuh mit Einsatz, der so genannte Kretzer, unter die Hinterräder der Fahrzeuge geschoben wurde. Die als Folge der mechanischen Beanspruchung auftretende Gefügestörung der Böden begünstigte die Auswaschung und das Fortschwemmen von Boden- und Gesteinsmaterial durch Niederschlagswasser. Dies führte im Laufe der Zeit zu einer zunehmenden Eintiefung der Wege. Zu diesem als Tiefen- oder Sohlenerosion bezeichneten Vorgang trat nun noch die Seiten- bzw. Hangerosion, die durch das Abschürfen von Untergrundmaterial beim Entlangschrammen der Wagen mit ihrer überstehenden Beladung sowie der landwirtschaftlichen Maschinen an den Wänden verursacht wurde.

Hinzu kamen weitere Einflüsse, die zu einer Verbreiterung der Wege beitrugen, wie die Frostsprengung durch gefrierendes Niederschlagswasser, der Wurzeldruck durch das Dickenwachstum von in der Böschung wachsenden Gehölzwurzeln und die Wühltätigkeit von Tieren. Das auf den Grund des Weges gelangende Boden- und Gesteinsmaterial wurde durch Niederschlagswasser fortgespült.

Die Hohlwege konnten sich insbesondere ab dem 18. Jahrhundert stark eintiefen, nachdem sich mit dem Aufkommen von metallbeschlagenen, schmalen Radreifen die Auflast der Wagen auf eine wesentlich kleinere Fläche verteilte als bei den bis dahin gebräuchlichen breiteren Radtypen.

Bestimmte natürliche Voraussetzungen begünstigen die Entwicklung der Hohlwege. So sind sie besonders gut ausgebildet, wenn ein leicht erodierbarer Untergrund vorhanden ist. Dies trifft in erster Linie zu auf Löss, feinkörnige, gelbe bis gelbbraune, kalkhaltige Ablagerungen im Wesentlichen aus Quarzkörnchen mit

Freiliegende Buchenwurzeln an der Böschungsoberkante eines Hohlweges an der Kitzburg

einem Durchmesser von 0,01 bis 0,05 Millimeter. Der Löss wurde vom Wind im Pleistozän vor 2,5 Millionen bis 10.000 Jahren während der Eiszeiten aus den ausgedehnten Sand- und Schotterflächen der großen Flüsse ausgeblasen und im Windschatten von Erhebungen angeweht. Dabei wurden in Mitteleuropa am Kaiserstuhl in der Südlichen Oberrheinebene Mächtigkeiten von bis zu 30 Meter erreicht, in China sogar bis zu 400 Meter, wobei es sich dort allerdings um ausgeblasenen Wüstenstaub handelt. Im Rhein-Sieg-Kreis steht der Löss in bis zu 3 Meter mächtigen Deckschichten an, die zu mehr oder weniger stark entkalktem, braungefärbtem Lösslehm verwittert sind. Auf Grund der durch die Verkittung der Quarzkörnchen mit Calciumcarbonat bewirkten Standfestigkeit des Löss und seines ausgeprägten Kluftverhaltens, d. h. der Eigenschaft, senkrechte Spalten auszubilden, können sich die typischen steilwandigen Einschnitte der Hohlwege ausbilden, wie wir sie z. B. in Wachtberg-Niederbachem finden.

Aber auch in anderen Gesteinen können Hohlwege entstehen. Dies gilt z. B. für Sandsteine und Kalkgestein. Hingegen finden sich Hohlwege eher selten in harten Gesteinen wie Gneisen und Graniten oder Basalten. Für Letzteres gibt es auch Beispiele im Rhein-Sieg-Kreis, z. B. im Siebengebirge.

Neben der Beschaffenheit des Untergrundes spielt auch die Geländemorphologie für die Entstehung von Hohlwegen eine wichtige Rolle. So finden sich Hohlwege vor allem in mehr oder weniger stark zertalten Landschaften; hier haben sie sich als hang- oder geländestufendurchschneidende Feldwege entwickelt. Denn Wege wurden früher vorwiegend in Form der kürzesten Linienführung angelegt, da die Pferde als bevorzugte Zugtiere eine kurze, steile Steigung besser bewältigen können als eine lange und flache.

Hohlwege waren im Rhein-Sieg-Kreis einst weit verbreitet. Dies zeigt ein Blick auf die entsprechenden Karten im Maßstab 1:25.000 der Kartenaufnahme der Rheinlande durch Tranchot und v. Müffling von 1803 bis 1820 sowie der ersten vollständigen Kartenaufnahme für das Rheinland und Westfalen, die Preußische Uraufnahme aus den Jahren 1836 bis 1850.

Brücke an der Burg Rösberg über einen Hohlweg

Viele dieser Wege sind heute verschwunden, entweder wurden sie im Zuge von Flurbereinigungen zugeschüttet oder nicht mehr genutzt, so dass sie verfielen und im Laufe der Zeit zugewachsen sind. Die Zahl der heute noch bestehenden, gut ausgebildeten Hohlwege im Rhein-Sieg-Kreis ist verhältnismäßig gering. Keiner von ihnen ist als Boden-, Kultur- oder Naturdenkmal ausgewiesen, so dass sie nicht in den Verzeichnissen der zuständigen Behörden erfasst sind. Lediglich in dem von der Landesanstalt für Ökologie, Bodenordnung und Forsten Nordrhein-Westfalen geführten Biotopkataster sind insgesamt knapp 15 Objekte aufgeführt.

Dem Autor sind auf Grund verschiedener Hinweise noch weitere bekannt. Aktuelle Verbreitungsschwerpunkte befinden sich offensichtlich im linksrheinischen Kreisgebiet im Übergang vom Rheintal auf die Rhein-Hauptterrasse sowie rechts-rheinisch im Siebengebirge und weiter östlich davon im Bergischen Land.

Die Hohlwege besaßen recht unterschiedliche Aufgaben. So dienten sie einerseits als landwirtschaftliche Nutzwege zur Erschließung der Feldflur (z. B. in Wachtberg-Niederbachem) und zur Anbindung von Getreidemühlen (z. B. in Wachtberg-Villiprott). Andererseits entstanden sie als An- und Abfuhrwege von

Zugewachsener Hohlweg

Im Ellig, Hohlweg in Wachtberg-Villiprott

Steinbruchbetrieben und Bergbaustätten (z. B. am Petersberg nordöstlich von Königswinter, am Himmerich östlich von Bad Honnef und am Hohenberg südlich von Wachtberg-Berkum). In Wachtberg-Villip erinnert die Bezeichnung *Sandweg* für eine Straße, von der mittlerweile nur noch ein kurzer Abschnitt hohlwegartig erhalten ist, auch heute noch an die ursprüngliche Funktion als Zufahrt zu den ehemals am Südrand des Dorfes liegenden, später aufgegebenen Sandgruben. Darüber hinaus existieren im Bergischen Land an den bewaldeten Hängen teilweise (noch) alte Hohlwege, welche die Ortschaften in den Tallagen mit jenen Wegen verbanden, die dem überörtlichen Verkehr dienten und auf den Höhenzügen verliefen. Diese Wege stammen vermutlich aus einer Zeit, als die Flusstäler noch nicht durch Straßen erschlossen waren. Beispiele hierfür finden sich im Tal der Sieg und des Waldbrölbaches an den Hängen des Nutscheid, auf dessen Kamm eine wichtige Handelsstraße verlief.

Bemerkenswert ist in einigen Fällen die Lage von Burgen am Ein- bzw. Ausgang der Hohlwege, so im Fall der Kitzburg und der Burg Rösberg in Bornheim. Dadurch wird die frühere Abhängigkeit der einfachen Landbevölkerung von der Feudalherrschaft dokumentiert, für die im Gegenzug zur Überlassung einer Parzelle zu Wohnzwecken und zur eigenen Versorgung mit Gemüse und Obst so genannte Wacht-, Hand- und Spanndienste verrichtet werden mussten. Dies hatte einen regen Fuhrverkehr von und zur Burg zufolge, der ferner dadurch intensiviert wurde, dass ein Großteil der von den Bauern auf den entlehnten Ländereien erwirtschafteten Ernteerträge beim Burgherrn abgeliefert werden mussten.

Christophskraut, eine Schluchtwaldpflanzenart als seltener Besiedler einer Hohlwegböschung in Wachtberg-Niederbachem

Das Alter der meisten Hohlwege ist nicht genau bekannt. Manche mögen einhundert oder mehrere hundert Jahre, vielleicht auch bis zu tausend Jahre alt sein. Der Entstehungszeitraum dürfte in starkem Maße vom Erosionswiderstand des Untergrundes abhängig sein und beispielsweise im Löss deutlich kürzer sein als in härterem Gestein.

Vegetationsarme Löss(lehm)wand mit Tierbauten im Hohlweg in Wachtberg-Niederbachem

Im Löss sind Eintiefungsraten von 20 Zentimeter pro Jahr beobachtet worden, so dass in wenigen Jahrzehnten eine Tiefe von 10 Meter und mehr erreicht werden konnte. Der Vorgang der Eintiefung wurde häufig noch dadurch beschleunigt, dass man die Sohle einzuebnen pflegte – und dadurch tiefer legte –, wenn Schäden z.B. in Form von plötzlich auftretenden Erosionsrinnen nach Starkregenereignissen auftraten. Auf diese Weise entstanden in Deutschland im Kaiserstuhl Hohlwege mit einer Tiefe von bis zu 13 Meter. Die Hohlwege im Rhein-Sieg-Kreis sind längst nicht so stark eingetieft. Von der Böschungsoberkante bis zur Sohle werden maximal 6 bis 8 Meter erreicht bei einer Sohlenbreite von 2 bis 4 Meter, was den Ausmaßen der alten Lastkarren und Heuwagen entspricht. Durch die spätere Befestigung der Sohle mit einer Schotter- oder Asphaltdecke kann bei den meisten heute noch genutzten Hohlwegen keine weitere Eintiefung mehr stattfinden.

Für einen der besonders gut ausgebildeten Hohlwege im Rhein-Sieg-Kreis in Wachtberg-Villiprott lässt sich der Entstehungszeitpunkt auf den Zeitraum zwischen 1808/09 und 1846 datieren. So ist diese ursprünglich einzige Verbindung zwischen Villip bzw. der im Tal liegenden Villiper Getreidemühle und der später gegründeten, auf der Höhe liegenden Nachbarsiedlung Villiprott in der älteren Tranchotkarte noch als ebenerdiger Weg eingetragen. Erst in der späteren Karte der Preußischen Uraufnahme erscheint er als Hohlweg. Indes bestand der auch heute noch existierende Hohlweg im nah gelegenen Niederbachem schon vor dem Beginn des 19. Jahrhunderts, wenn man den genannten Kartenwerken Glauben schenken kann.

Lianen der Waldrebe an der Basaltwand eines ehemaligen Hohlweges im Siebengebirge

Auch die amtliche Straßenbezeichnung *Im Ellig* dieses alten Weges am Ortsrand von Villiprott trifft dessen Beschaffenheit als Hohlweg in ausgezeichneter Weise. *Ellig* stammt ab von *Ellich*, einer Flurbezeichnung mit der Bedeutung „Schmaler Weg, der vom Tal zur Höhe führt", die im Rheinland aus dem Ahrtal und dem Koblenzer Raum bereits seit dem Ende des 13. Jahrhunderts belegt ist. Synonym ist der Begriff *Alen*, mit dem ein enger Raum zwischen zwei Häusern gemeint ist. Davon abgeleitet ist bei den Flurnamen die Grundbedeutung des schmalen, lang gestreckten, muldenartig vertieften Weges. In den deutschen Grundkarten des 20. Jahrhunderts wird der „Ellig" als Viehweg bezeichnet. Dies deutet auf seine überwiegende Nutzung als Triftweg hin, über bzw. durch den das Vieh von den Talweiden aus die Anhöhe hinauf zur Waldweide in den Kottenforst getrieben wurde. So sind heute noch in nordwestlicher Verlängerung des Ellig in ca. 500 Meter Entfernung am Rand des Kottenforstes Teile eines alten Hutewaldes mit über 150-jährigen ehemals zur Eichelmast genutzten Eichbäumen erhalten.

Der zu einem späteren Zeitpunkt als der Ellig angelegte, in unmittelbarer Nachbarschaft verlaufende *Rodder Kirchweg* wurde – wie der Name schon verrät – von den Einwohnern Villiprotts früher hauptsächlich für den sonntäglichen Kirchgang nach Villip benutzt, vermutlich weil die ursprüngliche Wegeverbindung auf Grund ihrer starken Beanspruchung für die Landwirtschaft das Erscheinen der Bevölkerung trockenen und sauberen

Nach Nutzungsaufgabe zugewachsener Hohlweg am Petersberg

Fußes in der Kirche nicht mehr zuließ. Bei der Betrachtung des Profils von Hohlwegen wird deutlich, dass es sich bei ihnen quasi um schluchtartige Eintiefungen im Gelände handelt. An die Einschnittkante schließen sich in der Regel senkrechte Wände an, die weiter unterhalb in mehr oder minder stark geneigte Böschungen übergehen, die aus herabgestürztem Material der offenen Abbrüche bestehen. Diese Böschungen laufen auf dem Grund des Hohlweges in der im Querschnitt horizontalen Talsohle aus.

Auf Grund dieses Profils besitzen Hohlwege häufig ein eigenständiges Kleinklima, das sich durch einen kühlen, luftfeuchten Charakter auszeichnet. Dieser ist umso intensiver ausgeprägt, je stärker der Hohlweg eingetieft und je dichter der Kronenschluss durch die Bäume und Sträucher ist, die auf der Einschnittkante wachsen. In beiden Fällen wird die Sonneneinstrahlung gemindert. Das spezielle Mikroklima der Hohlwege kann durch das Vorkommen von Pflanzenarten angezeigt werden, die ihren Verbreitungsschwerpunkt von Natur aus in Schluchtwäldern haben.

Vergessene Wege – nicht mehr genutzter, mit herabgefallenem und eingewehtem Laub angefüllter Hohlweg am Himmerich

Ein Beispiel hierfür bildet das Christophskraut *Actaea spicata*, das mit mehreren Individuen auf der in diesem Abschnitt stark beschatteten Böschung des Hohlweges in Wachtberg-Niederbachem wächst.

Die markanten Eigenschaften der Hohlwege, die Enge und Tiefe, die Dunkelheit und Steilheit machen ihre Durchquerung beschwerlich und können beim Menschen ein Gefühl der Beklemmung und Bedrohung auslösen. Die erlebten Ängste wurden in der Vergangenheit nicht selten in Form von Spukgeschichten, Sagen und Legenden verarbeitet. Lokal oder regional bekannt sind z. B. Erzählungen vom Reiter ohne Kopf, von der Weißen Frau (De Witte Fru) oder von Werwölfen. Der früher weitaus stärker als Hohlweg ausgebildete *Sandweg* in Wachtberg-Villip wurde im Volksmund auch als *A(h)le Hell* bezeichnet mit der Bedeutung des schmalen, lang gestreckten, muldenartig vertieften Weges (von *Alen*), in dem etwas Unheimliches verborgen sein sollte (von *Helle* für Höhle oder Hölle).

Dass die Benutzung der Hohlwege beim Menschen häufig mit einem gewissen Unbehagen verbunden ist, hatte zumindest in früheren Zeiten durchaus seine Berechtigung. So sind aus dem Mittelalter mancherorts räuberische Überfälle in Hohlwegen überliefert.

In diesem Zusammenhang sei auch an Schillers Drama *Wilhelm Tell* erinnert, in welchem der tyrannische Reichsvogt Geßler in einen von Tell gestellten, tödlichen Hinterhalt gerät. Der Ort dieser Geschehnisse – von Tell in dem bekannten Monolog beschrieben mit den Worten „Durch diese hohle Gasse muss er kommen. Es führt kein andrer Weg nach Küssnacht" und weiter „des Weges Enge wehret den Verfolgern" ist unschwer als Hohlweg zu identifizieren.

Die Vegetation der Hohlwege konzentriert sich auf die Einschnittkante und die Böschungen.

Auf breiten Böschungen, hier „Im Ellig", wachsen oft alte Eichenbäume, die mit dem Laubdach ihrer mächtigen, ausladenden Kronen maßgeblich für das dämmerige Tageslicht im Hohlweg verantwortlich sind. Die nicht selten in den Stämmen und Ästen der Bäume zu beobachtenden Höhlen können als Lebensstätte z.B. für Spechte oder Fledermäuse dienen.

Charakteristisch sind dabei Pflanzenbestände, die ihren Verbreitungsschwerpunkt an Standorten haben, die gut mit Nährstoffen, insbesondere mit Stickstoff versorgt sind. Im Rhein-Sieg-Kreis kann man auf den rutschgefährdeten Böschungspartien eine Pflanzengesellschaft finden, die von den beiden Gehölzarten Schwarzer Holunder *Sambucus nigra* und Waldrebe *Clematis vitalba* aufgebaut wird. Aspektbestimmend sind oft die windenden und mittels Blattstielen bis in die lichten Kronen von Bäumen rankenden, biegsamen Sprosse der Waldrebe, die zudem lianenförmig von oben bis zum Boden herabhängen, wo sie u. U. neu einzuwurzeln vermögen. Der Holunder spielt indes auch eine nicht unwichtige Rolle in dem bereits zitierten Drama von Schiller als Versteck für Wilhelm Tell bei seinem Überfall auf den Reichsvogt Geßler. So heißt es: „Dort der Holunderstrauch verbirgt mich ihm. Von dort herab kann ihn mein Pfeil erlangen."

In der Krautvegetation begegnet man nicht selten zwei Saumgesellschaften, zum einen mit Großer Brennnessel *Urtica dioica* und weiß blühendem Giersch *Aegopodium podagraria* (Urtico-Aegopodietum), zum anderen mit Berg-Weidenröschen *Epilobium montanum* und Stinkendem Storchschnabel *Geranium robertianum*, beide Arten mit rosafarbenen Blüten (Epilobio-Geranietum).

Nach Nutzungsaufgabe zugewachsener Hohlweg am Petersberg

Auch aus faunistischer Sicht können die Hohlwege eine wichtige Funktion als Lebensraum für bestimmte Tierarten besitzen. So dienen insbesondere Steilabbrüche aus Löss als Ruheplatz, Überwinterungsstätte, Verpuppungsort, Heizraum, Jagdrevier und/oder Brutraum für eine Reihe von Hautflüglern (Hymenopteren) unter den Insekten, z. B. für Falten- (Eumenidae) und Grabwespen (Sphecidae).

Anhand der vorstehenden Ausführungen wird deutlich, dass Hohlwege – früher weit verbreitete Landschaftsbestandteile – von großem kulturhistorischem Interesse sind, da sie Zeugnis von der vergangenen menschlichen Tätigkeit ablegen. Außerdem kommt ihnen häufig eine große Bedeutung für den Naturschutz und die Landschaftspflege zu, da sie als landschaftliche Sonderstrukturen auf verhältnismäßig kleiner Fläche ein Mosaik von Kleinstlebensräumen mit einer großen Artenvielfalt bilden. Sie sind Rückzugsräume (Refugien) für Tier- und Pflanzenarten, die vor der Intensivierung in der Landwirtschaft und der strukturellen Verarmung der Landschaft weit verbreitet waren. Hohlwege können die Eigenart einer Landschaft, das Landschaftsbild maßgeblich bestimmen. Darüber hinaus liefern sie Erdaufschlüsse und tragen auf anschauliche Weise zum besseren Verständnis der Landschaft aus geologischer und bodenkundlicher Sicht bei. Ihre Erhaltung und Pflege sollte uns daher ein besonderes Anliegen sein.

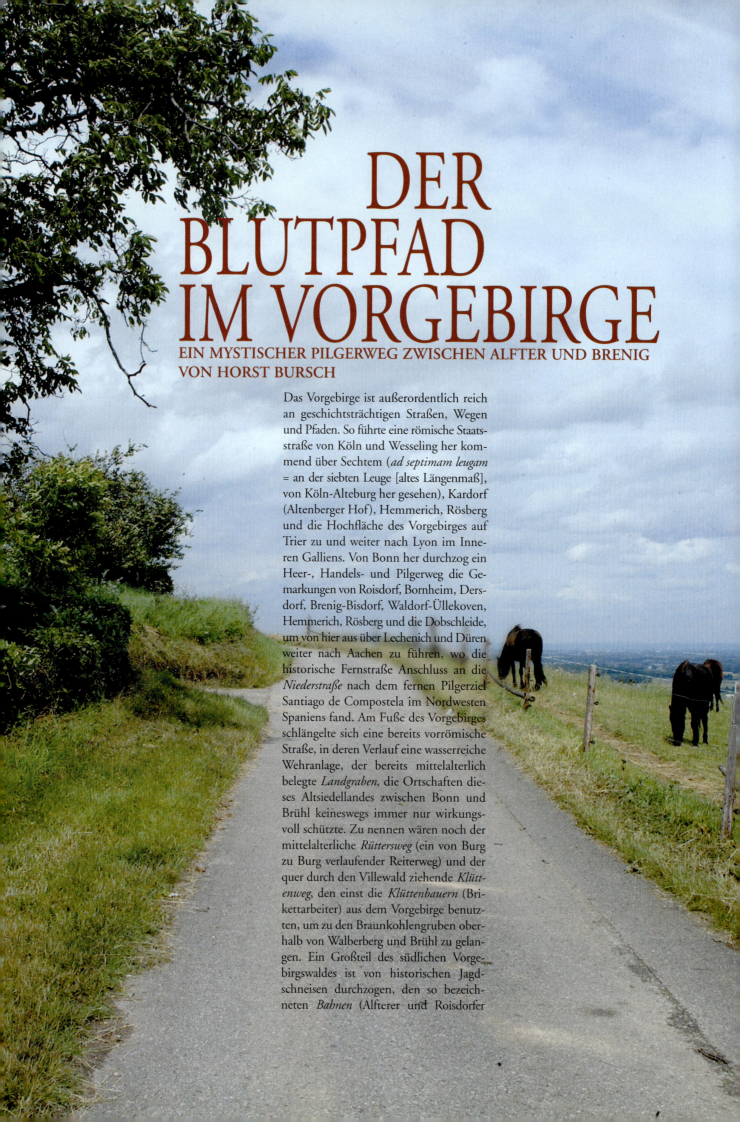

DER BLUTPFAD IM VORGEBIRGE

EIN MYSTISCHER PILGERWEG ZWISCHEN ALFTER UND BRENIG
VON HORST BURSCH

Das Vorgebirge ist außerordentlich reich an geschichtsträchtigen Straßen, Wegen und Pfaden. So führte eine römische Staatsstraße von Köln und Wesseling her kommend über Sechtem (*ad septimam leugam* = an der siebten Leuge [altes Längenmaß], von Köln-Alteburg her gesehen), Kardorf (Altenberger Hof), Hemmerich, Rösberg und die Hochfläche des Vorgebirges auf Trier zu und weiter nach Lyon im Inneren Galliens. Von Bonn her durchzog ein Heer-, Handels- und Pilgerweg die Gemarkungen von Roisdorf, Bornheim, Dersdorf, Brenig-Bisdorf, Waldorf-Üllekoven, Hemmerich, Rösberg und die Dobschleide, um von hier aus über Lechenich und Düren weiter nach Aachen zu führen, wo die historische Fernstraße Anschluss an die *Niederstraße* nach dem fernen Pilgerziel Santiago de Compostela im Nordwesten Spaniens fand. Am Fuße des Vorgebirges schlängelte sich eine bereits vorrömische Straße, in deren Verlauf eine wasserreiche Wehranlage, der bereits mittelalterlich belegte *Landgraben*, die Ortschaften dieses Altsiedellandes zwischen Bonn und Brühl keineswegs immer nur wirkungsvoll schützte. Zu nennen wären noch der mittelalterliche *Rüttersweg* (ein von Burg zu Burg verlaufender Reiterweg) und der quer durch den Villewald ziehende *Klüttenweg*, den einst die *Klüttenbauern* (Brikettarbeiter) aus dem Vorgebirge benutzten, um zu den Braunkohlengruben oberhalb von Walberberg und Brühl zu gelangen. Ein Großteil des südlichen Vorgebirgswaldes ist von historischen Jagdschneisen durchzogen, den so bezeichneten *Bahnen* (Alfterer und Roisdorfer

Hufebahn, Görreshofener Bahn, Olsdorfer Bahn, Knipperweide-Bahn, Birrekovener Bahn, Buerdriesch-Bahn) und *Alleen* (Schmale und Breite Allee). Hinzu treten die einstige *Herrschaftliche Kirchenallee* an der Burg zu Rösberg sowie die frühere *Nussallee* unterhalb von Haus Rankenberg, zwischen Dersdorf und Brenig. Was wäre alles zu berichten vom alten *Zweigrabenweg* zwischen Hemmerich und Metternich, von den wirtschaftshistorisch einst so bedeutsamen Weinbergpfaden, etwa vom ortsgeschichtlich aufschlussreichen *Köppches-Reen* zwischen Rösberg und Merten, und den zahlreichen Eselspfaden, von denen die Breniger *Mackgasse* noch ihren Namen trägt, denn mit *Mack* wurden in alter Zeit im Vorgebirge oft die grauen Lasttiere bezeichnet.

Einer der geheimnisvollsten Wege jedoch ist der landschaftlich reizvolle *Blutpfad*, der am jüdischen Friedhof zu Alfter beginnt, den unmittelbar benachbarten *Hasenpfad* kreuzt, die steile Höhe zwischen dem *Heimatblick* (Roisdorf) und dem *Herrenhaus Buchholz* (Alfter) erklimmt und nach zahlreichen Windungen, Steigungen und abrupten Gefällstrecken an der Breniger Pfarrkirche Sankt Evergislus endet. Der Blutpfad zwischen Alfter und Brenig ist 1487 erstmals urkundlich mit der Angabe eines Weingartens *up deme Blutpatt* belegt. Er bildet das etwa drei Kilometer lange Mittelstück des von Lüftelberg über Volmershoven, Witterschlick, Impekoven, Oedekoven, Gielsdorf und Alfter nach Weilerswist verlaufenden *Jungfernpfades*, den die heiligen drei Jungfrauen Fides, Spes und Caritas (Glaube, Hoffnung, Liebe) von Lüftelberg aus zum *Geschwisterberg*, dem *Swisterberg* im nördlichen Gemarkungsbereich von Weilerswist in frühmittelalterlicher Zeit beschritten haben sollen. Als die drei Töchter der heiligen Sophia von ihrer langen Reise von Rom über Lüftelberg sich auf dem Blutpfad der Breniger Pfarrkirche näherten, sollen die dortigen Glocken von alleine zu läuten begonnen haben. Die historischen Glocken dieses Gotteshauses bilden das klangvollste Geläut des gesamten Vorgebirges. Deshalb wurde am 16. Mai 2004 in Brenig das dritte glockenkundliche Treffen der Beier-Leute und Bammschläger aus dem gesamten Erzbistum Köln abgehalten. Für das 941 urkundlich erstmals belegte Brenig ist bereits anno 1293 ein *campanarius* (Glöckner) bezeugt.

Der Eingang des jüdischen Friedhofs in Alfter

Das im 18. Jahrhundert von Martin Legros (1704 bis 1784) aus Malmédy neu gegossene Geläut breitet gerade über den letzten Abschnitt des Blutpfades einen geradezu mystischen Klangteppich. Die Bezeichnung *Blutpfad* klingt vordergründig nach Mord und Sühne.

Der in der Flur 21 gelegene *Blutacker* oberhalb von Bornheim-Botzdorf ist auf den Namen des Blutpfades bezogen. Noch eine 1889 angefertigte Katasterkarte unterscheidet die damaligen Obst- und Weingärten „über und unter dem Blutpfad".

Zeichnung von alter Pfarrkirche und Schule von Brenig (angefertigt von damaligen Küster Heinrich Kratz, um 1890)

Blick vom Blutpfad auf die Pfarrkirche St. Evergislus zu Brenig

Entlang des Bergrückens der Ville schlängelt sich der Blutpfad.

Tatsächlich erstreckten sich im Verlauf des alten Pilgerweges etliche Wingerte, aus deren Trauben ein süffiger roter Frühburgunder gekeltert wurde. Man bezeichnete den hier gewonnenen Wein auch gerne als *Blut Christi*, das am 27. Dezember in den umliegenden Pfarrkirchen als *Johannis-Minne* den Gläubigen gereicht wurde. Dieser alte Brauch ist vor einigen Jahren in Gielsdorf, Oedekoven und Impekoven wieder zu neuem Leben erweckt worden.

Die eigentliche Motivation für die Bezeichnung *Blutpfad* rührt indessen von einer Reliquie her. Der auf der Bornheimer Burg residierende Kreuzritter Wilhelm von Schilling, der 1197 das bekannte Prämonstratenserinnen-Kloster Schillingskapellen bei Heimerzheim und Dünstekoven (Gemeinde Swisttal) gegründet hatte, wird von einem seiner Kriegszüge ins Heilige Land eine Reliquie vom heiligen Blut Christi in seine Heimat mitgebracht haben.

Damals besaß Brenig gegenüber Bornheim in kirchlicher Hinsicht mehr Rechte, so dass die kostbare Reliquie nicht in die Pfarrkirche Sankt Servatius, sondern in das Gotteshaus zum heiligen Evergislus (im 6. Jahrhundert Bischof von Köln) gebracht wurde. In der Folge dieser vom Nebel der Legende umwobenen Reliquientranslation blühte Brenig als Wallfahrtsort auf. Auf dem alsbald so bezeichneten Blutpfad wallfahrteten die Menschen von Bonn her kommend ins Herz des Vorgebirges. Zweimal im Jahr wurde auf dem *Plon*, der ebenen Fläche vor der Kirche, ein Kram-Markt abgehalten, zu dem selbst Händler aus dem fernen Brabant strömten. Dieser anlässlich der Wallfahrtszeiten abgehaltene Markt fand in der Mitte der vorösterlichen Buß- und Fastenzeit auf *Laetare* (= freuet euch; im Volksmund *Rosensonntag*) sowie am Fest Mariä Geburt (8. September) statt. In der Kirche wurden Pilgermessen und Andachten gefeiert, in deren Verlauf ein Ostensorium mit einer kleinen Ampulle des Blutes Christi zur Verehrung ausgesetzt wurde. Ein von Pilgern geprägter Zielgedanke hieß: „Mir jonn noh Brenich nohm hellije Bloot!"

Am Rande des Blutpfads steht ein einsames Fachwerkhaus oberhalb von Roisdorf.

Im Verlauf der zweiten Hälfte des 19. Jahrhunderts nahmen die Pilgerströme deutlich ab. Der religions- und kulturpolitische Einfluss der preußischen Regierung, säkulare innerkirchliche Tendenzen sowie die Konkurrenz neuer Marktorte machten dem Breniger Wallfahrtsmarkt immer mehr zu schaffen. Im September 1889 fand in Brenig der letzte Heilig-Blut-Markt unter kläglichen Bedingungen statt, denn nur ein einziger Marktbeschicker aus dem nahen Widdig am Rhein war erschienen. Es handelte sich um den Fassbinder Johann Heinrich Braun, der in Brenig keinen Winzer mehr vorfand und deshalb für seine Erzeugnisse keine ortsansässige Kundschaft mehr antraf. Damit war das Ende des immerhin 1520 (im Zusammenhang mit einer Hexendiffamierung) erwähnten Breniger *Freymarktes*, der sicherlich damals schon ein gewisses Alter besaß, besiegelt. Ein vor etwa 70 Jahren gestarteter Versuch, die Markt- und Pilgertradition wieder ins Leben zu rufen, scheiterte hauptsächlich an den damals ganz ungünstigen politischen Verhältnissen.

So erinnert heute nur noch die Wegebezeichnung *Blutpfad* an einen früheren Pilgerweg und eine spirituell-wirtschaftliche Tradition, die mit dem Vorgebirgsdorf Brenig verbunden ist.

Aussicht vom Blutpfad über Bornheim und Roisdorf

Der 1945 von Wilhelm Maucher gestiftete „segnende Christus" am Anfang des Blutpfads, unterhalb des „Heimatblicks"

In der Nähe von Roisdorf schlängelt sich der Blutpfad an Gärten, Wiesen und Feldern vorbei.

KATZENKÖPFE, TEUFELSSCHOLLEN UND HEILIGES GRAB

Der Blutpfad nimmt seinen Ausgang am jüdischen Friedhof zu Alfter, der zwar erst 1719 erstmals urkundlich bezeugt ist, mindestens aber spätmittelalterlichen Ursprungs ist. Von hier aus steigt der Weg steil bergan. Noch in Sichtweite des Friedhofs soll sich der Überlieferung zufolge ein *Heiliges Grab* befunden haben. Ein Mann aus Roisdorf hatte, so wird berichtet, eine schwere Sünde begangen und wollte zur Buße das Heilige Grab Christi in Jerusalem aufsuchen. Die Bußwallfahrt konnte er freilich wegen eines Gebrechens nicht antreten. Deshalb trug ihm damals (wohl um 1600) der Pfarrer von Alfter auf, an der Ortsgrenze nach Roisdorf nach dem Vorbild des Jerusalemer *Sanctum Sepulcrum* ein nach Osten gerichtetes Heiliges Grab anzulegen. Dies geschah und dem Stifter und bußfertigen Beter folgten alsbald zahlreiche weitere Menschen, die das Heilige Grab pilgernd zur Verehrung aufsuchten.

Am Ort dieses längst verschwundenen Heiligtums ließ Wilhelm Maucher (1903 bis 1993), der aus Alfter gebürtige „Rebell des Vorgebirges", nach dem ein feuriger Brombeerrotwein benannt ist, nach Beendigung des Zweiten Weltkriegs, am 7. Oktober 1945, eine lebensgroße Christusfigur mit Segensgestus aufstellen.

Mitglieder der Familie Landsberg vor dem „Heiligen Grab" in Brenig

Zu dieser Figur steigt der Blutpfad wie ein Kreuzweg steil bergan, seit 1978 flankiert von steinernen Tafeln mit den „Zehn Geboten", die Maucher in aktuelle politische und sozialkritische Botschaften umformulierte. Drei dieser Texte lauten: „Von Militaristen und Nazis befreit uns"; „Von Arbeitslosigkeit und Aussperrung errettet uns"; „Vor Milliarden-Steuerverschwendung bewahrst uns".

Wenn die frühen Pilger jene erste Anhöhe erklommen hatten, durchquerten sie zunächst ein prähistorisches Grabhügelfeld. Die damals noch sichtbaren Tumuli, davon vier unmittelbar westlich des Blutpfades, hießen bei der Landbevölkerung *Teufelsschollen* und *Katzenköpfe*. Hier war es nicht geheuer, zumal im nahen Hochwald von Alfter auch noch die Gespenstergestalt eines toten Mädchens, einer ermordeten Hausmagd, umging. Fromme Pilgerschaft und die Heilwirkung des Blutes Christi verhießen auf diesem Streckenabschnitt Sicherheit und Schutz. Bald aber traten die Pilger aus dem Gestrüpp des späteren Aussichtspunktes *Am Heimatblick* heraus und erfreuten sich nunmehr an den zahlreichen Rebflächen und Obstgärten.

Blick über die Kölner Bucht

Apfel-, Kirsch- und andere Obstplantagen, unterbrochen von Pferdekoppeln und strauchbestandenen Kleinbiotopen, bestimmen nunmehr das malerische Landschaftsbild. Nach Osten hin fällt der Blick auf den stark wellenförmigen Hang des Vorgebirges, dessen frühere Weinbergterrassen noch deutlich im Gelände sichtbar sind. Hin und wieder versperrt ein Wäldchen wie der *Hüsbroich* bei Botzdorf und Roisdorf die weite Aussicht auf die Köln-Bonner Bucht, die Rheinschiene und das Bergische Land. Ein einsames Fachwerkhaus unmittelbar am Blutpfad oberhalb von Roisdorf wirkt nahezu wie eine frühere Pilgerherberge. Bald ist der *Bornheimer Horst* in unmittelbarer Nähe einer weitläufigen, mittlerweile wieder stark renaturierten Quarzsandgrube erreicht, wo man einen hölzernen Aussichtsturm besteigen kann. Von diesem Turm aus wirkt die Pfarrkirche von Brenig ganz nahe. Der Blutpfad verläuft nun durch ein Wäldchen, das sich zum Dorf hin bis zum *Schwalbenacker* und *Hasental* senkt. Nun muss nur noch das *Loch* durchschritten und der steile *Kummenberg* erklommen werden, um den früheren Endpunkt des Blutpfades zu erreichen.

An der mächtigen neugotischen Pfarrkirche von 1896 angekommen, entdeckt der Besucher hinter dem Gotteshaus ein in gotisierenden Formen gestaltetes Heiliges Grab, das Pendant zum nicht mehr bestehenden *Sanctum Sepulcrum* oberhalb des jüdischen Friedhofs von Alfter.

Das 1911 fertig gestellte „Heilige Grab" in Brenig vor seiner Zerstörung.

Dieses Zeugnis einer starken Volksfrömmigkeit wurde ganz aus Spenden der Bevölkerung erbaut. Der Bonner Architekt Stumpf hatte den Bauplan entworfen und am 12. Februar 1911 konnte Pfarrer Wilhelm Albert Haasbach die kleine Grabkapelle mit den 2003 in einem Akt von Vandalismus zerstörten nazarenistischen Großfiguren einsegnen. Das erste für Brenig nachzuweisende Heilige Grab befand sich in einem fensterlosen Raum neben dem wuchtigen Turm der früheren Pfarrkirche.

Der aus Köln-Kalk stammende Bildhauer Scherff hatte damals die Figuren geschaffen, die 1911 eine Zierde der zwischen Kirche und Friedhof erbauten Grabkapelle wurden und die nunmehr nach ihrer sinnlosen Zertrümmerung aufwändig renoviert werden. So erstreckt sich der gegenwärtig weitgehend als Feldweg genutzte geschichtsträchtige Blutpfad wie eine mystische Brücke zwischen zwei Orten der Besinnung und religiösen Einkehr.

ZÄUNE TRENNEN, GÄRTEN VERBINDEN
KLEINODE IM EINKLANG MIT DER NATUR
DER WETTBEWERB „NATURNAHE GÄRTEN" IN EITORF

VON WOLFGANG KEMMER

Man wundert sich, wenn man hässliche Gewerbeflächen, lärmige Straßen und hastig dahineilende Passanten hinter sich gelassen hat – Eitorfs Kleinode liegen im Verborgenen. Hinter Mauern, Hecken und Zäunen finden sich Gärten zum Leben im Einklang mit der Natur. Naturgärten sind keine Erfindungen der modernen Öko-Szene, Englands weltberühmte historische Gärten sind ein Beispiel dafür. Fünfundzwanzig solcher Gärten hat eine Bewertungskommission im Rahmen des Wettbewerbs „Naturnahe Gärten" in Eitorf bewertet. Die Fülle des Reichtums an ökologischen Refugien für Pflanzen und Tiere stellte keinen Garten deutlich in den Vordergrund, ließ keinen ersten Preis zu. Ob auf fünfzig oder fünftausend Quadratmetern, jede Gestaltung hatte ihre eigenen Reize. Auf kleinstem Raum hatten Frösche, Molche und Libellen in einem naturnahen Tümpel mitten in einem Wohngebiet Lebensraum gefunden. „Manchmal ist das Gequake der Frösche, besonders in der Nacht, schon störend", meint die junge Eigentümerin des schmalen Reihenhauses, „aber man spürt den Einklang mit der Natur, das Gefühl, dass auch noch andere Lebewesen als der Mensch das Recht auf Lebensräume haben." Wie kann man da einen Preis verweigern – jeder Teilnehmer bekam seine individuelle Anerkennung.

Ernüchternd auf dem Weg zum nächsten Garten: Ein älterer Herr gießt Unkrautvertilgungsmittel auf den Bürgersteig und die wenigen Zentimeter Land vor seinem Zaun. Darauf angesprochen sagt er, die Gemeinde verlange die Unkrautbeseitigung und außerdem beschweren sich die Nachbarn über den ungepflegten Zustand. Und die Unkrautsamen ...

Schnell vergisst die Bewertungskommission diesen unerfreulichen Zwischenfall. Sie kommt an begrünten Häusern vorbei, lernt bald einen naturnahen Garten wie aus einem Buch über ökologische Gärten kennen. Es ist an alles gedacht. Ein kleiner Teich beherbergt neben Fieberklee eine Fülle von kleinen blauen Libellen. Insektennistkästen sind heftig umschwärmt. Unterm Dach brüten Bachstelzen. Auf jedem Fleckchen Erde finden sich einheimische Blütenpflanzen und Gräser, ein wahres Paradies. Beeindruckend auch die Dachbegrünung, sie hat selbst vor dem Briefkasten nicht Halt gemacht.

Fuchsien gehören zu ihrem Leben. „Seit jeher haben wir im Frühjahr die Fuchsienkübel um das Haus gestellt", erinnert sich die alte Bäuerin, „daran haben wir uns das ganze Jahr über erfreut." Hinter einer halb zerfallenen Gartenbank zeigt sie uns ihr kleines, naturnahes Reich, einen von einem einfachen Holzzaun umgebenen Bauerngarten, wie ihn der Städter heute nur noch aus dem Freilichtmuseum kennt. Sonnenblumen wechseln sich mit Stockrosen und anderen blühenden Pflanzen ab.

Hummeln, Bienen und Schmetterlinge finden hier die notwendige Nahrung, die die Monokultur der anliegenden Maisfelder nicht bietet. Ein wahres Paradies für den Zaunkönig, das Rotschwänzchen, aber auch eine lärmende Spatzenkolonie. Mit neunzig Jahren baut sie noch das Gemüse für die Familie an. Salate, Rot- und Weißkohl und Bohnen verschiedenster Sorten bereichern den Speiseplan. Dazwischen hat auch schon einmal das eine oder andere Wildpflänzchen Platz, auch Brennnesseln haben ihren Wert in der Natur: Viele Schmetterlinge brauchen sie zu ihrer Entwicklung. Ein Sonderpreis für einen Garten der alten bäuerlichen Kultur.

Wo Mönche in vergangenen Zeiten ihre Fastenspeise in Gewässern züchteten, findet sich ein Naturgarten, besser ein Park von einer Größe, wie ihn sich ein Reihenhausbesitzer kaum vorstellen kann. Am hinteren Ende, mit Blick in den Nutscheid, lassen sich Füchse und Rehe beobachten, wie sie wenig scheu auf Nahrungssuche sind. Ein Backes darf nicht fehlen, ein Platz davor zum Feiern mit alten Bänken und bequemen Plastikstühlen. In einem historischen Fachwerkhaus, liebevoll restauriert, lebt die junge Generation. Rosen blühen und Schmetterlinge, seltene Bläulinge, gaukeln durch die Luft. Äpfel, Birnen und Nüsse wachsen wie die Natur es will, sogar kostenlos. Im Keller der Hausfrau quellen die Regale mit „Eingemachtem" über. Der streng konservative Nutzgarten ergibt über das ganze Jahr reiche Ernte. „Wir pflegen hier ein Stück Natur", sagt der Eigentümer, „aber auch geschnittener Rasen lädt Bewohner und Besucher zum Verweilen ein."

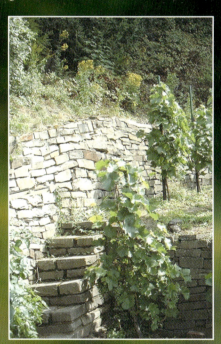

In Eitorfs größtem Weinberg in Kelters, ebenso preisgekrönt, hat sich die Kommission erst einmal bei „Keltersberger Dornfelder" erholt. Dabei meinte sie: Es ist bewundernswert, wie viele Eitorfer mit ihren Gärten Brücken zur Natur geschlagen haben, um mit ihr im Einklang zu leben. Der Besuch dieser Gärten und die Preise dafür sollen die Bürger anregen, in ihren Gärten neben dem Raum zum eigenen Leben auch Raum für die Natur zu lassen.

DAS NATURPARK-HAUS SIEBENGEBIRGE

VON KLAUS BREUER

Inmitten des Siebengebirges, das gleichzeitig Naturschutzgebiet und Naturpark ist, liegt auf der Margarethenhöhe zwischen Ölberg und Löwenburg das neue Naturpark-Haus des Verschönerungsvereins für das Siebengebirge (VVS). Am 26. April 2004 wurde es von NRW-Ministerpräsident Peer Steinbrück sowie dem Vorsitzenden des VVS, Herbert Krämer, in Anwesenheit vieler Ehrengäste, unter ihnen NRW-Finanzminister Jochen Dieckmann und der Landrat des Rhein-Sieg-Kreises, Frithjof Kühn, eröffnet.

Eröffnung des Naturpark-Hauses durch Ministerpräsident Peer Steinbrück

Schon im Jahre 1923 wurde das Siebengebirge zum Naturschutzgebiet erklärt, und ist damit eines der ältesten in Deutschland. Zudem ist es mit über 4 800 ha das größte Naturschutzgebiet in Nordrhein-Westfalen. *Naturschutzgebiete* werden festgesetzt zum Schutz von Tier- und Pflanzenarten, aus wissenschaftlichen, naturgeschichtlichen, erdgeschichtlichen oder landeskundlichen Gründen und wegen der Seltenheit, besonderen Eigenart und herausragenden Schönheit einer Landschaft. *Naturparks* sind großräumige sowie vielfältige, besonders schöne Landschaften, die sich für die Bevölkerung zur Erholung eignen; unter Berücksichtigung dieses Aspektes werden sie geplant, gegliedert und erschlossen. In Deutschland bestehen über 90 Naturparke, zu denen das Siebengebirge seit 1959 zählt. Seine Fläche deckt sich im Wesentlichen mit der des Naturschutzgebietes. Träger des Naturparks ist der VVS. Der VVS wurde 1869 auf Initiative des Geologen Heinrich von Dechen gegründet mit dem Ziel, das Siebengebirge für den wachsenden Erholungsverkehr zu erschließen. In nur wenigen Jahren schuf der VVS ein Netz guter Fahr- und Fußwege.

Das Naturpark-Haus im Siebengebirge

Seit 1899 gehört auch der Schutz des Gebirges zu seinen Zielen. Dank des Einsatzes des Präsidenten der Rheinprovinz, Berthold von Nasse, wurde der VVS damals mit Geldmitteln, einer Lotterie zu Gunsten des Siebengebirges und dem Enteignungsrecht ausgestattet. In einer Zeit noch ohne Naturschutzrecht konnte der Verein durch Ankauf so große Flächen vor dem Steinabbau schützen.

In der Galerie der Steine

In der Galerie Totholz

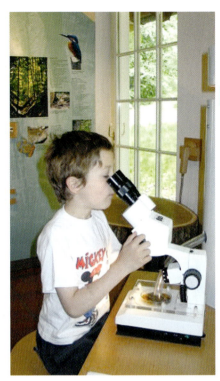
Beobachtung der Bodenorganismen

Entsprechend dem von ihm gewählten Motto: „Nur wer die Natur erlebt, kann sie schätzen und schützen lernen", hat der VVS mit Mitteln des Landes Nordrhein-Westfalen, mit Eigenmitteln und mit Hilfe vieler Sponsoren, auch mit Unterstützung der Vereinsmitglieder, besonders mit Hilfe der *Sparkassenstiftung für den Rhein-Sieg-Kreis,* das *Naturpark-Haus* errichtet, das in einer Dauerausstellung einen Überblick über alles Wissenswerte des Siebengebirgsraumes vermittelt. Von besonderem Vorteil ist die günstige Lage des Hauses in unmittelbarer Nähe zu allen Attraktionen des Siebengebirges, zur öffentlichen Bushaltestelle und gutem Parkraum. Dies stellte bereits der Tag der Offenen Tür am 2. Mai 2004 unter Beweis, als über 1 500 Besucher den Weg zum neuen Naturparkhaus fanden.

Im Mittelpunkt der Innenausstellung in einem Pavillon, der sich sehr gut in die Umgebung einpasst, steht ein maßstabgetreues Landschaftsmodell des Naturparks, um das sich fünf weitere Abteilungen mit folgenden Themen gliedern: Vulkanologie/Geologie, Steinbrüche, Wald, Kulturlandschaft, Naturschutz/Naturpark. Eingefügt in das Landschaftsmodell ist ein Computer, an dem der Besucher über einen berührbaren Bildschirm breit gefächerte Informationen über das Siebengebirge abrufen kann. Für Gruppen, insbesondere Schulklassen, kann das, was auf dem Monitor zu sehen ist, per Beamer auf eine Großleinwand projiziert werden.

Die Abteilung *Vulkanismus/Geologie* beschäftigt sich mit der vulkanischen Entstehung des Siebengebirges und den Gesteinen, die es so markant prägen. An einem Arbeitsplatz mit Mikroskop können Dünnschliffe diverser Gesteinsproben betrachtet und in ihrer Unterschiedlichkeit bewundert werden.

Im Sektor *Steinbrüche* werden Abbau und Verwendung der Siebengebirgsgesteine sowie die bewegte Geschichte der Steinbrüche dargestellt, die zunächst den Naturraum Siebengebirge so nachhaltig veränderten und dann – in der Romantik des 19. Jahrhunderts auf starken Druck der Bevölkerung hin – nach und nach stillgelegt wurden. Heute bieten sie einen hervorragenden Lebensraum für Flora und Fauna.

Die Abteilung *Wald* veranschaulicht, dass der Wald mit fast 90 % Flächenanteil den Naturpark Siebengebirge ganz klar dominiert.

Dennoch stellt er in keiner Weise einen einheitlichen Lebensraum dar. Durch die sehr unterschiedlichen Bedingungen, die zum Beispiel an sonnigen Rheinhängen oder aber in schattigen, feuchten Siefen herrschen, haben sich sehr verschiedene Lebensgesellschaften entwickelt, die hier dargestellt werden. Außerdem kann der Besucher lebende Bodenorganismen unter einem Stereomikroskop beobachten.

Durch den Eingriff des Menschen in die Natur sind im Siebengebirge seltene Lebensräume entstanden, *Kulturlandschaften,* die es heute zu erhalten gilt.

Das Naturpark-Haus in einem Park mit seinem alten Baumbestand

Hierzu gehören Flächen des Weinbaus, der Streuobstwiesen und feuchter Wiesen und Weiden, deren Einzigartigkeit dem Besucher in einer gesonderten Abteilung nahe gebracht wird.

In einem weiteren Ausstellungsteil werden neben einer über einen Monitor abrufbaren *Chronik des Naturschutz-/Naturparkgebietes* aktuelle Inhalte des Naturschutzes aufgegriffen, darunter auch das schwierige Thema, den Gedanken des Naturschutzes mit den Zielen eines Naturparks zu verbinden.

Wer sich von der Informationsflut der Ausstellung ein wenig ausruhen möchte, kann über Kopfhörer in einer *Hörstation* Tierstimmen des Raumes lauschen und Geschichten zuhören, die sich rund um das Siebengebirge ranken.

Als besonderer Anziehungspunkt für die Kleinen ist in jeder Abteilung die untere Ebene der Ausstellungswände für Kinder reserviert.

Sie finden dort hinter *Erlebnisklappen* Handpuppen, Puzzles und viele andere spannende Überraschungen aus der Welt des Naturparks.

In der Galerie der Steine

Um den Pavillon ist ein ansehnlicher Park mit einer Reihe von Stationen, aber auch einladenden Ruhezonen, angelegt worden.

In der *Galerie der Steine* werden die wichtigsten Gesteine des Siebengebirges in eindrucksvoller Größe präsentiert. In der *Galerie Totholz* zeigen vier verschiedene Stadien von zerfallenen Baumstämmen, dass Totholz ein relevanter Teil des Waldes ist und einen einzigartigen Lebensraum, zum Beispiel für Insekten, Pilze, Moose und Flechten, darstellt. In einem zwei Meter tiefen *Bodenprofil* wurde ein Querschnitt eines Bodens aus dem Siebengebirge so präpariert, dass die Besucher ihn anfassen und die einzelnen Bodenschichten erkennen können. Das *Wildbienenhotel* zeigt, wie man mit einfachen Mitteln in seinem eigenen Garten den Wildbienen, von denen es in Nordrhein-Westfalen über 300 Arten gibt, ein neues Zuhause schaffen kann.

Mit diesem Naturpark-Haus hat der Verschönerungsverein Siebengebirge eine ausgezeichnete Einrichtung geschaffen, sich eigenständig und naturnah über Geschichte, Geologie, Fauna und Flora der umliegenden Siebengebirgslandschaft zu informieren, einen vorbildlichen Erholungsraum, getragen von hoffentlich nie erlahmenden Schutzbemühungen des VVS.

Das Wildbienenhotel

Park am Naturpark-Haus

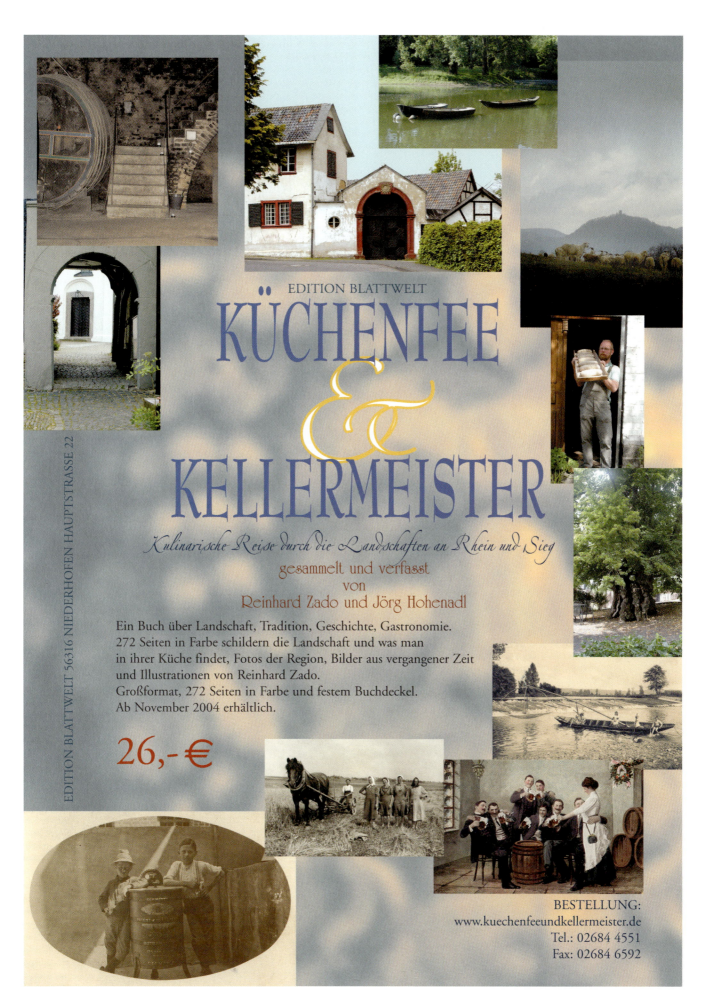

Maiwiese bei Höffen

Geschichte und Geschichten

„EN D'R KAYGASS NUMERO NULL STEIHT EN STEINAHL SCHULL"

HEINRICH WELSCH – EINE LEHRERLEGENDE

VON BARBARA HAUSMANNS

Heute wäre er vielleicht eine Ikone populärpädagogischer Mediendiskussionen, herumgereicht in den einschlägigen TV-Talkshows. Er würde in breitem Rheinisch über die erfolgreiche Erziehung von lernschwachen Kindern dozieren – ein cooler Typ, der bei Eltern und Kids ankommt. Als Heinrich Welsch 1935 für immer die Augen schließt, ist er ein hoch angesehener und geachteter Lehrer in Köln. Gütig und gerecht, streng, aber verständnisvoll, gilt der Mann schon damals irgendwie als Kult in der Domstadt. So ist es nur folgerichtig, dass die Musiker der *Drei Laachduve* auf die Idee kommen, dem Lehrer Welsch drei Jahre nach seinem Tod mit einem Karnevalslied ein ungemein sympathisches Denkmal zu setzen. „En d'r Kaigaß Numero Null, steiht en steinahl Schull ... Denn meer wore beim Lehrer Welsch en d'r Klaß" dichtet das Trio 1938 und schafft damit ein karnevalistisches Evergreen, das bis heute in keiner Session fehlt und Heinrich Welsch unsterblich gemacht hat. Dabei hat nicht nur der Held des Liedes etwas Besonderes: Typisch kölsch ist auch der ausgesprochen anarchistische Text des Liedes – ein mutiger Affront gegen Normen und Obrigkeiten wie Lehrer und Polizisten, die damals auf dem Höhepunkt der Naziherrschaft Staat und öffentliche Ordnung beispielhaft repräsentieren.

Lernen kann so einfach sein.

„Doch et wor ihm ganz egal, ob meer jet lehten oder nit, un hä säht: Et kütt doch alles, wie et kütt!", wird dann auch dem Lehrer Welsch in dem Karnevalslied in den Mund gelegt. Ganz so locker wird der Pauker das dann vermutlich doch nicht gesehen haben. Denn er hatte ja am eigenen Leib positiv erfahren, was man qua Bildung alles erreichen konnte. Wenn man den Lebensweg des Landjungen verfolgt, kommt man schnell darauf, dass es nicht Gleichgültigkeit, sondern Gelassenheit war, die ihn auszeichnete.

Refrain des berühmten Karnevalsliedes „En d'r Kaygaß Numero 0"

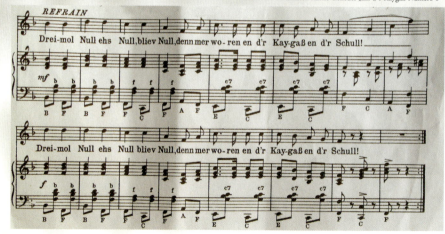

Arzdorf mit dem bescheidenen Elternhaus bleibt sein Refugium.

KINDHEIT AUF DEM DORF

Im deutschen Revolutionsjahr 1848 bringt die Bauersfrau Josefine Welsch ihr erstes Kind Heinrich am 29. Mai zur Welt. Josefines Mann Michael hatte in das kleine Anwesen der Familie Krämer im kleinen Ort Arzdorf eingeheiratet (heute Gemeinde Wachtberg). Hier nehmen die Dinge trotz des bürgerlichen Aufstands in den Zentren Deutschlands weiter ihren gewohnten Lauf. „Meine Eltern waren fromme, rechtschaffene und überaus fleißige Leute …", schreibt Welsch in seinen glücklicherweise erhaltenen Lebenserinnerungen. Von den fünf nachfolgenden Kindern der Familie Welsch überleben Christian, Joseph, Christina und Stephan. Der Sohn Wilhelm stirbt an einer Kinderkrankheit, dies ist Mitte des 19. Jahrhunderts nichts Außergewöhnliches.

Rund 220 Arzdorfer bewohnten zu dieser Zeit die 46 Häuser des Ortes. Eines davon ist der am nördlichen Dorfende in Richtung Villip gelegene Hof, das bis heute erhaltene Elternhaus Heinrich Welschs. Der Großvater Christian Krämer hatte den typischen fränkischen Viereckshof als geschlossene Anlage mit Wohnhaus, Ställen, Scheune und Schuppen erbaut. Über der Tür des Wohnhauses ließ er als frommer Mann die Inschrift „Deus noster refugium. Christian Krämer. Christina Sondags. 1828" anbringen.

Die Großmutter Christina sollte ihren Enkel Heinrich nicht mehr kennen lernen, aber „den Großvater habe ich nicht nur gekannt, sondern geliebt und verehrt", vermerkt Welsch in seinen Aufzeichnungen.

Der alte Herr ist wohl die entscheidende und prägende Gestalt in Heinrichs Kindheit. Er betet jeden Morgen mit den Enkeln vor dem Kruzifix in der Wohnstube. Zudem entlastet er die Eltern durch Mithilfe in Haus und Garten. Heinrich und seine Geschwister wiederum unterstützen den Großvater. Der nutzt die gemeinsame Arbeit, um den Enkeln ganz beiläufig Gebete und christliche Lehrstücke näher zu bringen. Der große Obstgarten am Haus mit den Apfel-, Birn- und Pflaumenbäumen wird zum „Paradies unserer Kindheit", wie Welsch sich erinnert. Offenbar hat der spätere Lehrer seine Kindheit als durchaus glücklich empfunden.

Doch idyllisch waren die Lebensumstände der Familie Welsch gewiss nicht. „Schon im schulpflichtigen Alter mussten wir aus Leibeskräften beim Ackerbau helfen und hatten wenig Spielzeit", schreibt Heinrich Welsch. Die Eltern waren zudem vollauf mit der Bewirtschaftung des Hofes und der Arbeit in der Landwirtschaft beschäftigt und hatten kaum Zeit für ihren Nachwuchs. Das war die soziale Wirklichkeit eines Dorfes, in dem vor allem kleinere und mittlere Landwirte sowie Tagelöhner lebten. Umso wichtiger war die Rolle des Großvaters als ständiger Ansprechpartner sowie als emotionale und moralische Instanz in der Familie. Doch bei aller Gottesfurcht hatte Christian Krämer wohl auch durchaus Verständnis für die weltlichen Seiten des Lebens. So bescherte er den Enkeln zum Beispiel unvergessliche Kirmesbesuche.

Das Elternhaus von Heinrich Welsch ist bis heute erhalten.

Eine Arzdorfer Schulklasse aus dem Jahr 1885 mit Lehrer Peter Kurtenacker

SCHULZEIT IN ARZDORF

Der junge Welsch wuchs so in einem rheinischen Dorf auf, das fern von Berlin – aber als Teil der preußischen Rheinlande (seit 1815) – den preußischen Schulgesetzen unterlag. Ab 1825 gab es dann im Rheinland die allgemeine Schulpflicht für alle Kinder vom 6. bis zum 14. Lebensjahr. Dieses Bildungsangebot wurde aber durchaus nicht allgemein und uneingeschränkt freudig begrüßt. Viele Kinder wurden in der Stadt und auf dem Land dringend als unentbehrliche Arbeitskräfte gebraucht – so wie auch Heinrich Welsch und seine Geschwister. Deshalb sah sich die preußische Regierung noch 1874 gezwungen, in einer „Instruction über die Schulpflicht" klarzustellen, dass ein „Versäumnis des Unterrichtes ... niemals aber behufs Verwendung schulpflichtiger Kinder zu ländlichen oder gewerblichen Arbeiten statthaft" sei. Doch der kleine Heinrich hatte Glück und wurde mit sieben Jahren in die Arzdorfer Dorfschule geschickt. Der winzige Ort hatte als Folge eines Schulstreits mit dem größeren Nachbarort Fritzdorf schon seit 1822 eine eigene Bildungsanstalt, für deren Besuch auch kein Schulgeld gezahlt werden musste. Das Schulgebäude war neben der Kapelle errichtet worden.

Als der junge Welsch 1855 erstmals mit Griffel und Tafel bewaffnet den Klassenraum betritt, trifft er auf den Lehrer Ferdinand Linden aus dem benachbarten Villip. Der ist ein so genannter Hilfslehrer – also nicht „seminaristisch gebildet" – wie Welsch vermerkt. Doch obwohl er kein Lehrerseminar besucht und erfolgreich mit einer Prüfung abgeschlossen hat, macht Linden seinen Job richtig gut. Er bringt den Arzdorfer Pänz Lesen, Schreiben und Rechnen bei, und „die Kinder nahmen das, was ihnen für das Leben nötig war, aus der Schule mit ins Leben", erinnert sich Welsch. Für sein Engagement wurde der Lehrer Linden mit 150 Talern im Jahr entlohnt, wobei er für die Kosten der Schulheizung auch noch selbst aufkommen musste. Das dürftige Salär zwang damals viele Hilfslehrer zu jeder Menge Nebenjobs – so zum Beispiel zu dem des Küsters.

„Lehrers Ann" (Tochter des Lehrers Pützkaul) schaut aus dem Fenster der Arzdorfer Schule, die um 1970 abgerissen wird.

EIN HARTER JOB

An den späteren „geprüften Herren Lehrer" lässt Welsch kein gutes Haar, da sie sich und die Schüler gelangweilt hätten. In der Arzdorfer Klasse dagegen ging wohl täglich die Post ab: Die Schüler dachten sich während des Unterrichts Spiele aus und ignorierten die Bemühungen ihres Pauker geflissentlich – was möglicherweise tröstlich für die heutigen Lehrer sein könnte, die sich über fehlenden Respekt und mangelndes Engagement ihrer Zöglinge beklagen.

Doch es kam noch dicker im Arzdorfer Schulhaus: „Einer dieser gebildeten Pädagogen war ein frommer Tyrann", der, wie Welsch vermerkt, die Jungs und Mädchen in der einklassigen Schule mit Schlägen misshandelte. Auch wenn körperliche Züchtigungen damals regelmäßig zum Schulalltag gehörten, konnten sich die Arzdorfer dennoch nicht mit derartigen Erziehungsmethoden anfreunden. Das ganze Dorf war sauer auf den Lehrer. Das blieb nicht ohne Folgen: Man warf ihm mehrfach die Fenster seiner Wohnung ein. Opfer des bäuerlichen Zorns war möglicherweise der Lehrer Heinrich Toenessen, der Arzdorf bereits nach einem Jahr Schuldienst schon 1858 wieder verließ.

Übrigens waren derartige Ausbrüche des Volkszorns wie in Arzdorf im späteren deutschen Kaiserreich keine Einzelfälle. In der zweiten Hälfte des 19. Jahrhunderts gab es immer wieder Übergriffe von Schülern und deren Angehörigen besonders auf die Volksschullehrer. So führten die Züchtigungen der „Schulmeister" vielfach zu heftigen Reaktionen – in Einzelfällen gar zum Schusswaffengebrauch, wie aus dem Bericht einer westfälischen Lokalzeitung über einen Vorfall in der Ortschaft Dingen zu entnehmen ist.

Schlechte Bezahlung, überfüllte Klassen und unmotivierte, unerzogene Kinder sind keine Erfindung unserer Zeit, sondern bestimmten schon den Alltag vor allem der Volksschullehrer vor mehr als hundert Jahren. „Die Lehrerschaft saß zwischen allen Stühlen. Von der herrschenden Schicht als Halbgebildete verhöhnt, war sie doch staatliches Werkzeug der von Prügelstrafen gekennzeichneten Untertanenerziehung und damit Hassobjekt vieler Schüler und

Arzdorf in der Gemeinde Wachtberg, auch heute noch ein idyllischer Flecken

liberaler Eltern", so ein aktueller Begleittext zu einer Schulmuseums-Ausstellung zum 19. Jahrhundert. Angesichts eines solchen Klimas scheint das „Attentat" von Max und Moritz auf den Lehrer Lämpel, das Wilhelm Busch genussvoll im vierten Streich der bösen Buben beschreibt (1865 veröffentlicht), näher an der Wirklichkeit als bisher vermutet.

LEHRZEIT

Doch auch wenn Heinrich Welsch seiner Arzdorfer Schulzeit nicht nur Gutes abgewinnen konnte, hatte sie seinen Bildungshunger nicht nachhaltig beeinträchtigt. Die letzten Schuljahre in seinem Heimatdorf wird Welsch vom Lehrer Andreas Kurth unterrichtet. Ob von ihm oder den örtlichen Pfarrern Joseph Hollmann bzw. Jakob Knauff der dann entscheidende Bildungsimpuls ausgeht, ist nicht überliefert. Jedenfalls wechselt Heinrich mit 13 Jahren auf die Rektoratsschule ins Städtchen Meckenheim, das wenige Kilometer von Arzdorf entfernt liegt. Diese „Lehranstalten" in kleineren Städten und auf dem Land wurden von meist katholischen Geistlichen geleitet. Das war auch in Meckenheim der Fall. Sie sollten „heranwachsenden Knaben die unteren (u. mittleren) Gymnasialklassen ersetzen", wie das Herder'sche Konversationslexikon von 1907 mitteilt. Zwei Jahre später wird Heinrichs Ausbildung wiederum in bewährt katholische Hände gelegt.

Pfarrer Jakob Knauff war von 1861 bis 1905 als Pfarrer für Fritzdorf und Arzdorf tätig.

Der Junge geht nach Koblenz in die Lehranstalt der so genannten Schulbrüder. Seit 1850 gibt es diese erste deutsche Schulgründung der aus Frankreich kommenden Kongregation der *Christlichen Schulbrüder* am Rhein. Jean Baptiste de La Salle hatte schon im 17. Jahrhundert eine sehr fortschrittliche, kostenlose Knabenschule gegründet und kurz darauf seine Kongregation ins Leben gerufen. Mit dem Wechsel nach Koblenz beginnt für den 15-jährigen Heinrich das Internatsleben fern von zu Hause. So lebhaft Welsch von seinen Arzdorfer Jahren schreibt, so nüchtern reiht er ab jetzt die Fakten seines weiteren, typischen Ausbildungswegs bis zum fertigen Lehrer aneinander. Kein Wort darüber, wie er sich fern der Eltern und Geschwister gefühlt hat, wie sein neues Leben aussah. Und so erfahren wir nur, dass er 1865 in das Lehrerseminar der Schulbrüder wechselt.

Bildung aus einer Hand – im Seminar der frommen Brüder erhält Heinrich das endgültige Rüstzeug für den Lehrerberuf. Mit 17 Jahren beginnt für ihn im üblichen Alter die theoretische und praktische Ausbildung zum Pauker.

Zwei bis vier Jahre dauert dann normalerweise die „Bildung der Präparanden"; der Unterricht ist kostenlos. Logis und Kost sind in der Regel auch frei, allenfalls wird ein kleiner Unkostenbeitrag fürs Essen erhoben. Als „Externer" schafft Heinrich Welsch drei Jahre später die Lehrerprüfung am königlich-preußischen Lehrerseminar in Brühl bei Köln.

Lehrer Lämpel, der gemobbte Lehrer bei Wilhelm Busch

DER ERSTE JOB

Nach seinem „Ausflug" nach Brühl kehrt Welsch als fertiger Lehrer nach Koblenz zurück. An eine Fortsetzung seiner Ausbildung an der Uni kann er sicher aus finanziellen Gründen nicht denken.

So bleibt ihm der Weg als Professor ans Gymnasium verwehrt. Es mag Spekulation sein: Aber vielleicht hat er sich auch gar nicht einmal danach gesehnt. Er ist nun ein seminaristisch gebildeter Volksschullehrer in der preußischen Rheinprovinz und verdankt den Schulbrüdern seine erste Stelle.

Ein von ihnen geleitetes Pensionat für verwaiste Jungen bei Koblenz wird für die kommenden Jahre seine berufliche Heimat. Hier erlebt er den Aufmarsch der preußischen Armee gen Westen, hört die Nachrichten vom deutsch-französischen Krieg, dem deutschen Sieg und von der Reichsgründung 1871 mit Wilhelm I. als deutschem Kaiser.

Und wenn es irgendwie geht, fährt er in den Ferien nach Hause ins heimatliche Arzdorf. Heinrich Welsch hängt sehr an seinen Eltern und Geschwistern, und er versucht sie so oft wie möglich zu sehen.

So ähnlich mag das Kindheitsparadies von Welsch ausgesehen haben: Arzdorfer Wiese.

DIE SCHÖNSTEN JAHRE

Beruflich tut sich in diesen Jahren auch etwas, und der junge Lehrer wechselt erstmals die Stelle. Mit knapp 25 Jahren zieht es ihn in Zeiten des Bismarck´schen Kulturkampfes ins erzkatholische Sauerland.

Seine lupenreine katholische Karriere hat ihn sicher auch für den neuen Job empfohlen. Dort wird er nämlich Hauslehrer bei der Familie des Reichsfreiherrn Leopold von Fürstenberg auf Schloss Körtlinghausen. In dem komfortablen Anwesen lässt es sich für den jungen Lehrer vermutlich gut leben, denn Welsch schreibt, dass er dort „die schönsten und glücklichsten Jahre seines Lebens zugebracht" habe. Er unterrichtet die vier ersten Söhne der Familie und vermittelt Rudolf, Max, Paul und Friedrich von Fürstenberg die nötigen Grundlagen für ihre weiteren Schulkarrieren.

Auf Schloss Körtlinghausen lernt Welsch die Bildungschancen einer privilegierten Familie seiner Zeit kennen. Für Adel und gehobenes Bürgertum ist es völlig normal, die eigenen Kinder im Volksschulalter nicht dem staatlichen Bildungsangebot „auszusetzen", sondern sie zu Hause privat unterrichten zu lassen. Und für viele junge Lehrer ist der Hauslehrerberuf traditionell die Chance, die stressfreiere Seite ihres Berufes kennen zu lernen. Berühmte Dichter wie Schiller, Hölderlin oder Apollinaire haben damit zeitweise ihren Lebensunterhalt verdient. Und so wird Heinrich Welsch es wohl auch bedauert haben, als er die Familie von Fürstenberg wieder verlassen muss, als die ältesten Söhne aufs Gymnasium wechseln.

Heinrich Welsch (Mitte) im Kreise seiner Geschwister Joseph, Christian, Christina und Stephan (von links)

Die 1859 gegründete Sünner Brauerei in Köln-Kalk

MILIEUWECHSEL

Während der Lehrer Conrad Pützkaul im heimatlichen Arzdorf schon seit drei Jahren in der Schulchronik die Sedan-Feiern, den königlichen Geburtstag und die Besuche des Herrn Pastors penibel notiert, wechselt Heinrich Welsch das Milieu und geht als Lehrer nach Köln. Zum 1. September 1877 schickt ihn die Kölner Bezirksregierung zu einem kurzen Intermezzo nach Worringen, danach für drei Jahre nach Köln-Sülz.

Schließlich findet Welsch ab 1881 seine Bestimmung als Lehrer in Kalk. In diesem Jahr wird der heutige rechtsrheinische Kölner Stadtteil in der Folge einer rasanten industriellen Entwicklung zur selbstständigen Stadt, die allerdings 1910 vom großen Köln wieder eingemeindet wird.

Seit Mitte des 19. Jahrhunderts hatte die sich besonders im Rheinland rapide entwickelnde Industrie aus der Kleinstansiedlung Kalk mit noch nicht einmal 100 Einwohnern (1843) in nur wenigen Jahren einen Industriestandort mit 1800 Menschen gemacht. Vor allem chemische und Metall verarbeitende Betriebe siedelten sich am rechten Rheinufer an. Hier gab es billigen Baugrund und jede Menge Platz.

Bis zum Jahr 1914 wuchs die Einwohnerzahl auf 14000 Köpfe an. Seit 1850 besaß Kalk auch eine Schule, die neben der Kapelle an der heutigen Hauptstraße errichtet worden war.

Mit seinem Job in Kalk scheint es Welsch nun auch möglich zu sein, eine Familie zu gründen. Volksschullehrer verdienten nicht üppig – so sind für die Meckenheimer Lehrer dieser Jahre Gehälter von rund 1000 Reichsmark bekannt. Doch es gab innerhalb Preußens auch Lehrereinkünfte, die deutlich darunter lagen. Natürlich erhielt ein am Seminar ausgebildeter Pädagoge mehr als ein Hilfslehrer.

Katharina Welsch – die über alles geliebte Ehefrau

PRIVATES GLÜCK UND LEID

Und nun werden die Lebenserinnerungen Welschs, die den beruflichen Werdegang nur mit dürren Worten darlegen, vor dem Hintergrund der Heirat mit der Lehrerin Katharina Zentner wieder ausführlicher. „Ich kann Gott nicht genug danken, dass er mir diese köstliche Frau zugeführt hat", schreibt der glückliche Ehemann und fügt noch hinzu: „Sie hat Kopf, Herz und Hände auf dem rechten Fleck. Sie ist mir ein wahres Gottesgeschenk!"

Am 18. August 1886 treten die verliebten Brautleute vor den Standesbeamten in Berkum (heute Gemeinde Wachtberg). Gottes Segen für seine Ehe holt sich das Paar vier Tage später in der romanischen Kirche St. Andreas in Köln. Die junge Ehefrau stammt übrigens aus dem Flecken Klein-Villip, der vielleicht einen Kilometer von Welschs Geburtsort entfernt liegt. Auch Katharina Welsch ist eine „seminaristisch" ausgebildete Lehrerin, die in Flerzheim bei Euskirchen und später im heutigen Wachtberger Ortsteil Oberbachem unterrichtet hatte – sicher eine für damalige Verhältnisse nicht ganz übliche Karriere für ein Mädchen vom Land.

Nach knapp sieben Ehejahren setzt bei den Welschs dann auch endlich der Kindersegen ein. Zwischen 1893 und 1901 werden fünf Kinder geboren, doch nur die Töchter Maria und Martha erreichen das Erwachsenenalter. Ein weiteres Mädchen und die zwei Söhne sterben im Baby- oder Kleinkindalter. Heinrich Welsch kommentiert den Tod seiner Kinder nicht. „Fünf Kinder haben wir erhalten", schreibt er nur und notiert deren Geburts- und Sterbedaten. Als frommer Mann wird er den Verlust der drei Kinder als Gottes Willen akzeptiert haben. Die Tochter Maria zieht es übrigens nach der Ausbombung 1943 von Köln in den väterlichen Geburtsort Arzdorf. Sie bleibt dort bis an ihr Lebensende wohnen. Als „Tante" ist die kinderlose Maria Küpper, geborene Welsch, noch heute vielen älteren Arzdorfern in guter und liebevoller Erinnerung. Heute gibt es keinen direkten Nachfahren des Lehrers Heinrich Welsch mehr in Arzdorf, aber der Name Welsch ist im Ort und in den angrenzenden Dörfern noch häufig vertreten.

In der Kalker Hauptstraße neben der Kirche stand die erste Schule des Ortes von 1850.

VON KALK IN DIE KAYGASS

Als Heinrich Welsch seine Stelle an der Kalker Volksschule antritt, trifft er auf einen – boomenden – Industriestandort mit all' den Schattenseiten der Gründerzeiten zum Ende des 19. Jahrhunderts. Hier leben die Menschen, die wir uns heute klischeehaft unter Proletariat vorstellen: Tausende von ungelernten Arbeitern und Tagelöhnern mit ihren Familien. Die Armut saß in den Schulklassen, die Welsch Tag für Tag betrat, mit auf der Bank. Und viele Kinder kamen gar nicht erst in die Schule – sie mussten den Lebensunterhalt der Familien mitbestreiten. Nicht selten fehlten den Jungen und Mädchen auch schlicht die Schuhe, um sich auf den Weg in die Schule zu machen.

Der defätistische Refrain des Welsch gewidmeten Karnevalsliedes „Nä, nä, dat wesse mer nit mieh, ... denn meer drei han nit studeet" gibt sicher das aus der Not geborene Defizit vieler Familien wieder.

Kinder, denen das Lernen schwer fiel oder solche, die „geistig nicht normal entwickelt waren", bekamen keinerlei Förderung. Diesem traurigen Schicksal begegnet der passionierte Pädagoge Heinrich Welsch 1905 mit der Gründung einer Hilfsschule in Kalk. Hier erhalten Schüler, die man heute „lernbehindert" nennen würde, zum ersten Mal eine Chance auf Wissen und Bildung. Welsch nimmt mit dieser Einrichtung einen Trend auf, der in Köln auf der linksrheinischen Seite schon 1886 mit der Etablierung einer Schule für „geistig nicht normal entwickelte Kinder" begonnen hatte. Auf der Burgmauer Nr. 31 wird die erste Kölner Hilfsschule am 15. November eröffnet.

In der Kaygasse erinnert man sich bis heute an den Karnevalsschlager.

Die Idee der Hilfsschulen war übrigens relativ neu – zur ersten wirklichen Schulgründung kam es 1879 in Elberfeld (heute Wuppertal).

Ein Jahr nach der Errichtung verfasst Rektor Welsch einen Bericht über „seine" Hilfsschule, und 1909 reicht er ein Gesuch für eine neue Klasse ein. Offenbar kümmert er sich nicht nur um seine Schüler, sondern nimmt auch deren soziales Umfeld genau wahr. So wird überliefert, dass er sich besonders um die Armen in Kalk sorgte und sich für das Los unverheirateter Mütter einsetzte. Dabei standen ihm die damals üblichen konfessionellen Vorurteile wohl nicht im Weg. Er sah die Dinge vielleicht sehr praktisch und mehr von der menschlichen Seite. Eine ledige Mutter, die wieder zu ihrer Familie zurückkehren konnte und sozial nicht ausgegrenzt war, war ihm allemal lieber als eine gesellschaftlich ausgegrenzte Frau, die für ihren Fehltritt büßen musste. Denn unter den Folgen litten vor allem wieder die Kinder.

In diesen Jahren muss sich Welschs legendärer Ruf in Kalk gebildet haben. Als ein bei den armen Leuten hoch angesehener, patriarchalisch wirkender Mann scheidet er wohl kurz vor dem ersten Weltkrieg aus dem Schuldienst aus. Mit seinem Tod im Jahr 1935 wird er zur Legende.

Dass die „Drei Laachduve" seine Wirkungsstätte 1938 mit ihren Versen in die linksrheinische Kaygasse verlegt haben, mag ganz sachliche Gründe haben. Zwar gab es in der Kaygasse keine Hilfsschule, aber die Gegend war ein sozialer Brennpunkt, dem Milieu in Kalk sehr ähnlich. Heute hat sich die um die Ecke gelegene Katholische Hauptschule am Großen Griechenmarkt der Erinnerungspflege für Heinrich Welsch angenommen. Und an der Ecke Kaygasse / Großer Griechenmarkt erinnert eine Gedenktafel mit dem Liedtext „En d'r Kaygaß Numero 0" an den Lehrer Heinrich Welsch aus Arzdorf.

Herrn Paul Schmitz aus Wachtberg-Arzdorf sowie dem Fotoclub Fritzdorf danke ich herzlich für zahlreiche Hinweise und Fotos, Herrn Ottmar Prothmann, Stadtarchiv Bonn, für das Überlassen einer Kopie der Lebenserinnerungen von Heinrich Welsch sowie Herrn Professor Ulrich Schröder, Oldenburg, für Hinweise zum Kölner Hilfsschulwesen.

Das Know-how qualifizierter Mitarbeiter ist die Basis unseres Erfolges.

Ulrich und Klaus Reifenhäuser

Innovation ist eine treibende Kraft, die Werte schafft, indem sie neuen Märkten den Weg ebnet.

Als Familienunternehmen stehen wir zu unserer Verantwortung. Durch Innovationen gestalten wir die Zukunft der Kunststofftechnologie und schaffen mit unserem Wissen und unseren Erfahrungen Lösungen für die Anforderungen unserer Kunden. Das Engagement und die Zufriedenheit unserer Mitarbeiter ist dabei die Basis unseres Erfolges.

Mut, Offenheit, Unruhe und Ideen haben uns geprägt. Denn dies sind die wesentlichen Voraussetzungen, um unsere Visionen Realität werden zu lassen.

Reifenhäuser
The Extrusioneers

REIFENHÄUSER GmbH & Co. KG · Maschinenfabrik · Spicher Straße · 53839 Troisdorf / Germany · Tel.: +49 (0) 22 41 / 4 81 - 0 · Fax: +49 (0) 22 41 / 4 08 778

www.reifenhauser.com · info@reifenhauser.com

DIE DAMPFBETRIEBENE PERSONENSCHIFFFAHRT AUF DEM RHEIN

IHRE BEDEUTUNG FÜR DIE ORTE AM SIEBENGEBIRGE
VON FRIEDER BERRES

Flüsse und Ströme waren bereits im Altertum wichtige Verkehrswege. Daran änderte sich auch nichts, als nach und nach Straßen – und sehr spät Schienennetze entstanden. Für Nordeuropa kommt dem Rhein als Wasserweg besondere Bedeutung zu. Endgültig mit der Zeit der Römer am Rhein (rund 50 v. Chr. bis 450 n.Chr.) wurde er zu einer bedeutenden Wasserstraße, zu einer Hauptverkehrsader für Wirtschaft und Handel. Es entstanden immer wieder neue, bessere und den einzelnen Stromabschnitten angepasste Schiffstypen, wobei auch die Schiffsgrößen wuchsen, um der Anforderung nach mehr Transportleistung gerecht zu werden. Aber es gab Grenzen: Sowohl die Windkraft beim Segeln als auch der Einsatz von Pferden beim Treideln konnten nicht unbegrenzt genutzt werden, ganz zu schweigen von den Schiffen, die mit menschlicher Körperkraft vorwärts bewegt wurden. All diese über einen langen Zeitraum gewachsenen Strukturen verschwanden in verhältnismäßig kurzer Zeit, als die Dampfmaschine die Rheinschifffahrt erobert hatte.

1816 hatte das erste Dampfschiff den Rhein befahren. Es war das Schiff des Engländers William Wagner, das am 9. Mai in Margate an der Ostküste Englands gestartet war, den Kanal überquert hatte und über Veere und Dordrecht nach Rotterdam gelangte. Bei der längeren Verweildauer vor dieser Stadt wurde es auch vom niederländischen König Willem I. besichtigt, der mit ihm unter dem Jubel der Bevölkerung zweimal an der Stadt vorbeifuhr. Ursprünglich trug das Schiff den Namen *The Defiance* (Herausforderung) – auch noch in den Niederlanden. Irgendwann wurde daraus der Name *Prinz von Oranien*, unter dem das Schiff meistens bekannt ist. In den Unterlagen der *Köln-Düsseldorfer Deutsche Rheinschifffahrt AG (KD)* taucht auch der Name *Orwell* auf.

Als das Schiff am 12. Juni 1816 Köln erreichte, trug es jedoch keinen Namen. Als Grund führt Heinz Weber aus: „Wagner war nicht nur Kapitän und Schiffseigentümer, sondern auch Unternehmer und Kaufmann. Er war sich zweifelsfrei darüber im Klaren, dass ein englischer Schiffsname im Rheinland und vor allem im konservativen Köln als Werbung für Rheinfahrten fehl am Platze und nicht zugkräftig genug war. Deshalb hat er wohl den Schriftzug *The Defiance* backbord und steuerbord entweder durch Überpinseln gelöscht oder auf andere Weise verdeckt."

Die Treidel- und Segelschifffahrt lebten neben der Dampfschifffahrt bis in die 1890er Jahre weiter. Der kolorierte Aquatintadruck zeigt diese Situation vor Königswinter um 1840.

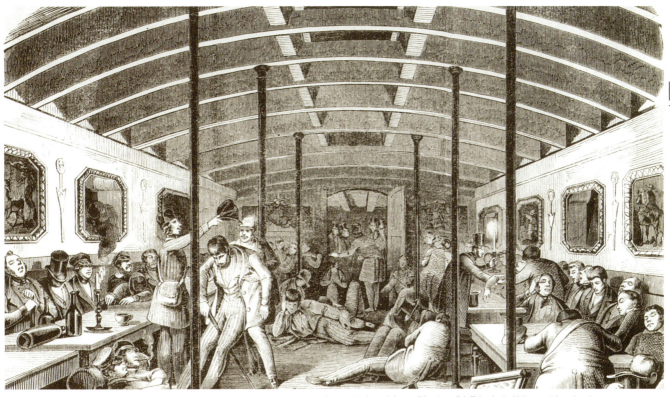

Die Zeichnung von J. B. Sonderland aus der *Leipziger Illustrierten* von 1846 trägt die Unterschrift „Nachtlager auf dem Dampfschiffe bei der Rückkehr vom Siebengebirge".

Wagner wollte mit seinem Schiff, welchen Namen es auch immer trug, weiter stromauf, musste aber wegen der damaligen hohen Wasserführung sein Unternehmen abbrechen, da sein Schiff mit einer Maschinenleistung von 12 bis 14 PS nur knapp die Vorbeifahrt am Kölner Bayenturm schaffte, das Passieren des Poller Kopfes aber nicht. Unstrittig ist jedoch, dass William Wagners Schiff das erste Dampfschiff auf dem Rhein war.

Die Bevölkerung der Siebengebirgsregion erblickte erstmals im November 1817 ein Dampfschiff. Es war die *Caledonia* von James Watt jr., einem Sohn des Erfinders der ersten leistungsfähigen Niederdruckdampfmaschine. Er schaffte es bis Koblenz, allerdings ab Neuwied nur durch Inanspruchnahme zusätzlicher Treidelleistung. 1824 erreichte die *De Zeeuw* der *Nederlandsche Stoomboot Maatschappij (NSM)* unter Kapitän Roentgen in Etappen Köln (29. Oktober), Kaub (3. November) und Bacherach. Das Schiff fasste 120 Personen und führte die Fahrt ebenfalls bei Hochwasser durch. Vorher waren in Köln Schleppversuche durchgeführt worden, die befriedigend verliefen. Ein Teilnehmer der Fahrt bis Bacherach war Sulpiz Boisserée, der seinem Bruder Melchior hierüber emotional bewegt berichtete. Er spricht von einem „wunderbar einherrauschenden Mühlenschiff, welches bei einer der größten Überschwemmungen, wo kein Schiff mit Pferden gezogen werden kann, seinen Weg durch die mächtigen Wasserwogen ruhig fortsetzte." – Die Anfangsschwierigkeiten waren überwunden, mit der Fahrt der *De Zeeuw* hatte endgültig das Zeitalter der Dampfschifffahrt begonnen.

Die Dampfschifffahrt auf dem Rhein und überhaupt in Deutschland entwickelte sich gegenüber der in Frankreich, England und den USA relativ spät. In Frankreich wurden 1774 zwei Dampfschiffe des Grafen Auxivon auf der Seine gesichtet, 1776 ein Schiff von John Fitsch auf dem Delaware River in den USA. In beiden Fällen handelte es sich um Versuche. Aber mit dem Einsatz eines weiteren Schiffes von John Fitsch 1778 war damit nach Weber „der Dampfschiffspassagierverkehr der Welt" eröffnet. Die späte Entwicklung auf dem Rhein ist wahrscheinlich den Wirren der napoleonischen Zeit zuzuschreiben. Sie fand erst mit dem Wiener Kongress von 1815 und der damit verbundenen Neuordnung Europas ein Ende.

Die Entwicklung der frühen Dampfschiffe hatte seitens der Unternehmer erhebliche Investitionen erfordert. Reisen mit ihnen waren daher

Die Zeichnung von Knut Ekwall *Auf dem Deck eines Rheindampfers* zeigt Reisende, die in unterschiedlicher Weise von der Rheinreise berauscht sind.

Die *Concordia* der PRDG mit hohem Schornstein und Segeleinrichtung ist eine typische Vertreterin der frühen Dampfschifffahrt.

nicht billig und nach wie vor dem privilegierten Personenkreis vorbehalten, der vorher, d. h. zur Zeit der Treidelschifffahrt, mit der *Wasser-Diligence* (ein Postschiff, in ähnlicher Form *Samoreuse*, *Keulenaar* und *Coches d'eau*) den Rhein bereist hatte. Diese Schiffe verkehrten z. T. im Rahmen der Börtschifffahrt nach Fahrplan. Dabei bewältigten sie die Strecke Köln – Mainz in drei Tagen, wobei vermutlich von früh morgens bis in die späte Nacht oder auch die Nacht hindurch getreidelt wurde. Stromab wurden zwei Tage benötigt. Der Betrieb wurde von einer Rheinschifffahrtsgesellschaft abgewickelt, die Agenturen in Köln, Koblenz und Mainz unterhielt. Es ist davon auszugehen, dass die Benutzer der Wasser-Diligencen überwiegend Geschäftsreisende waren, denn die Benutzung von Kutschen auf den Rheinuferstraßen – im Siebengebirgsbereich gab es eine derartige Straße überhaupt nicht und seit 1851 nur eine *Kunstchaussee* von Beuel bis Honnef – war wegen des schlechten Zustands kein Vergnügen. Andererseits gab es bis zu Beginn des 19. Jahrhunderts kein generelles Verlangen, Landschaft und Natur zu erleben. „Kein Mensch reiste zum Vergnügen, und damit war auch der Blick auf die Landschaft überflüssig" (Renker). Ähnlich berichtet Winterscheid: „Im Gegensatz zur heutigen Zeit diente die vielfach noch mit der Güterbeförderung kombinierte Personenschiffahrt damals mehr dem Alltagsbedarf als dem sonntäglichen Ausflugsverkehr und sonstigen Vergnügungsreisen." Das Hauptdeck der frühen Personendampfer hatte keine oder nur kleine Aufbauten und blieb vornehmlich der zu transportierenden Ladung vorbehalten, die aus eiligem Stückgut und Reisegepäck bestand. Die Passagiere logierten überwiegend unter Deck. Von Anfang an waren die starren Antriebsräder seitlich am Rumpf angebracht, in den USA und bei anderen Flüssen Deutschlands zum Teil am Heck. Die Schiffe bestanden aus Holz, Planken und Verbände waren daher den starken Schwingungen der Dampfmaschine ausgesetzt. Diese Schiffe konnten von der Konstruktion her nicht alt werden.

Die ersten Dampfer waren zunächst in England und danach ausnahmslos in den Niederlanden gebaut worden und verwendeten Dampfmaschinen englischer Bauart. Mit der NSM hatte sich 1823 die erste Dampfschiffreederei am Rhein gebildet, der die oben erwähnte *De Zeeuw* gehörte. Der NSM folgte sehr schnell 1826 in Köln die *Preußisch-Rheinische-Dampfschiffahrts-Gesellschaft (PRDG)*, die mit der zehn Jahre später in Düsseldorf gegründeten *Dampfschiffahrtsgesellschaft für den Nieder- und Mittelrhein (DGNM)* 1853 zur *Köln-Düsseldorfer Rheindampfschiffahrt, Kölnische und Düsseldorfer Gesellschaft* fusionierte. Die Firmenbezeichnung wechselte bis zur heutigen Firmierung

Blick etwa 1910 vom Uferweg in Rolandseck auf den Rhein. Die Lokalboote waren damals keine große Konkurrenz für die Dampfer der Köln-Düsseldorfer, die damals alle einen schwarz-weiß geränderten Schornsteinanstrich besaßen.

Köln Düsseldorfer Deutsche Rheinschiffahrt AG mehrmals, in der Sprachregelung der Bevölkerung war und ist diese traditionsreiche Reederei schlicht und einfach „die KD".

Als die DGNM 1838 mit fünf Dampfern den Verkehr zwischen Düsseldorf und Mainz aufnahm, besaß die PRDG bereits elf Schiffe, darunter die *Graf von Paris*, den ersten Dampfer mit Eisenrumpf. Beide Gesellschaften lieferten sich bis zur Fusionierung einen harten Konkurrenzkampf, daneben mussten sie sich gegenüber den Dampfern der Niederländer behaupten, mit der die KD später einen Kooperationsvertrag einging.

Anlässlich des fünfzigjährigen Bestehens der Universität Bonn (gegründet 1818) fand eine Dampferfahrt nach Rolandseck statt, die von R. Beissel und E. Kirchhoff in einer Zeichnung festgehalten wurde.

Die weitere Entwicklung der Personenschiffahrt zu beschreiben wäre ein Nachzeichnen der Geschichte der KD. Da aus Anlass früherer Jubiläen und des Jubiläums 2001 „175 Jahre Köln-Düsseldorfer Deutsche Rheinschiffahrt AG" dieses Thema ausführlich behandelt wurde, kann darauf verzichtet werden. Festzuhalten bleibt aber:

- Seit der Fusionierung betrieben die beiden Ursprungsgesellschaften je 14 Dampfer, von denen jährlich einer ausgemustert und durch einen Neubau ersetzt wurde. Hierbei wechselten sich die Kölner und Düsseldorfer Gesellschaft ab.

- Obwohl die Schiffe immer mehr zu Personendampfern wurden, spielte der Transport von Stückgut lange Zeit noch eine Rolle, bei den Schiffen der Niederländer noch bis in die Jahre 1938/39, in denen vier neu gebaute Schiffe für den gemischten Einsatz vom Stapel liefen.

- Mit der Hinwendung zur reinen Personenschifffahrt verschwanden die Halbsalondampfer nach und nach. Krönung war der Salondampfer mit zwei Decks und zwei Schornsteinen. Ausstattung und Gastronomie wurden verbessert, Fahrgäste konnten sich jetzt wie in einer Gaststätte an Land bewirten lassen.

- Der Verkehr wurde in Personenfahrt und Schnellfahrt – eine Zeit lang auch in Expressfahrt – gegliedert, wobei Ausstattung und Alter der Schiffe eine Rolle spielten.

- In den 1930er Jahren wurden ausgemusterte Seitenraddampfer durch Motorschiffe mit Schraubenantrieb ersetzt.

Als Phänomen der Personendampfschifffahrt in den 1850/60er Jahre gilt, dass sich diese Entwicklung vollzog, obwohl sich die Dampfmaschine mit der Eisenbahn einen anderen Verkehrsträger erobert hatte. 1844 war die Strecke Köln – Bonn eröffnet worden, 1855 wurde sie bis Rolandseck weitergeführt, 1859 war Mainz erreicht. Das Siebengebirge konnte jetzt (und wurde auch) von der linken Rheinseite her über die Fähren Godesberg – Niederdollendorf, Mehlem – Königswinter und Rolandseck – Honnef erreicht werden, ab 1870 auch über die rechtsrheinische Eisenbahn (Niederlahnstein – Oberkassel, 1871 Weiterführung bis Köln).

Dass die Personenschifffahrt trotzdem diesen gewaltigen Aufschwung nahm, zeigt die geänderte Einstellung seiner Nutzer. Das Schiff war jetzt nicht mehr Transportmittel, sondern Medium der

Die Fahrt des flämisch-deutschen Sängerbundes nach dem Siebengebirge lautet der Titel einer weiteren Zeichnung von J. B. Sonderland, auf der zwei Dampfer in übersteigerter Größe dargestellt werden. Die Fahrt fand 1846 statt.

Erlebniswelt. Man benutzte den Dampfer nicht mehr, um schnell ein Ziel zu erreichen. Für diesen Zweck gab es die Eisenbahn. Passagiere der Dampfschiffe leisteten sich eine Fahrt, um sich während der Reise oder am Zielort romantischen Gefühlen oder dem Natur-Erleben hinzugeben. Der Geschäftsreisende zählte fortan nicht mehr zur Klientel der Schifffahrt. Der gigantische Aufschwung der Personenschifffahrt im ersten Jahrhundert ihres Bestehens lässt sich mit Zahlen belegen. Allein die KD bzw. ihre Vorläuferin, die PRDG, die 1827 mit 18000 Reisenden den Verkehr zwischen Köln und Mainz begonnen hatte, beförderte 1913 trotz der Konkurrenz von einem Dutzend anderer kleinerer Reedereien 1,9 Millionen Personen.

Spuren des früheren Konkurrenzkampfes zwischen PRDG und DGNM sind in Königswinter erhalten. Als am 1. Mai 1827 von der PRDG der Linienverkehr zwischen Köln und Mainz eröffnet wurde, war Königswinter zunächst Nachstation. Die Dampfer trieben auf dem Strom mit stillgestellten Rädern, um eine Gefährdung auszuschließen, denn der Verkehr zwischen Schiff und Land und umgekehrt wurde mit handgeruderten Nachen durchgeführt. Von den Nachen mussten die Passagiere über ein Treppchen hinter den Radkästen das Schiff besteigen oder verlassen. Im März 1836 nahm die DGNM den Linienverkehr zwischen Düsseldorf und Mainz auf und lief mit ihren Schiffen ebenfalls Königswinter an.

Die *Concordia*, mit der 1827 die PRDG den Linienverkehr zwischen Köln und Mainz eröffnete, an der Anlegebrücke in Bonn, im Hintergrund Siebengebirge und Godesburg. Das Frachtschiff links im Vordergrund ist eine zweimastige Rheinaak.

Die PRDG errichtete 1841 ihre Anlegebrücke gegenüber der Ausmündung der heutigen Drachenfelsstraße, die damals von den Rheinhotels *Europäischer Hof* (heute *Günneweg Rheinhotel*) und *Berliner Hof* (heute *Berliner Platz*) flankiert wurde. Die Dampferanlegebrücke der DGNM ging später in das Eigentum der *Nederlandsche Stoomboot Reederij* über. An ihrer Stelle an der Rheinpromenade gibt es heute die Brücke der Reederei *Viking River Cruises*. Hier legen u.a. die früheren Kabinenschiffe der KD an, die von dieser Reederei übernommen wurden.

Sie wickelte den Verkehr zwischen Schiff und Land in der gleichen Form wie die PRDG ab.

1838 bekam Königswinter die erste Anlegebrücke, 1841 die zweite, so dass dieses abenteuerliche Manöver hier ein Ende fand. In Oberkassel hat dieses Prozedere bis 1912 fortbestanden. Durch Hissen einer bestimmten Zahl von kleinen Flaggen wurde dem Agenten angezeigt, wie viele Nachen zum Abholen von Passagieren erforderlich waren. Der Transfer mit Nachen, den die dortigen Fährbetreiber wahrnahmen, war nicht im Fahrpreis für den Dampfer enthalten, die Passagiere mussten die Nachenführer gesondert entlohnen. Ein einträgliches Geschäft kann es nicht gewesen sein, denn 1910 war den Fährbetreibern ein Zuschuss in Höhe von 150 Mark aus der Gemeindekasse gewährt worden.

Zurück zu Königswinter. Als die DGNM den Liniendienst aufnahm und Königswinter ansteuerte, gewann die Düsseldorfer Reederei den Königswinterer Bürger Lambert Hermanns als Agenten. Dieser besaß das so genannte Kommandeurshaus der Kölner Malteser Kommende, das er nach der Säkularisation der geistlichen Besitzungen 1803 erworben hatte. Das Gebäude lag an der Rheinallee Ecke Tombergerstraße. In dem ehemaligen Kommandeurshaus, das später in den Gebäudekomplex des heutigen *Düsseldorfer Hofes* einbezogen wurde, betrieb Hermanns eine Gastwirtschaft. Die 1838 von der Düsseldorfer Gesellschaft installierte Dampferanlegebrücke befand sich gegenüber seinem Haus an der Ausmündung der Tomberger Straße. Prompt nannte Hermanns seit 1839 sein Anwesen *Düsseldorfer Hof*, den es heute noch als Wohneigentumsanlage unter dieser Bezeichnung gibt.

Der neben Königswinter bedeutenden Siebengebirgsstadt Bad Honnef, die einen steilen Aufstieg zur Kur- und Badestadt erlebte, blieb die direkte Teilnahme am Touristenverkehr mit Dampfschiffen im 19. Jahrhundert versagt. Grund war die vorgelagerte Insel Grafenwerth, zu der es bis 1912 keine Brücke gab.

Nach der Säkularisation ging das sog. Kommandeurshaus der Kölner Niederlassung der Malteser in den Besitz eines Privatmannes über, der gleichzeitig Agent der Düsseldorfer Dampfschifffahrtsgesellschaft war. Prompt nannte er seit 1839 sein Hotel *Düsseldorfer Hof*.

Außerdem waren unterhalb der Insel an Rhöndorf vorbei bis oberhalb von Königswinter ab 1861 im Zuge der Rheinregulierung Buhnen errichtet worden, welche die Installation eines Anlegers nicht erlaubten. Eine Möglichkeit, den Dampfer zu erreichen, bot die Fähre von Honnef nach Rolandseck, wo sich bis zur Mitte des vergangenen Jahrhunderts eine Dampferanlegestelle befand. 1908 erhielt Honnef eine eigene Anlegestelle an der Stromseite der Insel Grafenwerth. Um diese zu erreichen, mussten die Passagiere zunächst mit Nachen über den Altarm gerudert werden. Erst mit Bau der Brücke war die Dampferstation mit Fahrzeugen und fußläufig zu erreichen.

Eine ähnliche Situation bestand in Niederdollendorf, das auch am neu entstandenen Siebengebirgstourismus partizipierte, aber ebenfalls keine Anlegestelle für Dampfer besaß.

Der boomende Fremdenverkehr um die Wende vom 19. zum 20. Jahrhundert ist auf dem Gemälde *Am Rheinquai bei Königswinter* eines unbekannten Künstlers festgehalten. Außer Dampfer, Lokalboot und Nachen werden an Land die Reittiere gezeigt, die zum Besuch des Siebengebirges gemietet werden konnten.

Der Dampfer *Merkens* mit zwei Schornsteinen an der Anlegebrücke vor dem Berliner Hof in Königswinter. Etwas stromauf die 1844 in Betrieb genommene erste Ponte.

Die Situation änderte sich, als 1898 auf der gegenüberliegenden Rheinseite in Godesberg die Bastei an der Rheinpromenade errichtet wurde. In diesem Zusammenhang entstand ein Wasserbahnhof. Die linksrheinische Anlegestelle der Fähre von Niederdollendorf wurde von Plittersdorf hierher verlegt, eine Anlegebrücke für Dampfschiffe in Betrieb genommen, dazu gruppierten sich Brücken der Lokalschifffahrt. Somit waren alle Orte des Siebengebirges an den Linienverkehr der Dampfschiffreedereien angeschlossen, wenn auch in unterschiedlicher Weise.

Der Grund, warum die Siebengebirgsorte von Anfang an mit Dampfern angefahren und zu Ausflugszielen wurden, ist nachvollziehbar. Zeitgleich mit der Entstehung der Dampfschifffahrt hatte sich die Rheinromantik als Geistesströmung ausgebildet. Bedeutende Dichter wie Clemens von Brentano, Friedrich von Schlegel, Johanna Schopenhauer und Emanuel Geibel hatten den Rhein zum Gegenstand ihrer Dichtung gemacht. Das Fragmentarische, Ruinenhafte, das malerisch Verwilderte und von Geheimnissen Umwitterte, das als spezifische Form der Romantik gilt, war im Siebengebirgsbereich mit seinen verfallenen Burgen, den Ruinen der früheren Abtei Heisterbach, dem Rolandsbogen, dem Kloster auf der Insel Nonnenwerth usw. reichlich vorhanden. Der Siebengebirgsbereich war zu einem Schwerpunkt der Rheinromantik geworden.

Besonders Königswinter als Einfallstor zum Siebengebirge erlebte in der zweiten Hälfte des 19. Jahrhunderts einen ungeahnten Aufschwung als überregionaler Fremdenverkehrsort. Welche Menschenmengen sich damals in Bewegung setzten, um sich beim Durchstreifen der Siebengebirgsregion romantischen Gefühlen hinzugeben oder auch nur die Natur zu erleben, lässt ein Bericht der *Bonner Zeitung* erkennen. Danach waren an den Pfingsttagen 1867 allein mit dem Dampfschiff 47 000 Personen nach Königswinter gekommen, mit der linksrheinischen Eisenbahn weitere 36000, die mit der Fähre übersetzten. Die meisten Leute kamen aus dem Nahbereich und besuchten das Siebengebirge als Tagesausflug. Das Dampfschiff war ein preiswertes Transportmittel, dass erstmals einer weniger begüterten Bevölkerung die Tür zu einer bisher nicht bekannten Erlebniswelt öffnete.

Traumwelt des Rheinromantikers: Schroffer Fels und die Ruine der Burg auf dem Drachenfels bei extremem Wetter führen zu einer Ergriffenheit, der man sich mit Begeisterung hingibt.

Die Zeit der Rheinromantik und der Dampfschifffahrt gehört der Vergangenheit an, ebenso die riesigen Touristenströme damaliger Tage – zum Leidwesen der Fremdenverkehrsindustrie. Möglicherweise lassen sich Geistesbewegungen und Reisegewohnheiten wieder beleben, technische Einrichtungen aber in keinem Fall. Sie tragen stets ein verborgenes Verfallsdatum. Das der Dampfschifffahrt wurde nach dem Zweiten Weltkrieg sichtbar, als das Sterben der Seitenraddampfer begann. Die von Kohle- auf Schwerölfeuerung umgestellten Dampfschiffe, die sich durch den Krieg gerettet hatten, wurden trotz der hierdurch erzielten Personaleinsparung unwirtschaftlich. Sie wurden nach und nach ausgemustert und durch Großmotorschiffe mit modernem *Voith-Schneider-Antrieb* ersetzt.

Heute verkehrt noch (bzw. wieder) ein einziger Seitenraddampfer auf dem Rhein, die *Goethe* der KD.

Die Zeichnung von Charles Neunhoffer zeigt vor dem Hotel Berliner Hof in Königswinter die 1841 errichtete Anlegebrücke mit einem frühen Seitenraddampfer.

Das 1913 vom Stapel gelaufene Schiff hat mehrere Umbauten erlebt und das gleiche Schicksal durchlitten wie viele andere Personendampfer: Versenkung während des Krieges, danach Hebung, Überholung und Umstellung der Feuerung von Kohle auf Schweröl. Nach der Saison 1989 wurde die *Goethe* außer Dienst gestellt, eine notwendige Reparatur der Kesselanlage schien wirtschaftlich nicht vertretbar. Es bildete sich eine Initiative, die als *Freundeskreis Schaufelraddampfer Goethe* bei jeder Hauptversammlung der Aktionäre den KD-Vorstand für den Erhalt des Schiffes bestürmte, das im Köln-Niehler Hafen vor sich hin gammelte.

1995 fiel der Beschluss, die *Goethe* zu erhalten. Sie wurde nach Dordrecht geschleppt, wo sie zwei neue Dampfkessel und ein Bugstrahlruder erhielt. Besonderer Wert wurde auf die dampfertypische Gestaltung, sowohl im äußeren Schiffsbereich als auch im Innenbereich der Salons, gelegt. Vieles besticht hier durch Mahagoni und Messing. Eine Neuerung sind die Gestaltung der Flächen über den Radkästen als Sitzgelegenheit im Freien

Die *Mainz* lief 1928/29 als letzter Seitenraddampfer der KD vom Stapel und blieb der Nachwelt erhalten. Sie kann als Museumsschiff in Mannheim besichtigt werden.

und die klimatisierten Innenräume. Am 28. August 1996, an Goethes 247. Geburtstag, wurde der Dampfer wieder in Dienst gestellt. Er verkehrt seitdem überwiegend auf der Strecke Koblenz – Rüdesheim, dem romantischsten und heute als Weltkulturerbe ausgezeichneten Abschnitt des Rheins. Man kann die *Goethe* nicht als Museumsschiff bezeichnen, dafür wurde zuviel verändert. Besonders der Einbau des Bugstrahlruders ist ein Stilbruch. Es erleichtert die Navigation beim Anlegen, das vormals – besonders in Talfahrt – immer eine größere Herausforderung für die Schiffsführung war. Bei Benutzung dieses Schiffes wird ein „Dampferzuschlag" erhoben, Nostalgie hat in heutiger Zeit oft einen Preis.

Neben der *Goethe* gibt es mit der *Mainz* noch einen zweiten erhaltenen Raddampfer der KD. Sie lief 1929 als letzter Raddampfer vom Stapel und verkehrte bis 1980. Sie liegt heute in Mannheim als nicht einsatzfähiges schwimmendes Wirtschafts- und Technikdenkmal, das besichtigt werden kann.

Literaturhinweise auf Seite 198

Darstellungen der Dreiheit von Rolandsbogen, Nonnenwerth und Siebengebirge waren in der Zeit der Rheinromantik besonders beliebt. F. C. Reinermann, 1834

Wir sind für Sie da.

Arbeiter-Samariter-Bund
Regionalverband
Bonn/Rhein-Sieg e.V.
Geschäftsstelle Troisdorf
Kasinostraße 2
53840 Troisdorf
Telefon 0 22 41/87 07-0
Telefax 0 22 41/87 07-44

info@asb-bonn-rsk.de
www.asb-bonn-rsk.de

Dienststelle **Bonn**
Endenicher Straße 125
53115 Bonn
Telefon 02 28/9 63 00-0
Telefax 02 28/9 63 00-44

Dienststelle **Meckenheim**
Klosterstraße 26
53340 Meckenheim
Telefon 0 22 25/8 88 77-0
Telefax 0 22 25/8 88 77-4

Dienststelle **Siegburg**
Bahnhofstraße 7
53721 Siegburg
SPZ
Telefon 0 22 41/93 81 91-0
Tagesstätte
Telefon 0 22 41/93 81 91-9
Telefax 0 22 41/93 81 91-4

Kostenfreie Hotline
08 00/6 52 21 10

Arbeiter-Samariter-Bund

bewegt Menschen.

Sie brauchen Hilfe im Alltag? Sie suchen eine qualifizierte Beratungsstelle? Sie wollen einen zuverlässigen Rettungsdienst für den Notfall? Der Arbeiter-Samariter-Bund ist Ihr Ansprechpartner – immer in Ihrer Nähe und mit einem umfassenden Leistungsangebot:

Notfallrettung – Hausnotruf – Fahrdienste – Menüservice – Sanitäts- und Rettungsdienst für Veranstaltungen – Krankentransport – Weltweiter Rückholdienst – Auslandshilfe – Hilfe und Pflege, Betreuung, Beratung und Versorgung – Beratung in sozialen Fragen – Internet-Café – Ausbildung und Schulungen – Krebsberatungsstelle – Ehrenamtlicher Besuchsdienst – Sozialpsychiatrisches Zentrum – Ambulant aufsuchender Dienst – Tagesstätte – Mitgliederbetreuung – Betreutes Wohnen – Integrationsfachdienst

ZEHN JAHRE GEDENKSTÄTTE „LANDJUDEN AN DER SIEG" IN WINDECK-ROSBACH

Entstehung und Genese einer außergewöhnlichen Einrichtung in der rheinischen Kultur- und Museumslandschaft

VON CLAUDIA MARIA ARNDT

Ansicht der Gedenkstätte, April 2004

DIE AUSSTELLUNG „JUDEN AN RHEIN UND SIEG"

Im Februar 1980 wurde im Kreistag der Antrag gestellt, eine Ausstellung über die Geschichte der Juden im Rhein-Sieg-Kreis zu erarbeiten; das Thema regten Politiker aller Fraktionen an. Einen Monat später beauftragte der Kulturausschuss des Kreistags das Kreisarchiv in Siegburg mit der Konzeptentwicklung, die der seinerzeit wissenschaftliche Mitarbeiter des Kreisarchivs Heinrich Linn erarbeitete und im Juli 1981 vorlegte. Das vom Kreisausschuss beschlossene Konzept sah vor, die Geschichte der Juden im Gebiet des heutigen Rhein-Sieg-Kreises ebenso zu erforschen wie zu dokumentieren. Somit galt es, der Vergangenheit der vielen kleinen jüdischen Gemeinden nachzugehen, die vormals in diesem Gebiet existiert hatten. Diese rein historische Sichtweise ergänzte ein kulturhistorischer Kontext, der Themenkreise zum jüdischen Kultus und zur Religion aufgriff. Die Organisatoren starteten Aufrufe in der lokalen Presse, um Ausstellungsstücke zu rekrutieren.

410 Exponate von 40 verschiedenen Leihgebern konnten zusammengetragen werden. Das Rheinische Museumsamt des Landschaftsverbandes Rheinland (LVR) koordinierte die ausstellungstechnische Seite der Ausstellung „Juden an Rhein und Sieg", die Landrat Dr. Franz Möller im Mai 1983 im Siegburger Kreishaus eröffnete.

Weitere Stationen der Ausstellung waren Rheinbach (Hauptschule), Köln (Regierungspräsidium), Bornheim-Walberberg (Dominikanerkloster), Königswinter (Zweigstellen der Kreissparkasse in Königswinter-Altstadt und Dollendorf), Ruppichteroth (Kreissparkasse), Windeck-Rosbach (Kreissparkasse), Niederkassel-Lülsdorf (Kopernikus-Gymnasium) und schließlich Bonn (Stadthaus). Etwa 16000 Besucher insgesamt konnte die Ausstellung 1983 und 1984 zählen.

DIE STIFTERFAMILIE SELIGMANN UND DIE ANFÄNGE DER GEDENKSTÄTTE

Seit Beginn des 19. Jahrhunderts waren Mitglieder der Familie Seligmann in Rosbach ansässig. Moses Seligmann hatte 1888 maßgeblichen Anteil an der Gründung der Rosbacher Synagogengemeinde. 1917 erwarb er für seinen Sohn Max und dessen Ehefrau Maria das Anwesen in der heutigen Bergstraße 9. Als Soldat aus dem Ersten Weltkrieg zurückgekehrt, verdiente Max Seligmann im Altwarenhandel den Lebensunterhalt für sich und seine Familie. 1938 entstand das letzte gemeinsame Foto der Eltern Max und Maria mit ihrer Tochter und den vier Söhnen. Der älteste Sohn Alfred emigrierte mit seiner Frau Hilde nach Argentinien, während alle seine Geschwister zusammen mit ihren Ehepartnern und Kindern dem nationalsozialistischen Judenmord zum Opfer fielen. Die Eltern entgingen dem Holocaust und bezogen bald nach Kriegsende wieder ihr Haus in Rosbach.

Ihr einziger überlebender Sohn Alfred und seine Familie kehrten 1957 aus der Emigration zurück und halfen den Eltern beim Altwarenhandel; ihre beiden Enkel José und Ricardo besuchten die Rosbacher Volksschule, die Enkelin Mariana blieb in Argentinien, wo sie noch heute lebt.

Ende 1987 nahm Frau Hilde Seligmann, eine der Leihgeberinnen der Ausstellung „Juden an Rhein und Sieg", telefonischen Kontakt mit Heinrich Linn auf. Das unter Denkmalschutz stehende Haus ihrer Schwiegereltern in Windeck-Rosbach an der Bergstraße befände sich in einem nicht sehr guten Zustand. Die anstehenden Renovierungskosten sowie weitere Kosten als Auflage der Gemeinde im Zuge einer Erneuerung der Kanalisation würden ihre finanzielle Situation überfordern. Die Möglichkeit eines Verkaufes des Hauses, das sie selbst seit 1936 kannte, und in dem mehrere Generationen ein und derselben jüdischen Familie gelebt hätten, käme für sie aber aus emotionalen Gründen nicht in Frage. Daher brachte sie die Idee ins Gespräch, das Haus einer musealen Nutzung zuzuführen, indem eine kleine Ausstellung zum Thema Juden beziehungsweise Landjuden eingerichtet werden solle. Auf Grund der besagten Ausstellung konnte sich Frau Seligmann den Kreis als möglichen Träger einer solchen Einrichtung sehr gut vorstellen. In diesem Falle wolle sie das Haus kostenlos zur Verfügung stellen sowie zahlreiche persönliche Dokumente und Objekte dem Kreis zu Ausstellungszwecken überlassen.

Im Frühjahr 1988 trat Heinrich Linn mit dieser Idee an Michael Solf, Kreistagsmitglied der CDU und Mitglied des Kulturausschusses, heran, um ihn für eine Unterstützung zur Realisierung dieses Projektes zu gewinnen.

Max Seligmann als Soldat im Ersten Weltkrieg

Ebenso arbeitete er ein an der Ausstellung „Juden an Rhein und Sieg" orientiertes Konzept für die geplante Dauerausstellung aus. Im September richtete die CDU-Kreistagsfraktion eine entsprechende Anfrage an den Kreistag. In der Sitzung des Kulturausschusses am 27. Oktober 1988 wurde über den Antrag beraten. Zwischenzeitlich waren Gespräche mit Frau Seligmann geführt worden, in denen sie sich mit dem Abschluss eines Erbbaurechtsvertrags über 99 Jahre einverstanden erklärte. Schnell zeichnete sich ab, dass eine grundlegende Restaurierung und Neueinrichtungsarbeiten für eine museale Nutzung des Wohnhauses absolut notwendig waren, und dies nur ein erfahrener Architekt würde durchführen können. Der Kulturausschuss formulierte am 22. November 1988 folgende Beschlussempfehlung für den Kreisausschuss: abschließende Verhandlung mit der Eigentümerin Hilde Seligmann über einen Erbbaurechtsvertrag, Beauftragung eines Architekten für die Vorplanung sowie Prüfung und Vorbereitung von Zuschussmöglichkeiten nach Abschluss der Planungsarbeiten. Die geschätzten Gesamtkosten für die Umgestaltung des Wohnhauses in ein Museum beliefen sich auf 440000 DM, die Hälfte davon sollte das Land Nordrhein-Westfalen als Zuschuss aus dem Programm für Entwicklungsmaßnahmen in kreisangehörigen Gemeinden tragen.

Max und Maria Seligmann

Kennkarte von Max Seligmann

Den Auftrag der Bauplanung und -leitung erhielt der Architekt Krafft-Aretin Eggert mit seinem Büro *Bau-Arche* in Sankt Augustin.

Bei der Einrichtung und der baulichen Wiederherstellung des Gebäudes orientierte man sich an dem Zustand des Hauses zur Zeit der Familie von Max Seligmann (1880-1974), der vierten in Rosbach ansässigen Generation, da aus seiner Familie die erhaltenen Originaldokumente, deren Präsentation als Kernbestand der Ausstellung projektiert war, sowie die Reste der Werkstatteinrichtung stammten. Die Werkstatt sollte gerade aus Gründen der Dokumentation zur Arbeits- und Berufswelt des Landjudentums restauriert werden.

BAU UND EINRICHTUNG DER GEDENKSTÄTTE

Im Juni 1989 begannen die Arbeiten zunächst mit der Entrümpelung von Haus, Hof und Werkstattgebäude unter Aufsicht der beteiligten Institutionen – Rhein-Sieg-Kreis, Architekt Eggert und Rheinisches Museumsamt –, um Gegenstände von volkskundlich-historischem Interesse zu bewahren. Im Zuge der Planungs- und Bauarbeiten wurde immer deutlicher, dass die Errichtung eines kleinen Versammlungsraums für Vorträge und Museumseinführungen sinnvoll bzw. notwendig war. Auch die erforderliche Unterbringung der sanitären Anlagen sprach für einen Neubau.

Bei einer am 29. November 1989 durchgeführten Begehung des Hauses, an der Frau Seligmann, Architekt Eggert und Dr. Linn teilnahmen, berichtete Frau Seligmann ausführlich aus ihrer Erinnerung über den früheren Zustand des Hauses, dessen ehemalige Einrichtung und ihre Familie.

Ergebnis dieser Besprechung war, dass aus der damaligen Zeit kaum noch etwas vorhanden war, weil „der museale Bestand, das wirkliche Leben der Familie Seligmann betreffend, bis auf die Gebäudehülle nahezu vollständig vernichtet wurde". Daraus ergab sich, dass „eine museale Nutzung/Einrichtung nur durch nahezu vollständigen Erwerb von Möblierungen und Einrichtungen in der Art, wie von Frau Hilde Seligmann beschrieben, rekonstruiert werden kann oder ein Konzept mit dem Schwerpunkt Gedenkstätte und einer pädagogischen Sinngebung überlegt werden muß".

Im Sommer 1990 nahmen die Neubaupläne für einen Aufenthaltsraum auf dem Nachbargrundstück des Seligmann-Hauses konkretere Formen an; das Grundstück konnte später durch den Kreis von der Eigentümerin Hilde Seligmann gekauft werden.

Im November 1992 erfolgte der erste Spatenstich für den Vortragssaal, in dessen Architektur auch der von der Synagogengemeinde Bonn zur Verfügung gestellte Thoraschrein integriert werden konnte. Grundsätzlich vertrat Krafft-Aretin Eggert bei der Architektur des Vortragsraums die Auffassung, dass „aus der Baugeschichte jüdischer Kulturbauten abgeleitet eine flache Holzbalken-, besser noch Kassettendecke, als oberer Raumabschluss die gestalterisch adäquate Lösung" sei. Die Gründung des „Fördervereins Gedenkstätte Landjuden an der Sieg" am 3. Dezember 1991 ermöglichte es, zukünftig Zuschüsse und Spenden anzuwerben. So bezuschusste 1992 die Nordrhein-Westfalen-Stiftung die Inneneinrichtung der Gedenkstätte – es ging hier hauptsächlich um die Anschaffung von Vitrinen – mit 120000 DM. Diese konnten in der ersten Jahreshälfte 1994 mit den entsprechenden Exponaten bestückt werden.

EINWEIHUNG DER GEDENKSTÄTTE

Am 28. August 1994 wurde die Gedenkstätte in Anwesenheit der Stifterfamilie Seligmann sowie zahlreicher prominenter Vertreter aus Kultur, Wirtschaft und Politik mit einem Festakt feierlich eingeweiht. Ignatz Bubis, damaliger Vorsitzender des Zentralrats der Juden in Deutschland, sagte in seinem Grußwort: „Landjudentum gibt es nicht mehr in Deutschland und wird es auch nicht mehr geben.

Thora-Schrein

Deshalb ist diese Stätte so wichtig, um die Geschichte zu dokumentieren und besonders für junge Menschen nachvollziehbar zu machen." Und ferner stellte er fest, dass es in Deutschland keine Ausländerfeindlichkeit gäbe, sondern Fremdenfeindlichkeit. Die Juden zählten in Deutschland zu den Fremden, weil man über sie und ihre Religion so wenig wisse. Diese Gedenkstätte in Rosbach werde dazu beitragen, das Nicht-Wissen zu vermindern.

ZEHN JAHRE GEDENKSTÄTTENARBEIT

Diese Aussage von Ignatz Bubis war und ist Programm. Seit 1994 wurde in Zusammenarbeit mit der VHS Rhein-Sieg eine erfolgreiche Vortragsreihe etabliert, die den Anspruch verfolgt, Themen aus allen Bereichen der jüdischen Geschichte und Kultur aufzugreifen und somit der Unkenntnis entgegenzuwirken. Für die fast im Monatsturnus angebotenen Veranstaltungen konnten bis heute zahlreiche Fachwissenschaftler vor allem aus Nordrhein-Westfalen, aber auch aus anderen Bundesländern gewonnen werden.

Ebenso begeht der Rhein-Sieg-Kreis seit 2002 regelmäßig eine offizielle Gedenkstunde zur Erinnerung an die Reichspogromnacht vom 9. November 1938, als es auch im heutigen Kreisgebiet zu verbrecherischen Übergriffen auf jüdische

Schabbat-Raum

Geschäfte und Synagogen kam. In der Nacht vom 9. zum 10. November 1938 brannten Synagogen in ganz Deutschland. Angehörige von SA und SS zertrümmerten die Schaufenster jüdischer Geschäfte, demolierten die Wohnungen jüdischer Bürger und misshandelten ihre Bewohner. Fast 100 Tote, 2676 zerstörte Gottes- und Gemeindehäuser und 7500 verwüstete Geschäfte – das war die „offizielle" Bilanz des Terrors. Anlässlich des 65. Jahrestages dieses Ereignisses konnte auf Vermittlung der Mucher Künstlerin Christiane Rohleder mit Dr. Max Hamburger aus Visé (Belgien) ein ganz

Neubau Vortragssaal

besonderer Zeitzeuge und Ehrengast gewonnen werden. Am 10. Februar 1944 war er nach Auschwitz verschleppt worden, seine Mutter fand in den dortigen Gaskammern den Tod. Er selbst wurde im Mai 1944 nach Tannhausen und schließlich nach Buchenwald verschleppt. Dort befreiten US-Truppen am 11. April 1945 den völlig Geschwächten. Fünf Jahre brauchte er, um die körperlichen Folgen dieser Jahre zu überwinden, die seelischen Wunden wirken bis heute nach. Während der Gedenkstunde wurde der das Schicksal Hamburgers dokumentierende Film *55 Jahre nach der Befreiung. Max Hamburger und seine Töchter besuchen Buchenwald* gezeigt, eine Produktion des niederländischen Fernsehens aus dem Jahr 2000, die erst wenige Tage zuvor synchronisiert worden war. Dieser Film soll künftig, mit einem einleitenden Begleitheft versehen, vom Medienzentrum des Rhein-Sieg-Kreises den Schulen des Kreises zur Verfügung gestellt werden. Trotz der Schicksalsschläge während der nationalsozialistischen Gewaltherrschaft sieht sich Max Hamburger als Zeuge der Vergangenheit und hat sich der Aussöhnung verschrieben. Seine Aufmerksamkeit gilt auf Grund seiner Erfahrungen dem Leben, denn, wie er selbst sagt: „Der Tod hat nicht das letzte Wort." Zum Zeichen der Aussöhnung schloss Hamburger Landrat Kühn in seine Arme. Für alle Anwesenden war dies eine eindrucksvolle und tief berührende Begegnung, die lange in Erinnerung bleiben wird.

Zuletzt sollten auch die vielen Besucher(gruppen) – unter ihnen zahlreiche Schulklassen – nicht unerwähnt bleiben, deren stetiges Interesse an der Gedenkstätte zeigt, dass der Rhein-Sieg-Kreis vor nunmehr 16 Jahren mit seiner Entscheidung für diese Einrichtung einen ebenso richtigen wie wichtigen Weg gegangen ist und einen zukunftsweisenden Entschluss getroffen hat.

JUBILÄUMSPROGRAMM ANLÄSSLICH DES ZEHNJÄHRIGEN BESTEHENS DER GEDENKSTÄTTE

Über zehntausend Interessierte haben bis heute diese Einrichtung des Rhein-Sieg-Kreises besucht oder die seit Jahren regelmäßig durchgeführten Vorträge aufmerksam verfolgt. Zehn Jahre erfolgreiches Bestehen waren somit Anlass genug, für ein lebendiges und abwechslungsreiches Jubiläumsprogramm mit über zwanzig Veranstaltungen; geboten wurden Exkursionen, Konzerte, Vorträge, eine Ausstellung und Kabarett. Es wurde damit sowohl an die Geschichte der Juden in unserem Kreisgebiet erinnert als auch ein Bogen in die Gegenwart gespannt. Ebenso zeigte das Jubiläumsprogramm, dass jüdische Kultur in Deutschland, getragen von Juden und Nicht-Juden, heute wieder einen festen Platz in unserer Gesellschaft hat.

Zu den Veranstaltungen gehörten Führungen über den jüdischen Friedhof in Siegburg und die drei jüdischen Friedhöfe in Bornheim sowie Besichtigungen der Synagogen in Bonn und Köln. Aber auch die Musik kam nicht zu kurz, insbesondere die Klezmermusik, die traditionelle jüdische Fest- und Feiermusik, die im Lebensumfeld der Juden Osteuropas entstand.

So bot die vom 11. Mai bis 17. Juni im Foyer des Siegburger Kreishauses präsentierte Wanderausstellung *Klezmer-Musik – hejmisch und hip*, die in Kooperation der Stadt Gelsenkirchen/Referat Kultur mit der Bundeszentrale für politische Bildung konzipiert wurde und noch in vielen deutschen sowie europäischen Städten Station machen wird, aktuelle Informationen in Bild, Text und Ton; überdies zeigte sie anschaulich die weltweit vielfältige Diskussion zum Thema Klezmermusik. Livekonzerte der Gruppen Mushu-Lev und Klezmers Techter verliehen dem Thema Leben. Ferner gab im Dezember die Berliner Kantorin Avitall Gerstetter, die erste Frau in Deutschland, die diesen Beruf ausübt, in Eitorf eine Kostprobe ihres Könnens. Möglichst viele Menschen sollten durch diese Veranstaltungen angeregt werden, sich einmal mit jüdischer Geschichte und Kultur zu beschäftigen und auch die Gedenkstätte in Windeck-Rosbach zu besuchen.

„Wege und Brückenschläge", so lautet in diesem Jahr das Rahmenthema des Jahr-

Haus Seligmann

buches. „Die Menschen bauen zu viele Mauern und nicht genügend Brücken", schrieb der 1969 verstorbene Theologe Dominique Georges Pire aus Belgien. Mit der Errichtung der Gedenkstätte hat der Rhein-Sieg-Kreis – dies kann man mit Fug und Recht nach zehn Jahren behaupten – eine überaus tragfähige Brücke der Verständigung zwischen Vergangenheit und Gegenwart, zwischen der jüdischen und den christlichen Kulturen und Konfessionen geschaffen, die weit über den Kreis hinaus Achtung und Ansehen genießt.

Als dritter Band der Reihe „Zeugnisse jüdischer Kultur im Rhein-Sieg-Kreis" erscheint Ende 2004 im Rheinlandia-Verlag eine ausführliche Dokumentation der Gedenkstätte.

Schabbat-Raum

Wohnen in der Kreisstadt Siegburg!

Ihr Partner auf dem Wohnungsmarkt:
Gemeinnützige Baugenossenschaft eG

53721 Siegburg - Siegfeldstraße 24
Tel. 02241 17 31-0 - Fax 02241 17 31-99

„IN EINEM HEIDNISCHEN STAATE WÜRDE DAS DOCH NICHT GEDULDET ..."

DIE GESCHICHTE DER FLUSSBADEANSTALTEN IN SIEGBURG

VON ANDREA KORTE-BÖGER

... und Pastor Eskens fährt in seinem Schreiben an den Bürgermeister am 26. Juli 1819 voll Empörung fort: „... daß an einem offenen Orte, wo Weibsleute, Kinder, Weiber und Mädchen ihrem Geschäfte obwarten, andere Geschlechtspersonen ganz entblößt, sich öffentlich blicken ließen. Indessen ist dies der Fall im hiesigen Mühlengraben: Der da anstoßende Bleichplatz ist mit Weibsleuten jedem Alter besetzt und die Mannspersonen, Erwachsene und Knaben erscheinen dort ganz entblößt, um sich zu baden." Diesem Sündenpfuhle vor den Toren der Stadt müsse Einhalt geboten werden und nach zwei eng beschriebenen Seiten voll sittlicher Entrüstung schließt er mit zwei Empfehlungen, nämlich erstens dass eine bedeutende, auch entehrende, Strafe auf jene erkannt werde, die am vorbeschriebenen Ort weiterhin ohne Badekleid baden und zweitens, dass aus dem Gemeindefonds, d. h. der Gemeindekasse, einige Badehäuschen gekauft werden „zum Gebrauch derer, die Gesundheits wegen sich zu baden für gut befinden und also dem Skandal ein Ende gemacht werde."

Die Zeit, in Siegburg eine feste Einrichtung zum freien Baden zu schaffen, war noch nicht gekommen, denn der Bürgermeister wählte einen anderen Weg. Er erließ eine Verordnung, in der unbekleideten Mannspersonen das Baden vor dem Mühlentor und nahe der Bleichwiesen beim Kölntor untersagt wurde, mit dem zusätzlichen Vermerk, dieses nicht nur in Siegburg am Markt, sondern auch auf dem Driesch und in der Aulgasse ordnungsgemäß bekannt zu geben – wie die Akten allerdings zeigen, ohne Erfolg. Immer wieder klagten die Pfarrer von St. Servatius schriftlich beim Bürgermeister über die Unsitte, predigten sogar von der Kanzel herab dagegen (und mussten sich dafür dann allerdings auch rechtfertigen) – der Bürgermeister erließ seine Verordnungen, und die Siegburger badeten weiter stadtnah, oder, wie es im Amtsdeutsch der Zeit hieß, gingen weiterhin dem alles Gefühl für Sittlichkeit zerstörenden Unfug des Badens im Mühlengraben nach.

Allerdings finden sich im Verlauf des 19. Jahrhunderts auch häufig Anzeigen des Landgendarms über das Auffinden von Ertrunkenen in der Sieg und im Mühlengraben in den Akten des Stadtarchivs, wobei es sich dabei nicht nur um männliche Personen handelte. Da hier aber alle weiteren Angaben, wie es zu dem Unglücksfall kam, fehlen, muss es offen bleiben, ob die Opfer beim Baden ertrunken oder – bei Frauen bzw. Mädchen nicht auszuschließen – „ins Wasser gegangen" waren, d. h., es sich um einen Selbstmord handelte. Der ehemalige Schwimmlehrer der Feuerwerksabteilung in Spandau, Caspar Johann Gerlach, bezog sich in seinem Schreiben an den Bürgermeister am 11. Juni 1877 auf derartige Badeunfälle, „fast immer die Folge, weil betreffende Leute des Schwimmens unkundig", und beantragte den Bau einer Schwimmanstalt an der Sieg, fügte dem Antrag auch einen handgezeichneten Plan bei. Da er aber keine Angaben dazu machte, wie das Projekt finanziell umzusetzen wäre, verschwand es in den Akten.

Und dann, im Sommer 1896, änderte sich die Situation grundlegend: Auf einmal gab es in Siegburg gleich zwei öffentliche Badeanstalten in der Sieg, eine, privat betrieben von Wilhelm Kettenuß, vor der Zange und die zweite, städtische, oberhalb des damaligen Wasserwerks an der Wahnbachtalstraße gelegen.

Wie kam es zu dem Sinneswandel? Seit 1890 häufen sich in den Akten die Anfragen seitens der preußischen Regierung, ob denn „im Interesse der öffentlichen Gesundheitspflege und der Forderung des Reinlichkeitssinnes in weiteren Schichten der Bevölkerung" nicht auch die Stadt Siegburg danach strebe, es an hinreichenden Badeangelegenheiten nicht fehlen zu lassen. Zur Aufklärung wurden dem Bürgermeister vom Vorstand der Ärztekammer der Rheinprovinz Broschüren „Zur Volksbadfrage" zugesandt. Kurz, die Zeiten hatten sich geändert und das Baden und Schwimmen an sich – natürlich in ausreichender Badebekleidung – wurde nunmehr als wünschenswert, ja sogar als für die Volksgesundheit unbedingt notwendig erachtet.

Wilhelm Kettenuß hatte die Zeichen der Zeit erkannt und bereits vor 1896 einen Landstreifen an der Sieg von mehr als 75 Meter Länge in der Ortslage Teufelsmaar gepachtet, gut erreichbar und mit günstigen Wasserverhältnissen, aber weit genug entfernt von öffentlichen Wegen, und bot diesen nun der Stadt als Ort zur Errichtung

einer Badeanstalt an. Die Stadt zog es vor, einen eigenen Badebetrieb zu betreiben, konzidierte Kettenuß aber die Errichtung einer Privatbadeanstalt. Bis zur ersten Flussregulierung im Jahre 1906 hatte die Anstalt im Sommer geöffnet, dann verschwand mit der Siegregulierung das Land am Teufelsmaar.

Zehn Jahre lang wurde hier für die Damen Schwimmunterricht angeboten, in einem abgeschlossenen und separat abgesperrten ca. 400 Quadratmeter großen Schwimmbassin von einer in der Thiebes'schen Badeanstalt in Bonn ausgebildeten Schwimmlehrerin; gab es – als Attraktion in Zeitungsannoncen angekündigt – in der Saison spanisches und amerikanisches Nachenfahren bei Tag und abends bei Mondschein, konnten Ruderboote gemietet werden. Leider gibt es keine Bilder von der Badeanstalt und den dort angebotenen Attraktionen. Lediglich etliche Anträge zur Hundesteuer-Befreiung liefern uns ein unerwartetes Detail. Über die Jahre des Bestehens der Badeanstalt, pünktlich zum Beginn der Badesaison, taucht ein Antrag Wilhelm Kettenuß' aus Siegburg-Zange auf, mit der Bitte um Hundesteuer-Befreiung, da er sein Tier zur Bewachung der Badeanstalt beruflich benötige. Die Stadtverordneten-Versammlung stimmte dem Antrag jedes Mal zu.

Im gleichen Jahr, am Samstag, den 10. Juli 1896, wurde auch die städtische Badeanstalt in der Sieg, nahe des Wasserwerks, in Betrieb genommen. Sie war nicht so luxuriös wie die Kettenuß'sche Einrichtung; denn sie bestand nur aus einem Schwimmsteg und einigen einzelnen Badekabinen, d. h., hier konnte die Damenwelt nicht vor neugierigen Blicken abgeschottet während des gesamten Tages baden. So regelte man die Geschlechtertrennung durch unterschiedliche Badezeiten: Für die Damen war morgens von 9 bis 11 Uhr geöffnet, der Rest des Tages war der Männerwelt vorbehalten, wobei für Schüler des

„Badevergnügen". Postkarte um 1910

Gymnasiums und des Lehrerseminars nur die Nachmittagsstunden von 17 bis 19 Uhr erlaubt waren. Arbeiter durften mittwochs und samstagnachmittags sogar kostenlos baden; ansonsten waren die Eintrittskarten im Maschinenhaus des städtischen Wasserwerks zu lösen.

Diese vom Bild her ebenfalls nicht überlieferte Flussbadeanstalt war im Wortsinn eine mobile Einrichtung. Am Ende einer jeden Badesaison wurde sie abgebaut und im Frühjahr durch den städtischen Badewärter Hubert Linden, wohnhaft an der „Münnichshecke" – wie er selbst schreibt – wieder aufgebaut. Im Mai 1898 berechnete er als Arbeitslohn für Anfahren und Aufstellen der Badeanstalt 216,– Mark, dazu Leihgeld für einen Nachen (5,– Mark), Kosten für 20 Stück Pfähle (10,– Mark) sowie Nägel und Schrauben (5,– Mark) und die Entfernung eines angeschwemmten alten Baumstammes aus dem Wasser (6,– Mark). Den Abbruch im Herbst, den Transport zum Wasserwerk und das Aufstellen in der Halle daselbst stellte er mit 132,– Mark in Rechnung.

Insgesamt war die Öffentlichkeit mit dieser Einrichtung nicht zufrieden. Der Weg nach Wolsdorf von der Stadt aus sei zu weit, auch zu sonnig und heiß, so konnte man in der Zeitung lesen. Für die Männer forderte man eine richtige Schwimmbahn und bei den Frauen hatte man zu beklagen, dass sie nur vormittags zur Benutzung zugelassen seien – wie viele Frauen könnten sich denn den wichtigsten Stunden der Haushaltung entziehen?! Auch Hubert Linden klagte von Jahr zu Jahr über den Rückgang der Einnahmen, die Leute würden die Kettenuß'sche Anstalt bevorzugen und bat um Reduzierung der Pachtsumme.

Bereits seit 1901 dachte man im Bürgermeisteramt über eine Änderung nach, besichtigte Grundstücke, holte Gutachten ein, änderte bereits fast fertige Planungen – zur Badesaison 1907 konnte schließlich ein neues Bad am Mühlengraben eingeweiht werden, das erste, von dem auch Fotografien überliefert sind. Die Ortslage am Mühlengraben hatte man gewählt, um eine feste Einrichtung bauen zu können, die von den jährlichen Frühjahrshochwässern der Sieg nicht mehr gefährdet war. Es bestand aus einem großen Bassin mit einer Tiefe von 1 Meter für Nichtschwimmer und 1,80 Meter für Schwimmer und

einer maximalen Schwimmbahnlänge von 33 Meter, aufgeteilt in ca. 400 Quadratmeter für Herren und 280 Quadratmeter für Damen, sowie je drei Zellenbäder für Damen bzw. Herren und einer Anzahl von Umkleidekabinen.

Natürlich waren die Baukosten höher gewesen, als die veranschlagten 16 000 Mark, zumal noch speziell für die Wolsdorfer eine Brücke über den Mühlengraben gebaut worden war, um ihnen den Weg zum Bade abzukürzen. Neue Wege, geschottert und bepflanzt, führten aus allen Richtungen auf die Badeanstalt zu.

Die Anlage bestand aus einem großen Badebecken, das aus dem Fließwasser des Mühlengrabens gespeist und auch dorthin wieder entwässert wurde, stabile Holzwände sorgten für die Trennung der Geschlechter, außerdem gab es noch ausreichend freie und abschließbare Kabinen. Da alle Einrichtungen sehr solide und qualitätsvoll gebaut worden waren, auch der Bürgermeister sich persönlich in der Stadtverordneten-Versammlung für die Kostenüberschreitung in Höhe von 10161,78 Mark entschuldigt hatte, geruhten dessen Mitglieder – nach eingehender Beratung – nachträglich alles zu genehmigen.

Die Siegburgerinnen und Siegburger waren begeistert von ihrem neuen Bad, und die Besuchszahlen überstiegen die Erwartungen. Der Badespaß schlug hohe Wellen, und so sah sich der Bürgermeister nach wenigen Jahren genötigt, den allgemeinen Bestimmungen einige Verbote hinzuzufügen: Es ist in der Badeanstalt unstatthaft, im Schwimmbassin ohne Badehose bzw. für weibliche Personen ohne Badeanzug zu baden, außerdem zu singen, zu schreien, laut zu rufen, andere Badende unterzutauchen, zu bespritzen und dgl. oder nasse Badewäsche umherzuwerfen, zu rauchen oder geistige Getränke mitzubringen. Auch die Vierbeiner mussten draußen bleiben; ein Schicksal, das auch Personen, die an Hautausschlag oder an anderen Ekel erregenden Krankheiten und Gebrechen litten, zusammen mit den Betrunkenen teilten, denen der Bademeister allesamt den Zutritt zu verwehren hatte.

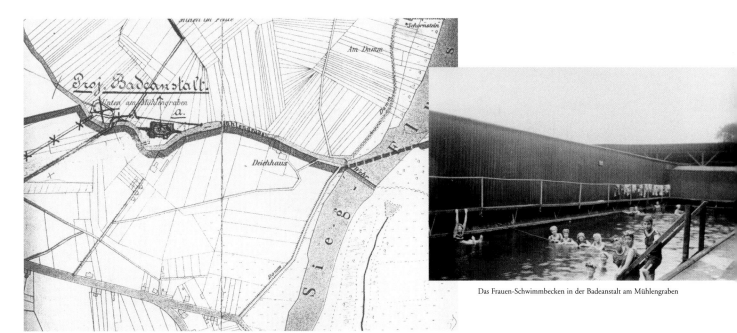

Das Frauen-Schwimmbecken in der Badeanstalt am Mühlengraben

In den zwanziger Jahren waren die Ansprüche an Badeeinrichtungen gestiegen, man wollte richtig schwimmen und mit Kopfsprung starten können und dazu reichten weder eine Bahnlänge von 33 Meter noch eine maximale Wassertiefe von 1,80 Meter aus. Zudem, so klagte der neu gegründete *Allgemeine Schwimm-Verein Siegburg 1923 e.V.* (später umbenannt in *Siegburger Schwimmverein „Hellas"*) in seinem Gründungsjahr, war das Becken verschlammt und mit Wasserpflanzen und Algen bewachsen, die Holzeinrichtungen waren vermodert, so dass es kaum noch einladend war, dorthin zu gehen, was auch die sinkenden Besucherzahlen zeigten.

Im Rahmen der Notstandsarbeiten versuchte die Stadt, die Qualität der Einrichtung zu heben, die Größe des Beckens und die Wassertiefe waren jedoch nicht zu ändern. Da nimmt es nicht wunder, dass viele Menschen es vorzogen, lieber wild an Agger und Sieg zu baden. Badeunfälle häuften sich und nunmehr klagte nicht mehr der Pfarrer beim Bürgermeister gegen unsittliches Verhalten, sondern die Zeitung fasst die sich entrüstende öffentliche Meinung zusammen: „In den Pfingsttagen konnte man an der verkehrsreichen Wahnbachtalstraße Szenen beobachten, die ein rücksichtsloses Eingreifen der Polizei erfordert hätten. Daß sich auf der Straße zwischen den Spaziergängern Burschen und Mädchen in Badekleidung herumtrieben, war noch das geringste. Will Siegburg unter den Gemeinden an der Sieg einen Rekord an Badeunsitten aufstellen? Wenn nicht, dann ist es an der Zeit, daß von den gegebenen gesetzlichen und polizeilichen Mitteln rücksichtslos Gebrauch gemacht wird. Leider läßt es die finanzielle Lage der Stadt nicht zu, durch die Errichtung einer Badeanstalt vorbeugend zu wirken. Der vor einigen Wochen gebildete Ausschuß zur Bekämpfung der Badeunsitten findet ein gerütteltes Maß an Arbeit." So die *Sieg-Rhein-Zeitung* am 27. Mai 1931.

Die bevorzugten wilden Badestrände lagen an der Agger in der Nähe des Ulrather Hofes, an der Sieg in Siegburg im Bereich der Zange bei der Bonner Brücke, besonders aber bei den Wolsbergen. Wenn die Kassen auch leer waren, wollte sich die Stadt ihrer Verantwortung, eine sichere und von der Allgemeinheit akzeptierte Badeeinrichtung zur Verfügung zu stellen, nicht entziehen, und beauftragte deshalb, nach langen Beratungen, 1932 ihr eigenes Bauamt, mit höchster Priorität Baupläne zur Errichtung eines Strandbades an der Sieg im Bereich der Wolsberge zu erarbeiten. 1932 war auch das Jahr, in dem letztmalig die ungeliebte Badeanstalt am Mühlengraben ihre Pforten öffnete. Mit der Badesaison 1933 gab es in Siegburg eine neue Attraktion: Das *Prinz-August-Wilhelm-Strandbad* an der Sieg, benannt nach dem vierten Sohn von Kaiser Wilhelm II. und Kaiserin Viktoria, mit vollem Namen August Wilhelm Heinrich

Frauen-Synchronschwimmen

Das Prinz-August-Wilhelm-Strandbad an der Sieg 1932 ...   ... und im vollen Badebetrieb einige Jahre später. Im Hintergrund die neu erbaute Autobahn.

Günther Viktor Prinz von Preußen (29.1.1887–25.3.1949). Bericht aus der *Siegburger Zeitung* von Samstag, den 10. Juni 1933:

Heute 18 Uhr Eröffnung des neuen Strandbades. Prinz August Wilhelm ist mit der Benennung in „Prinz-August-Wilhelm-Strandbad" einverstanden.

Nachdem der Antrag der Stadtverwaltung an die Kanzlei Adolf Hitlers, das neu errichtete Strandbad an der Sieg „Prinz-August-Wilhelm-Strandbad" nennen zu dürfen, bereits am vergangenen Samstag, falls der Prinz damit einverstanden sei, genehmigt worden war, traf gestern die telegraphische Zusage Prinz August Wilhelms ein. Die Antwort hat folgenden Wortlaut: „Antrag erst heute bei Rückkehr vorgefunden. Nehme Ehrung dankend an. Bin aber dienstlich bereits versagt. Heil Hitler! August Wilhelm."

In nur sechs Wochen Bauzeit waren die Umkleideräume mit Kassenhäuschen, gestaltete Liegewiesen sowie ein Sprungturm im Rahmen einer so genannten Pflichtarbeitsmaßnahme mit Arbeitslosen aus der Region errichtet worden. Die Zeitungsberichterstattung am folgenden Montag gibt die lobenden Worte des Bürgermeisters, der nach seiner Rede unter dem lebhaften Beifall der Zuschauer als erster ein Bad nahm und damit die Anlage einweihte, ebenso wie die Ausführungen des Landrates wieder: „Licht, Luft, Sonne und Wasser, diese Elemente sollen hier nach des Tages Müh und Last der Bevölkerung zugute kommen. Dieses Kulturwerk soll zur Gesundheit der Menschen beitragen und dieses Werk soll von allen, die noch auf gute Zucht, Sitte und Tugend achten, benutzt werden, im starken Vertrauen, zur Gesundung des Vaterlandes beizutragen!"

„Klein-Scheveningen" nannte der Bürgermeister im Jahr darauf die Anlage, die nun noch um eine Rutschbahn und ein Lokal (die heute noch bestehende Gaststätte *Alpenhaus*) erweitert worden war. Ein Buspendelverkehr, vom Markt ausgehend, brachte badewillige, aber fußfaule Siegburger zum Strandbad. Auch die überregionale Presse lobte die schön gelegene und gut gepflegte Anlage.

1944 fiel, kriegsbedingt, die Freibadsaison aus. Die Anlage selbst wurde besonders durch die Artilleriekämpfe um Siegburg in den letzten Kriegswochen 1945 schwer beschädigt.

Bis zum Sommer 1951 mussten die Siegburger sich gedulden, erst dann wurden die Umkleidekabinen und die Gesamtanlage wieder in Stand gesetzt. Am 7.7.1951 verkündete eine kleine Zeitungsnotiz die Wiedereröffnung des Strandbades.

Doch die Freude währte nicht lange: Mit Beginn der Badesaison 1955 empfing die Siegburger das wenig einladende Schild: „Städtisches Licht- und Luftbad. Das Baden in der Sieg geschieht auf eigene Gefahr!" Im September desselben Jahres wurde über das Gesundheitsamt des Siegkreises beim Hygiene-Institut der Universität Bonn eine gutachterliche Stellungnahme in der Angelegenheit Strandbad Siegburg in Auftrag gegeben. Das Urteil war vernichtend und gipfelte in der Feststellung des Direktors des Instituts: „... habe ich nur einen Eindruck, nämlich der Stadt Siegburg zu empfehlen, sich von dem im Bereich des Wasserwerks der Stadt befindlichen Strandbad endgültig zu trennen. Um zu diesem Eindruck zu kommen, hätte es der durchgeführten bakteriologischen Untersuchung des Wassers nicht bedurft." Ohne eine akute Verseuchung des Wasser feststellen zu können, hob der Gutachter die Gefahr hervor, die durch die Einleitung der gesamten ungeklärten Abwässer der in der Nachkriegszeit angelegten Siedlung Marienfried und der im Haus zur Mühlen untergebrachten Isolierstation des Siegburger Krankenhauses oberhalb des Strandbades in die Sieg bestand und fährt fort: „Es braucht deswegen das derzeitige Strandbad Siegburg seinen Charakter als Luft- und Sonnenbad ja nicht zu verlieren, und es können auch, wie bisher, Ruderboote verliehen werden, an diejenigen, die es lieben, diesen Sport zu treiben, aber das von uns schon

„Klein-Scheveningen" 1938 und seine Überreste nach dem Zweiten Weltkrieg, 1948

besprochene Schild *Typhusgefahr* sollte das Seine tun, um Vernünftige zu warnen, wofern der Instinkt beim Anblick des Sigarmwassers sie nicht schon den richtigen Weg finden läßt." Kurz, es spräche alles gegen und nichts für das Strandbad – und so sahen es die Siegburger und der Siegburger Stadtrat auch.

In der Ratssitzung Ende September 1955 teilte der damalige Beigeordnete und spätere Stadtdirektor Dr. Kersken mit, auf Grund eines Schreibens des Kreisgesundheitsamtes habe die Stadt davon auszugehen, dass ab nächsten Jahres – 1956 – ein generelles Badeverbot die weitere Betreibung des städtischen Strandbades unsinnig erscheinen lasse.

Das war das Aus für Siegburgs „Klein-Scheveningen"! Die Freibadfreunde sahen aber in derselben Sitzung bereits Morgenrot am Badehimmel: Im nächsten Tagesordnungspunkt wurde über Verhandlungen berichtet, ein großflächiges Gelände an der Zeithstraße zum Bau eines neuen Freibades zu erwerben, eines Bades, das erstmalig in der Geschichte der Stadt nicht mehr vom Wasser der Sieg gespeist werden würde.

DER NEUE JAKOBS-PILGERWEG

VON BONN DURCH DEN LINKSRHEINISCHEN RHEIN-SIEG-KREIS
VON OTTO PALECZEK

St. Jakobus-Statue in der Pfarrkirche St. Jakobus, um 1500

Viele Menschen sind in den letzten Jahrzehnten wieder zu Pilgern geworden. Auch der linksrheinische Rhein-Sieg-Kreis ist von vielen lokalen oder überregionalen Pilgerwegen durchzogen, von denen einige ganz oder streckenweise dem alten Jakobsweg folgen. Hier sind – zumeist zu den Wallfahrtsorten unserer Heimat – viele Menschen unterwegs. Beispielhaft seien genannt: die Matthiaspilger aus Alfter und Waldorf nach Trier, die Jodokuspilger nach St. Jost bei Langenfeld in der Eifel oder die Pilger aus Hemmerich und Rösberg nach Barweiler. Relativ nahe an Bonn liegen die Wallfahrtsorte in Siegburg (Anno, Servatius), Hennef-Bödingen (Maria), Pützchen (Adelheid), Heisterbacherrott (Judas Thaddäus), Bornhofen (Maria), das Klausenhäuschen in Witterschlick, die Waldkapelle in Rheinbach, Buschhoven (Rosa mystica), Düren (Anna), Lüftelberg (Lüfthildis), Swisterberg bei Weilerswist (hll. Jungfrauen Fides, Spes und Caritas) oder Walberberg (Walburga). Eine besondere Bedeutung haben Aachen (Heiltumsfahrt), Trier (Matthias und Heiliger Rock) und Köln (Dom, die Heiligen Drei Könige). In einigen Gemeinden bestehen teilweise jahrhundertealte Bruderschaften, die diese Wallfahrten zu festen Terminen organisieren. Viele Wallfahrer folgen heute noch alten Gelübden, die zum Beispiel in Pestzeiten als Versprechen ganzer Gemeinden für die Errettung aus größter erlebter Not abgelegt wurden. Heute werden aus besonderen Anlässen Wallfahrten von Pfarrgemeinden wieder neu belebt.

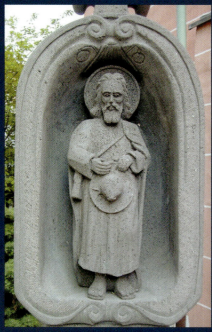

Jakobusbildstock vor der Pfarrkirche Gielsdorf

ZUR GESCHICHTE DES JAKOBSWEGES

Besonderes Interesse findet heute die Erforschung der alten Jakobswege, die im Mittelalter Millionen von Christen aus ganz Europa in das ferne Galicien im Nordwesten Spaniens führten. So zogen schon im frühen Mittelalter zahlreiche Pilger auch aus dem Rheinland zum Grab des hl. Jakobus des Älteren, das sich der Überlieferung nach in Santiago de Compostela befindet.

Nach seiner Enthauptung als erster Märtyrer-Apostel im Jahr 44 n. Chr. wurde Jakobus der Legende nach heimlich von Jerusalem nach Spanien gebracht, wo er zu Lebzeiten missioniert haben soll. In Galicien sei das Schiff an der Mündung des Flusses Ulla gelandet.

So wurde Santiago de Compostela Ende des 12. Jahrhunderts neben Rom zum größten Pilgerziel der Christen Europas. Zwei Millionen Pilger sollen damals jährlich die Reise angetreten haben. Seit dem 14. Jahrhundert kamen zahlreiche Pilger aus den östlichen Ländern Europas hinzu. Die Pilger kamen meistens zu Fuß. Im Hochmittelalter hatten sich in Frankreich die vier Hauptwege herausgebildet: die *Via Arlensis* (von Arles), die *Via Podensis* (von Le Puy), die *Via Limovicensis* (von Vezelay über Limoges) und die *Via Turrensis* (von Paris über Tours). Sie führten über die Pyrenäen nach Nordspanien und vereinigten sich in Puente la Reina zum gemeinsamen Weg, dem *Camino Frances* oder kurz *El Camino* genannt, der über die großen Städte Burgos und León nach Santiago de Compostela führte. In der Blütezeit des Pilgerns entstanden insbesondere entlang des nordspanischen Jakobsweges Kirchen und Klöster in höchster Vollendung, mit der Kathedrale von Santiago de Compostela als Höhepunkt.

Ein Stück flussaufwärts hätten zwei Jünger den Leichnam des hl. Jakobus auf einem Gräberfeld bestattet. Das Grab geriet in Vergessenheit, bis ein Einsiedler Anfang des 9. Jahrhunderts erzählte, ein heller Stern habe ihn zum Apostelgrab geführt, zum Feld des Sterns (lat. Campus Stellae, woraus Compostela wurde). Im Jahre 844 hatte ein christliches Heer in der Schlacht von Clavijo die Mauren besiegt, die damals den größten Teil Spaniens besetzt hatten. Der Sieg wurde dem Beistand des hl. Jakobus zugeschrieben, der daraufhin als *Matamoros* (Maurentöter), abgebildet hoch zu Ross mit gezogenem Schwert, verehrt wurde. Spätere Pilger sahen ihn lieber als Pilger mit Stab, Muschel und Kalebasse, eine Darstellung, die sich weitgehend durchgesetzt hat.

Nun verbreitete sich der Ruhm des Apostels als Helfer der Christen rasch über ganz Europa. Im 11. und 12. Jahrhundert erreichten die Wallfahrten zum Grab des Apostels ihren Höhepunkt, da die Pilgerfahrten ins Heilige Land wegen der Eroberung durch die moslemischen Heere zu gefährlich wurden.

Nach der Entdeckung Amerikas und der Vertreibung der Mauren aus Granada 1492 und als Folge der Reformation ließ der Pilgerstrom nach und kam 1589 völlig zum Erliegen, als der Bischof von Santiago nach der Vernichtung der spanischen Armada aus Furcht vor englischen Seeräubern die Reliquien versteckte. Erst 1879 wurden sie wieder entdeckt, und die Wallfahrten begannen in relativ bescheidenem Umfang. Erst in den 80er und 90er Jahren des 20. Jahrhunderts erlebte der spanische Jakobsweg eine neue Blüte. Er wurde gekennzeichnet und neu ausgebaut, zuerst durch nationale Initiative, dann als europäischer Weg unter dem Patronat der Europäischen Union, bewusst als Symbol für die kulturelle Einheit Europas und seiner christlich-abendländischen Tradition.

Bildstock in Flerzheim

Weideland am Weg

Pfarrkirche St. Jakobus Gielsdorf - Blick von Osten

Pilgerstempel von St. Jakobus in Gielsdorf

DER NEUE JAKOBSWEG IM RHEIN-SIEG-KREIS

Die örtliche Überlieferung in Alfter-Gielsdorf sah Jakobus und die zweite Pfarrpatronin Margaretha vor allem als Patrone der Winzer und der Landleute. Besucher der St. Jakobus-Kirche in Gielsdorf stellten immer wieder die Frage, ob Gielsdorf früher eine Station auf einem Jakobsweg war. Da es keine historisch gesicherten Quellen gibt, konnte man dies nur vermuten. Der Pfarrverein St. Jakobus hat wie andere auch nach Belegen für den Pilgerweg gesucht und daher die Initiative des Landschaftsverbandes Rheinland „Wege der Jakobspilger im Rheinland" nachdrücklich begrüßt. Der Landschaftsverband hatte schon begonnen, von Wuppertal nach Köln den alten Pilgerweg zu kennzeichnen, der über Aachen und Paris nach Santiago führte. Gleichzeitig veröffentlichte Dr. Klaus Grewe vom Rheinischen Amt für Bodendenkmalpflege die Ergebnisse archäologischer Untersuchungen, wonach eine Römerstraße von Bonn über Lessenich und Alfter-Gielsdorf durch den Kottenforst, die Swist bei Miel (Lützermiel) überquerend, nach Essig und weiter in Richtung Trier führte. Ausgehend von der Tatsache, dass in Bonn im Mittelalter ein Jakobushospital existierte, in der Jakobus-Kirche in Gielsdorf sich zwei Wegstunden entfernt eine Statio (Gebetsrast) für Pilger anbot und es in Essig im Augustinerinnenkloster Maria Stern, also eine Tagesetappe von Bonn entfernt, eine Pilgerherberge gab, konnte man nahezu mit Sicherheit davon ausgehen, dass hier ein Jakobsweg bestand, der östlich des Rheins aus dem Siegtal kommend nach Bonn und weiter nach Westen verlief. Diese Annahme untermauerte auch Horst Bursch (Dersdorf) in einer Reihe von Veröffentlichungen.

„WEGE DER JAKOBSPILGER IM RHEINLAND" – EIN PROJEKT DES LANDSCHAFTSVERBANDS RHEINLAND

1998 entschied sich der Landschaftsverband Rheinland, der Anregung des Europarats von 1987 folgend, die Wege der Jakobspilger im Rheinland einer breiteren Öffentlichkeit zu vermitteln. Er nahm diese Aufgabe in Zusammenarbeit mit der Deutschen St. Jakobusgesellschaft, der Sankt Jakobus Bruderschaft und den betroffenen Kreisen, Städten und Gemeinden in Angriff. Bei der Vorstellung des geplanten Weges von Köln nach Trier im Juni 2001 in Bad Münstereifel bezog er auf Anregung des Pfarrvereins von St. Jakobus Gielsdorf einen Seitenweg von Bonn über Gielsdorf in das Projekt ein. Der Eifelverein erhielt den Auftrag, einen Jakobsweg mit dem bereits auf dem ersten Weg von Wuppertal nach Köln verwendeten Wegzeichen (gelbe Muschel auf blauem Grund) auch von Bonn her auszuzeichnen. Ebenso ließ der Landschaftsverband auch hier an verschiedenen Orten einheitlich gestaltete Jakobsstelen in Zusammenarbeit mit den jeweiligen Kommunen aufstellen. Eine solche Stele steht auch in Gielsdorf vor der Jakobuskirche, wo sie am 14. Juli 2002 gesegnet wurde. Weitere Stelen wurden am 15. September 2002 in Rheinbach neben der Pfarrkirche St. Martin und im Mai 2003 auf dem Friedensplatz in Bonn aufgestellt. Im Herbst 2002 erschien Band 2 des Pilgerführers „Jakobswege" mit ausführlicher Wegebeschreibung und Erläuterungen der zahlreichen kulturellen Sehenswürdigkeiten auf dem Weg von Köln bzw. Bonn über Trier nach Schengen (Luxemburg), nachdem Band 1 (Wuppertal-Köln-Aachen) bereits im Jahr davor erschienen war. Neben diesem Pilgerführer des Landschaftsverbandes ist kürzlich auch eine Wanderkarte des Eifelvereins im Maßstab 1:25 000 mit dem eingezeichneten Pilgerweg von Bonn bis über Rheinbach hinaus erschienen.

Straßen oder Wald- und Feldwege verlaufen heute oft nicht mehr auf den alten Trassen, da neue Siedlungen, Umgehungsstraßen oder Flurbereinigungen zu neuen Verbindungen geführt haben. Daher konnte auch der ursprüngliche Pilgerweg nicht so ausgezeichnet werden, wie er im Mittelalter verlief: Im Mittelalter werden die Reisenden den Rhein vielleicht bei Schwarzrheindorf überquert haben. Sie und die, die in Bonn ihren Pilgerweg begannen, haben zunächst den Weg durch die Felder bis Lessenich gesucht, dann auf Römerstraßen den Weg nach Gielsdorf eingeschlagen, dort durch den alten Winzerort an der Kirche vorbei eine relativ starke Steigung auf die Vorgebirgshöhe überwunden, dann den Kottenforst auf relativ gerader Linie durchquert, um am Kloster Schillingskapellen vorbei bei Lützermiel in einer Furt oder auf der alten Brücke die Swist zu überqueren. Durch Miel sind sie nach Essig gelangt, wo sie im Kloster rasten oder übernachten konnten. Das Kloster lag direkt an der alten Aachen-Frankfurter Heerstraße, die im Mittelalter eine wichtige überregionale Verbindungsstraße zwischen Frankfurt (Wahlort des Königs) und Aachen (Krönungsort) war. Sie diente dem Postverkehr und dem Handel zwischen Süddeutschland, Belgien und Holland. Darüber hinaus war sie eine Pilgerstraße nach Schillingskapellen,

Schmuckes Fachwerk in Lüftelberg

wo seit dem 12. Jahrhundert das Gnadenbild der Rosa mystica verehrt wurde, und nach Aachen, das alle 7 Jahre von zahlreichen Pilgern anlässlich der Heiltumsfahrt besucht wurde. In Essig kreuzte jedoch auch die alte Verbindungsstraße über Münstereifel, Prüm nach Trier die Aachen-Frankfurter Heerstraße. Daher konnten die Pilger von hier über Trier oder über Aachen Anschluss an die französischen Hauptwege finden.

„Christus ist auferstanden". Ausschnitt aus den Wandbildern in der St. Jakobus-Kapelle Alfter-Gielsdorf

Der heute markierte Pilgerweg zweigt vor Schillingskapellen bei Dünstekoven vom ursprünglichen Weg ab, einmal wegen der hier fehlenden Unterkunftsmöglichkeit, aber auch wegen der neu aufgeteilten Feldfluren im Swisttal, die keinen direkten Weg auf verkehrsarmen Straßen für Fußpilger mehr erlauben. So bot sich eine Tagesetappe von Bonn über Buschhoven und Lüftelberg nach Rheinbach (24 Kilometer Entfernung) an. Alte Pilgerspuren sind heute an vielen Orten entlang des neuen Pilgerwegs zu sehen: in Bonn die Reste des ehemaligen Jakobsspitals, das Bonner Münster, die Endenicher Burg; in Lessenich die alte Pfarrkirche St. Laurentius, in Gielsdorf die St.-Jakobus-Kirche, im Kottenforst der Eiserne Mann, in der Swistebene das alte Kloster Schillingskapellen, die alte (jetzt evangelische) Barockwallfahrtskirche und die neue Wallfahrtskirche in Buschhoven, in der besonders beim jährlichen Rosenfest die alte Wallfahrtsstatue der Rosa Mystica aus Schillingskapellen verehrt wird, die romanische Kirche in Lüftelberg und die St.-Martin-Kirche in Rheinbach sowie die Waldkapelle auf dem Weg von Rheinbach nach Queckenberg, wo der Jakobusweg den Rhein-Sieg-Kreis in Richtung Bad Münstereifel verlässt.

Nicht direkt an diesem Pilgerweg, aber in der Ferne sichtbar sind die beiden weiteren Kirchen im linksrheinischen Kreis, die dem hl. Jakobus geweiht sind: die Jakobuskapelle in Werthoven (die in der Nähe der weithin sichtbaren Kugel des Radioteleskops liegt) und die Jakobuskirche in Ersdorf. In Rheinbach unterhalb der Tomburg kreuzt der neue Pilgerweg die alte Aachen-Frankfurter Heerstraße.

ERSTE ERFAHRUNGEN MIT DEM NEUEN PILGERWEG

Seit der Markierung des Pilgerweges begeben sich viele Einzelpilger und Gruppen auf den Weg: Von Bonn aus legen sie, zu Fuß oder mit dem Fahrrad, kleinere oder größere Etappen zurück. Viele von ihnen verbinden ihre Wanderung mit einem Besuch und einem Gebet in den alten Kirchen am Wege. Der Pfarrverein der katholischen Kirchengemeinde Gielsdorf bietet auch Führungen durch die alte romanische Jakobus-Kirche mit ihren spätmittelalterlichen Wandmalereien von 1492 an. Diese stellen in der Mitte des Chores in acht Bildern die Passion Christi dar, auf der linken Seite in zwölf Bildern die Jakobuslegende mit dem Schlussbild des Hühnerwunders und auf der rechten Chorwand in ebenfalls zwölf Bildern das Martyrium der heiligen Margaretha.

Waldkapelle im Rheinbacher Wald

Auch die um 1500 entstandene Holzfigur des Pfarrpatrons belegt die seit langem bestehende Jakobusverehrung. Mit Muschel am Hut, Tasche und Kalebasse als Pilger dargestellt, ist dem Apostel in späterer Zeit ein Schwert in die Hand gegeben worden. Die Kirchengemeinde St. Jakobus hat jetzt durch den Einbau einer Gittertür die Voraussetzungen geschaffen, um den Kirchenvorraum tagsüber geöffnet zu lassen.

Ein Verweilen für ein Gebet und einen Blick auf die Wandmalereien werden so ermöglicht. Ein Pilgerstempel ist im Pfarrbüro Oedekoven erhältlich. 2003 wurde als Stiftung eines Gemeindemitglieds ein Bildstock mit einer Jakobusstatue, gestaltet von dem Eifeler Bildhauer Paul Milles, neben der Kirche aufgestellt und am Jakobusfest feierlich eingeweiht. Die Bänke daneben laden zur Rast an der Gielsdorfer Kirche ein.

Angehörige der Pfarrgemeinden Gielsdorf/Oedekoven/Impekoven sind auf Initiative des Pfarrvereins inzwischen zwei Etappen gepilgert: vom Bonner Münster nach Gielsdorf und von Gielsdorf nach Buschhoven. Auch in anderen Gemeinden des Rhein-Sieg-Kreises gab es Aktivitäten zur Jakobuswallfahrt, u. a. eine Ausstellung über den *Camino de Santiago* im Glasmuseum in Rheinbach und das Mysterienspiel *Das Wunder von Santo Domingo* in Lüftelberg.

AUSBLICK

Der Jakobsweg wird von vielen Menschen angenommen, sei es um die nähere Heimat zu erwandern, sei es aus religiösen Motiven oder um die Kunstschätze am Weg zu besichtigen.

In früheren Jahrhunderten haben sich viele Menschen aus allen Teilen Europas in gleicher religiöser Gesinnung auf den Weg gemacht, um gemeinsam mit anderen Pilgern beim Apostel Jakobus in Santiago de Compostela Wegweisung und Stärkung im Glauben zu finden. Hoffen wir, dass in Zukunft auch der neue Jakobs-Pilgerweg im Rhein-Sieg-Kreis einen Beitrag zum besseren Verständnis der europäischen Völker leisten wird, und dass er die Menschen, insbesondere die Jugend, in Freundschaft verbindet und so durch die persönlichen und kulturellen Begegnungen den Frieden in Europa festigt.

Literaturhinweise auf Seite 198

Eine Kapelle in Buschhoven

Blick zur Löwenburg

Leben und Kultur

LOUIS ZIERCKES WIEDERENTDECKUNG

VON
HORST HEIDERMANN

Rudolf Gosekuhl, Bildnis Louis Ziercke, Öl auf Leinwand, 1946

Langsam und vorsichtig fuhr ich durch die engen Straßen von Oberdollendorf die Höhen des Siebengebirges hinan, um im freien Hügelland hinter den Bergen einen Maler zu besuchen. Freilich, dieser ist seit Jahren nicht mehr unter den Lebenden. Aber viele der Bilder von Louis Ziercke (1887-1945) sollten dort in einem kleinen Dörfchen zu finden sein.

Schon seit längerem hatten wir in der Peter-Schwingen-Gesellschaft in Bad Godesberg beschlossen, eine Louis-Ziercke-Ausstellung durchzuführen. Der Termin im Haus an der Redoute stand vor der Tür. Nun wurde es ernst. Mein Vorstandskollege, der Kunsthändler Heinz Schweitzer, kannte viele Besitzer von Ziercke-Bildern, die durch seine Hände gegangen waren. Er hatte schon eine Telefonaktion durchgeführt, um das Ausstellungsgut zusammenzutragen. Ziercke: Ja, wir wussten, das war ein bedeutender Godesberger Maler gewesen. Seine Blumenbilder hatten sich gut verkauft. Nachfahren von ihm leben noch. Die Journalistin Dr. Irmgard Wolf hatte einige Artikel über ihn geschrieben. Er sollte Schüler Corinths gewesen sein.

Ich hatte es übernommen, dem weitgehend unbekannten Lebensweg des Künstlers nachzuspüren. Mit Hilfe vieler Akten im Bonner Stadtarchiv und einiger Erinnerungsstücke aus dem Kreis der Nachfahren gelang das auch bis zu einem gewissen Grade.

Geboren wurde der Maler in Godesberg am 9. April 1887 als Sohn eines Anstreichers und Dekorationsmalers aus Parchim in Mecklenburg. Die Mutter war Godesbergerin. Ziercke besuchte die Volksschule und danach einige Jahre das Königliche Gymnasium in Bonn. 1902 ging er zur Kunstgewerbeschule nach Düsseldorf. Er wollte Dekorationsmalerei studieren.

Der Zufall spielte seine Rolle: Bald wurde Peter Behrens zum neuen Direktor der Schule ernannt und dieser berief Fritz H. Ehmcke zum Leiter einer Klasse für „Flächen- und graphische Künste".

Selbstbildnis. Radierung, etwa 1911

Ziercke ging 1905, sofort nach deren Einrichtung, in die neue Klasse und konnte bald Erfolge vorweisen. In der Schülervereinigung RING fand er Anregungen und Ansporn. Zahlreiche werbegrafische Arbeiten entstanden in deutlicher Anlehnung an Ehmcke. Ziercke lernte radieren, in Holz schneiden, mit Tusche, Feder und Pinsel zu zeichnen; in den begleitenden Kursen wurde er auch mit den Grundlagen des Malens in Öl und Aquarell vertraut. Schon 1906 war er als Schüler der Ehmcke-Klasse auch auf der III. Deutschen Kunstausstellung in Dresden vertreten.

Peter Behrens ging 1907 nach Berlin als künstlerischer Beirat der AEG. Sein begabter Schüler Louis Ziercke folgte ihm als Mitarbeiter im Atelier in Neubabelsberg – und kündigte nach drei Monaten, weil ihm die Tätigkeit zu monoton, Neubabelsberg zu weit von Berlin und Behrens ein zu strenger Chef war. Ziercke wurde Mitglied des *Deutschen Werkbundes*. Ein Versuch, sich zusammen mit seinem Freund, dem Architekten Fritz Kaldenbach, in Godesberg als Werbegrafiker und Gestalter selbstständig zu machen, scheiterte. Ziercke entschied sich nun endgültig für eine Malerkarriere und ging erneut nach Berlin.

Sonne und Weide. Öl auf Leinwand, 1932

1911 schrieb er sich für das Atelier Corinth in den „Studienateliers für Malerei und Plastik" von Arthur Lewin-Funcke ein. Das war eine bewusste Entscheidung für die Moderne. Bis 1914 blieb Ziercke in Berlin, lernte von Corinth und anderen Malern der *Berliner Sezession* und schloss sich der Künstlergruppe BLOCK an. Als Mitglied dieser Gruppe stellte er im Künstlerhaus seine ersten Gemälde aus. Die Rezension des renommierten Kunstkritikers und Gründungsmitglieds der *Berliner Sezession* Fritz Stahl bescheinigte ihm eine selbstständige Verarbeitung des französischen Impressionismus. Vor Kriegsausbruch kehrte Ziercke in die Heimat zurück. Im I. Weltkrieg diente er in Köln bei der Ersatzreserve, infolge eines Unfalls dienstuntauglich geworden, lehrte er Freihandzeichnen an der Godesberger und Mehlemer Berufsschule und wurde dann doch noch einmal zum Dienst als Helfer in einem Bonner Lazarett herangezogen. Für den Zeichenunterricht an den Wochenenden erhielt er Urlaub. Für den Maler waren es verlorene Jahre.

Nach dem Ende des Krieges blieb Ziercke in Godesberg. Er beteiligte sich am künstlerischen Leben in Bonn und Godesberg und stellte ab 1920 jährlich als Mitglied der *Bonner Künstlervereinigung 1914* im Bonner Obernier-Museum aus. 1923 heiratete er in Königswinter eine junge Kriegerwitwe. Mit seiner Familie (Frau Ziercke hatte eine Tochter aus erster Ehe) lebte er im elterlichen Haus in der Godesberger Brunnenallee. Zwischen dem Zeichner und Maler Walter Rath und Louis Ziercke entstand eine Künstlerfreundschaft, die bis zum Tode von Rath 1935 währte.

Zurück zu meiner Fahrt auf den Spuren des Malers: Was mochte mich hinter den sieben Bergen erwarten? Wenig genug hatte ich bisher von den Werken des Malers gesehen. Ich wurde freundlich empfangen und man bat mich, in ein kleines, säuberlich restauriertes Fachwerkhaus einzutreten, das dann innen doch größer war, als es von außen schien. „Gehen wir zuerst einmal ins Wohnzimmer! Hier sind zwei Zierckes von 1932." Zierckes? Ja, Zierckes. Eine gewaltige Brücke, eine Flusslandschaft und sehr kleine Menschen mit Regenschirm; daneben ein kleineres Bild mit einem kahlen Baum im kalt-weißen Sonnenlicht. Kühn geschwungene Linien, ungewöhnliche Farbgebung in Gelb, Ocker, Braun und krassem, tropisch scheinendem Grün traten mir entgegen. Das zweite Werk hingegen strömte die tödliche Kälte dürren, winterlichen Landes aus. „Das sind unsere Lieblingsbilder."

Wir erreichen über eine steile Treppe das Obergeschoss und im ausgebauten Dachstuhl befinden sich viele große und kleine Ölgemälde und Aquarelle. „Sind die alle von Ziercke?" „Ja, bis auf das da drüben, das habe ich selbst gemalt", erwidert der als Glasmaler geschulte Hausherr.

Mir fällt das Porträt einer jungen Frau in roter Jacke und mit gewagtem Ausschnitt auf. „Meine Großmutter", sagt die Ziercke-Enkelin und Hausherrin. „Frau Ziercke, geborene Esser aus Königswinter, gemalt 1920".

Später wird deutlich: Außer den Porträts seiner Braut und späteren Frau hat Ziercke nur wenige Bildnisse geschaffen. Menschen werden von ihm in der Regel nicht als Individuen, sondern als Typen dargestellt, wie zum Beispiel eine „Zigeunerin", ein „Penner", ein Arbeiter nach getanem Werk.

„Nun gehen wir in das Bildermagazin." Höre ich richtig – Bildermagazin? Ein größerer, ziemlich kahler Raum tut sich auf. Grafikschränke, einige Weichholzantiquitäten und Bilder, Bilder, Bilder... „Also, was sagen Sie?" Ich sagte erst einmal gar nichts.

Blumenkorb nicht ganz frei nach Corinth. Öl auf Leinwand, 1911

Die Braut. Öl auf Leinwand, 1920

Zigeunerin. Aquarell, Datierung unklar

Mein nächster Gedanke war: Ich muss Heinz Schweitzer anrufen. Er kann seine Aktion abblasen.

Ich hatte den künstlerischen Nachlass des Malers Louis Ziercke gefunden! Mir und allen, die sich etwas eingehender mit Ziercke befasst hatten, war dieser Bestand bis dahin nicht bekannt. Die Besitzer – berufstätig – hatten sich vorgenommen, nach der Pensionierung an die Erschließung und Ausstellung des Oeuvres heranzuziehen. Ich trug meinen Wunsch vor, eine Auswahl der Werke schon jetzt in Godesberg auszustellen. Die Reaktion war positiv! Nun konnte es losgehen.

Wir fanden ein „Auswahl-Schnellverfahren" und hatten insofern Glück, als ein großer Teil der Werke, die wichtig waren, bereits gerahmt oder noch im Originalrahmen erhalten waren. Das Ergebnis unserer Auswahl wurde ein Erfolg: Die Godesberger Ausstellung im Haus an der Redoute fand bei alten und neuen Ziercke-Freunden ein sehr positives Echo. Ziercke-Ausstellungen in Königswinter (Haus Bachem) und Köln (Tierzeichnungen im Zoo) folgten.

Im Magazin des Ziercke-Nachlasses fielen mir zunächst die an die Wand gelehnten großen Plakatentwürfe ins Auge: auf Pappe gezogene Gouachen aus der Schülerzeit und dem eigenen Atelier bis 1911. Sie kombinieren Jugendstilelemente mit den strengen Schrifttypen des Lehrers Ehmcke. Das hervorragende Zoo-Plakat erhielt zu Recht den 2. Preis bei einem schulinternen Wettbewerb.

Die viel gelobten Blumenbilder hatte der Maler anscheinend immer wieder mit Erfolg verkaufen können. Im Nachlass waren sie verhältnismäßig spärlich vertreten. Erwähnt werden muss der Strauß mit welkenden Mohnblumen und blühendem Flieder in Öl. Er ist ein Muster für die Blumenstudien Zierckes, die die Ästhetik des Morbiden bemühen und gleichzeitig auf die Kraft des blühenden Lebens hinweisen. Weitere Typen seiner fast unzählbaren Blumenbilder sind die zarten Aquarelle in Nass-in-Nass-Technik, die die Zerbrechlichkeit der schönen Blumenkinder unterstreichen und schließlich die fast bunt-knalligen Blütensträuße als Beispiele des prallen Lebens.

Im Zentrum des Werkes aber stehen die Landschaften, wenn sie auch quantitativ hinter die Blumen zurückfallen mögen. Oft aber sind die Landschaften nur als unbestimmbare Gegend am Rhein zu identifizieren: Die Landschaften auf den Bildern im Wohnzimmer des kleinen Fachwerkhauses zum Beispiel sind nicht konkret zu lokalisieren. So geht es mit manchen Werken. Andere weisen auf den Rhein und das Siebengebirge, sind aber in den Formen stark reduziert. Die Lokalfarben treten zurück gegenüber Violett, Ocker, ja gelegentlich Orange. Ein Maler rheinischer Veduten war hier nicht am Werk. Manche Bilder wehren sich zwar nicht gegen eine Verortung, lassen aber viel offen. Muffendorf? Friesdorf? Eifeldorf? Dörfer und Städte sind wichtig als schützende, oft bescheidene Behausungen, nicht als Abbildungen – klein die Bewohner, die uns in der Regel den Rücken zuwenden.

Der Maler bedient sich in diesen und anderen Bildern expressionistischer und impressionistischer Stilelemente gleichermaßen. Genau wie sein Lehrer Lovis Corinth entzieht sich der Schüler Louis Ziercke erfolgreich der kunsthistorischen Klassifizierung. Impressionistische Spuren zeigen vor allem die Parkbilder und Gärten, auch einige Moselbilder bedienen sich ähnlicher Techniken. Strand und Seestücke erinnern mal stärker an Liebermann, mal eher an Corinth – sind aber wie alle anderen Werke Zierckes originäre Schöpfungen eines immer wieder neu experimentierenden, unruhigen Geistes. Sozial- und gesellschaftskritische Züge tauchen gelegentlich am Rande auf, bleiben aber die Ausnahme. Ziercke gewinnt auch dem Leben des trinkenden Penners mit wehendem Schal und dem der fröhlich musizierenden Zigeuner die positiven Seiten ab.

Einer der Schränke im Magazin ist gefüllt mit grafischen Blättern, Holzschnitten aus der Düsseldorfer Zeit, Radierungen aus Krieg und Nachkriegszeit. Tuschezeichnungen – auch koloriert – beschreiben das Leben auf dem Rhein und bilden die heimatliche Landschaft ab.

Zoo-Plakat. Gouache, 1906

In den Zeichnungen, oft Vorstudien für Ölgemälde und Aquarelle, bleibt der Künstler bei der naturgetreuen Abbildung. Auch dann aber überrascht er uns manchmal durch ungewöhnliche Perspektiven, zum Beispiel wenn er das Siebengebirge nicht von der Schokoladenseite, sondern vom Landesinneren her zeichnet. Die Grafiken lassen den Wunsch nach gründlicherer Betrachtung aufkommen. „Hier ist noch etwas Besonderes", sagt dann mein freundlicher Cicerone. Aus einer der Schubladen kommen Tierzeichnungen hervor, im großen Format, in kräftigen schwarzen Kreidestrichen aufs Papier geworfen. Pelikane, Nashörner, Affen, Ziegen, Kühe, Tiger, insgesamt etwa sechzig Blätter. Die meisten sind 1932/33 entstanden, wie auch das Gemälde *Der Zug der Schafe*, das zu einer politischen Interpretation, wohl zu Unrecht, verführt. Die Tierzeichnungen waren Zierckes letztes großes Experiment. Louis Ziercke ist nun 45 Jahre alt. In Bonn und Bad Godesberg ist er bekannt und hat viel ausgestellt. Einige Bilder kamen auch nach Köln und viele über den Rhein nach Königswinter und Honnef. Der große überregionale Erfolg, den er sicher mit

Pelikane. Kohlezeichnung, 1933

Der Weg der Schafe. Öl auf Leinwand, 1932

Boote bei Honnef. Aquarell, 1936

seinem Studium in Berlin und einem nicht realisierten Plan, nach Paris zu gehen, erträumt hatte, blieb aber aus.

Das lag nicht an der Qualität seiner Arbeiten. Woran denn? Vielleicht an der milieubedingten Enge des rheinisch-mecklenburgischen Erbes, sicher an der Ungunst der Zeit zwischen den Kriegen mit Besatzung und Inflation, an der Weltwirtschaftskrise, kaum dass die wenigen besseren Jahre der Republik Hoffnung aufkeimen ließen.

Die souveräne Nutzung der malerischen und zeichnerischen Techniken des 20. Jahrhunderts sind für uns heute interessant, bei seinen Zeitgenossen im kleinstädtischen und gutbürgerlichen Milieu am Rhein stießen sie eher auf Unverständnis. Selbst in den zahlreichen Blumenbildern demonstrierte Ziercke seinen künstlerischen Anspruch und zeigte die Breite seiner Möglichkeiten. Zierckes Malerei zielte in seinen wichtigsten Werken auf ein anderes Publikum, als es in seinem Umfeld nun einmal gegeben war. Die für ihn so wichtige Kunstszene in Köln oder Düsseldorf erreichte er aber nicht. Sein Realismus, obwohl kein Naturalismus, war vielleicht für diese Kreise dann doch nicht „modern" genug. Seine Eigenständigkeit und die spontane Experimentierfreude erschwerten zudem die Einordnung – und ein Markenzeichen mit einfachem „Wiedererkennungswert" konnte nicht entstehen. Besondere Ausdruckskraft und ein spontaner, starker Pinselstrich ermöglichen dennoch dem sorgfältigen Betrachter die Identifizierung.

Ziercke gelang es auch in schwierigen Zeiten, sich und seiner Familie das oft zitierte Malerelend zu ersparen.

Erfolgreich hat er sich immer wieder um Aufträge als Werbegrafiker bemüht, er hat den gelernten Dekorationsmaler nicht verleugnet und als Bühnenmaler und Entwerfer in den *Rheinischen Werkstätten für Bühnenkunst* in Bad Godesberg, die sein Freund Alfred Karl Müller leitete, gearbeitet.

Die Jahre der Naziherrschaft überstand Ziercke trotz seiner „anrüchigen" Lehrer Corinth und Ehmcke unbehelligt. Die kühnen Experimente aber fanden ein Ende. Die innere Spannung kam nicht mehr zum Ausdruck. Der Maler musste auf Nummer sicher gehen, er durfte die nie genau definierte Grenze des Zulässigen nicht überschreiten. Zwangsweise fand Ziercke nun die Ruhe, die in der Wiederholung des Bewährten liegt. Aber immer noch schuf er qualitätvolle Bilder. Ein erzwungenes Alterswerk entstand.

Boot auf dem Kanal. Aquarell, 1934

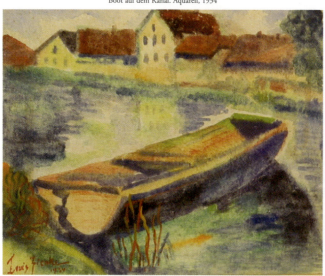

Hamburg. Öl auf Leinwand, 1920

Siebengebirgsblick. Aquarell, 1924

1944 wurde Ziercke noch einmal Soldat. 1945 starb er in dem als Notkrankenhaus genutzten Pädagogium in Godesberg, wenige Tage vor dem Einmarsch der Amerikaner. Die tödliche Krankheit hatte er sich „im Dienst" zugezogen. Seine Frau musste in den schwierigen Jahren, die nun folgten, vom Verkauf seiner Bilder leben. Noch einmal gelangte eine Fülle von Ziercke-Bildern in die Häuser auf beiden Seiten des Rheins. 1973 starb auch sie. Es wurde noch stiller um den Maler und sein Werk.

Als dann 1979 Zimmermanns *Die Kunst der verschollenen Generation* zum ersten Mal erschien, besann man sich auch am Rhein wieder auf Louis Ziercke. Aber es dauerte lange, bis Gesamtumfang und Qualität des Werkes in etwa bekannt wurden. Die Entdeckung des Nachlasses war der letzte, aber entscheidende Schritt. Louis Ziercke ist heute kein Verschollener mehr. Die herausragende Qualität vieler Werke wird mit ihrem Bekanntwerden deutlich. Präsentation und Erschließung seines so umfangreichen und vielfältigen Werkes erfordern aber noch manche Anstrengungen. Wir wissen heute: Sie lohnen sich. Die Veröffentlichung über Louis Ziercke im Rheinlandia Verlag, Siegburg, versteht sich als erster Beitrag.

Literaturnachweis auf Seite 198

Tulpen und Flieder. Öl auf Leinwand, 1927

BRÜCKEN ZWISCHEN MITTELALTER UND MODERNE

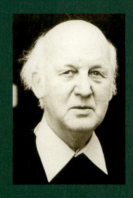

Die Abteifenster auf dem Michaelsberg und der Künstler Ernst Jansen-Winkeln

VON DÖRTE STAUDT

Was erbaut den Gottesdienstbesucher? Das Gebet, die Predigt natürlich, die Musik. Aber auch die Kirche, die erhabene Einheit eines Raums, der die alltägliche Außenwelt abschottet und zur inneren Einkehr einlädt. So wie in der Siegburger Abteikirche St. Michael, die hoch auf dem Berg über der Stadt thront und Abgeschiedenheit verspricht. Farbiges Licht fällt durch die Fenster in diesen Kirchenraum, mildert das Grelle, verfeinert die Dämmerung. Diese Fenster erzählen viel. Farbig, expressiv.

Zu beiden Seiten des Kirchenschiffs zeigen fünf Fenster das Leben des Heiligen Anno, dazu gibt es Darstellungen mit Opfer- und Eucharistiesymbolen aus dem Neuen Testament auf der linken Seite: Tauben, ein Ährenkorb oder ein Lamm und Milch etwa. Auf der rechten sieht man alttestamentarische Symbole wie einen Brandopferaltar oder die Bundeslade. Die Chorfenster sind mit Szenen aus dem Leben Jesu gestaltet, die von „Heiligen und Seligen", die mit Siegburg in Beziehung standen, flankiert werden. Auf der Epistelseite folgen die vier großen Propheten, gegenüber die Evangelisten, an die sich ein Fenster mit Bildern aus dem Leben des Heiligen Benedikt anschließt. Über der Orgel befindet sich ein Fenster mit biblischen Musikszenen. Vor allem die Bilder auf diesen großen Chorfenstern, zwölf Meter in die Höhe ragende Lichtbänder, wirken durch den Gesamteindruck.

Mit dem Fernglas müsste der Betrachter aus dem Mittelschiff die einzelnen Darstellungen in den Blick nehmen, wollte er jede einzelne Szene begutachten. Das berühmte Benediktfenster etwa ist für den Betrachter aus der Kirchenbank gar nicht zu erkennen.

„Das ist Gotteslob", erklärt Altabt Placidus Mittler, der sich noch an die Zeit ihrer Entstehung erinnern kann, als er selbst Novize war. In vielen Kirchen ist, wie auch hier, gar nicht beabsichtigt, dass sich dem Besucher die Bilder sofort erschließen. Sie zeigen die schiere Fülle biblischen Geschehens, die Unerschöpflichkeit der theologischen Aussage. Doch lohnt es sehr, sich den Fenstern der Abteikirche einmal zu nähern.

Geburt, Anbetung, Taufe, Ausschnitte aus dem Chorfenster „Leben Christi"

KONSEQUENTER WEG ZUR KUNST

Ernst Jansen-Winkeln, einer der bedeutendsten Glasmaler der Nachkriegszeit, hat sie geschaffen. Sie sind das Werk eines Mannes, der keinen einfachen, aber einen sehr entschiedenen Weg zur sakralen Kunst gefunden hat. Seine Schwiegertochter, die promovierte Kunsthistorikerin Annette Jansen-Winkeln, zeichnet ihn in ihrer Dissertation nach. Ernst Jansen, wie er damals noch hieß, wurde am 13. Februar 1904 als ältestes von zehn Kindern eines Schuhmachers in dem Dorf Winkeln nahe Mönchengladbach geboren. Die materielle Bedrängnis spiegelt sich am Werdegang Jansen-Winkelns wider: Mit 13 Jahren musste er seine Schullaufbahn beenden, begann eine Ausbildung in einem Kontor.

oben: Der Mensch am Kreuze seiner Maschine, Holzschnitt, Illustration zu Michel Becker: Ein Weg, Bonn, 1932

rechts: Der Sämann, aus: Unser Dorf, Holzschnitt, 1930

unten rechts: Der Eisenarbeiter, Linolschnitt, 1926

Doch offenbar stellte er schnell fest, dass ihm dieser Beruf keine Lebensperspektive bieten konnte. Er wechselte in die Polychromeurwerkstatt einer Kunstmanufaktur, die allerlei Devotionalien herstellte. In dieser Arbeitsstelle blieb er sieben Jahre. Auch hier fand er wenig Befriedigung, der Umgang mit Farben aber muss ihn zu seinen ersten Malversuchen inspiriert haben. Mit zwanzig Jahren nahm er Unterricht und erarbeitete sich die Technik des Linolschnitts, 1928 ging er an die *Kölner Werkschule*, wo er aus finanziellen Gründen jedoch nur ein Trimester studieren konnte. Mit dem Linolschnitt erschloss er sich den Weg in die Öffentlichkeit, verkaufte an Gazetten der katholischen Arbeiter- und Jugendbewegung. In diesen Arbeiten bereits zeigt sich seine Verbindung zwischen künstlerischer Ausdruckskraft und seiner tiefen Religiosität, die er mit unverhohlener Kritik an den Lebensumständen der Arbeiter oder auch der Bauern auf dem Lande – als Dörfler am Rande einer früh industrialisierten Stadt kannte er beides gut – verband. Und er schuf sich das technische Fundament für sein späteres Hauptgebiet, die Glasmalerei, weil er seine Konturen immer mehr in Linienbänder wandelte, ähnlich wie es die Bleifassungen der Glasmalerei erfordern. Obwohl seine Schnitte stilistisch in die Zeit des Expressionismus weisen, es also durchaus hätte sein können, dass er in den 30er Jahren zunehmend mit der nationalsozialistischen Kunstsicht kollidiert wäre, wandte er sich nicht aus diesem Grund mehr und mehr der Sakralkunst zu. Nicht die innere Emigration, sondern der offenbar „unbändige Drang" seine Gefühle künstlerisch umzusetzen, ließ ihn konsequent nach kirchlichen Aufträgen suchen. So unterbot er für die Ausgestaltung einer Heinsberger Kirche sogar den Preis des Anstreichers, um die Chance auf eine solche Arbeit zu erhalten. Doch war er als Katholik den Nationalsozialisten nicht geheuer. Trotz seiner sechs Kinder wurde er zu Kriegszeiten in den Militärdienst eingezogen. Weil er in der Schreibstube beim Rosenkranzbeten gesehen worden sei, musste er, so erzählte er oft, an die Front, um dort – eine der gefährlichsten Aufgaben – Frontlinien aufzuzeichnen. Nach dem Krieg bewarb sich Ernst Jansen-Winkeln neben anderen namhaften Glasmalern um die Neugestaltung der Siegburger Abteifenster. Er überzeugte Abt Ildefons Schulte-Strathaus und erhielt den Zuschlag. Gemeinsam müssen sie beide, daran erinnert sich Altabt Placidus Mittler, eine Fahrt nach Frankreich unternommen haben, um mittelalterliche Glaskunst zu studieren.

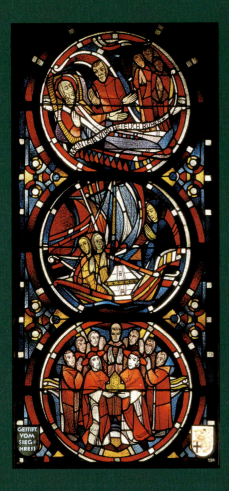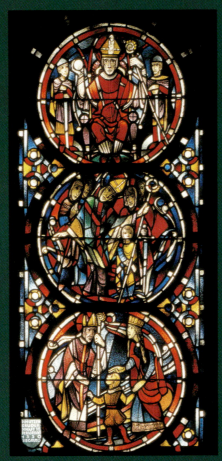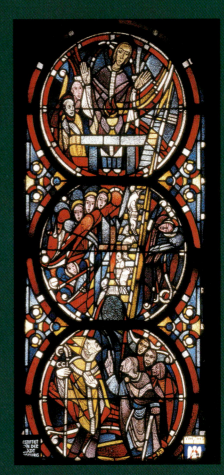

linke Seite:
Szenen aus dem Leben Jesu und Heilige und Selige, die zu Siegburg in Beziehung stehen, begleitet von Engeldarstellungen. Drei mittlere Chorfenster.

rechte Seite:
Szenen aus dem Leben des heiligen Anno. Seitenschifffenster

unten Mitte:
Mittelschiff der Abteikirche

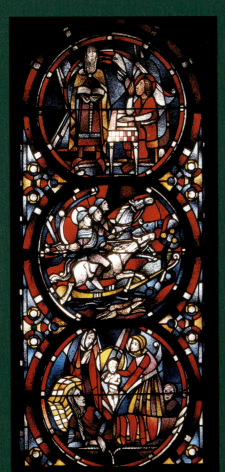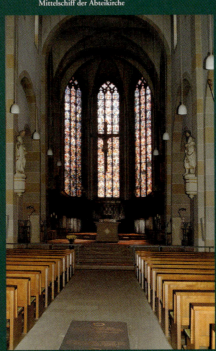

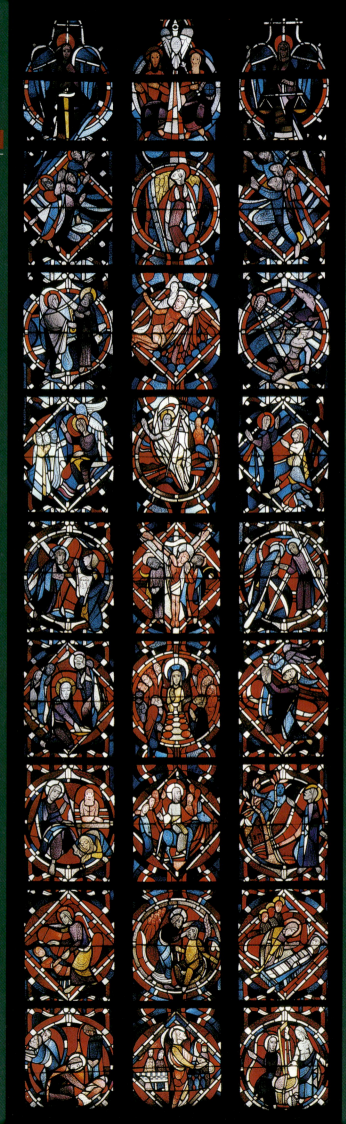

oben:
Detailaufnahmen
der Glasfenster
des Kreuzgangs

links:
Detail mittleres
Chorfenster

MEHR ALS 200 MEDAILLONS

Nach einem Brand im 17. Jahrhundert war das ehemals gotische Langhaus der Abtei im Stil des Barock wieder aufgebaut worden. Dieses Gebäude ist in der schlimmsten Bombennacht Siegburgs, am 28. Dezember 1944, zerstört worden; leidlich erhalten blieben lediglich Turm und Chor. Die Patres begannen 1951 mit dem Wiederaufbau nach den Plänen des Kölner Architekten Paul Krücken, schleppten Steine und mischten den Beton mit der Hand. Krücken hatte sich für eine gotische Form des Kirchenschiffs entschieden, weshalb auch Jansen-Winkeln sich von der Zeit der Hochgotik inspirieren ließ und die Chorfenster in Medaillons einteilte. Diese Technik bot ihm schon von der Anzahl der Felder Möglichkeiten, vieles zu erzählen. So gliederte er beispielsweise das „Leben Jesu" in 39 Einzeldarstellungen, die Chorfenster zusammen zählen allein 236 Bilder. Jedes Medaillon für sich, beschreibt Annette Jansen-Winkeln in ihrer Dissertation, entspricht in seiner Größe einem „mittleren Ölbild". Ein unglaublich arbeitsaufwändiges Werk. Üblicherweise teilte sich Jansen-Winkeln seinen Tag auch während der Schaffenszeit, die wenige Tage vor seinem Tod am 11. April 1992 endete, immer sehr gut in Arbeits- und Ruhezeiten ein und griff zum kreativen Luftholen gerne auch einmal zum Gartengerät. Aber während der Arbeiten für die Benediktinerabtei muss er sich in einer Art Ausnahmezustand befunden haben, wie die Familie heute noch zu erzählen weiß. Erhielt er einen Auftrag, begann Jansen-Winkeln stets mit einer ausführlichen Recherche. Seinen Kindern hinterließ er eine große Bibliothek über theologische Themen, vor allem über Heiligenviten. Denn obwohl der Glasmaler als Auftragskünstler in der eigentlichen Themenwahl ja festgelegt war, blieb ihm in der Ausarbeitung der Details sehr viel persönliche Freiheit.

Handschriftliche Anmerkungen in seinen Büchern lassen nachvollziehen, wie er sich für die Auswahl besonderer Szenen im Leben der Heiligen entschied. Und auch die Komposition oder die Farbwahl oblag ihm, war der Auftrag einmal übertragen, selbst. In der Glasmalerei Oidtmann in Linnich, die seine Vorlagen in Glas übertrug, wurden bestimmte Rot- und Blautöne als „Jansen-Winkeln-Blau" und „Jansen-Winkeln-Rot" bezeichnet, weil sie eigens für ihn angefertigt wurden. Diese Rot- und Blautöne dominieren vor allem die drei zentralen Chorfenster, wobei der Künstler warme Töne nach unten legte und sie nach oben immer mehr ins Blau changieren ließ. Diese sehr feine Abstimmung sollte den gotischen Charakter der Kirche, das In-die-Höhe-streben, noch unterstreichen. Hatte sich Jansen-Winkeln vordergründig für eine mittelalterliche Fensterversion entschieden, bleibt der historisierende Eindruck nur bis zum ersten, intensiveren Blick. Gänzlich löste er sich von der Darstellung des Mittelalters, blieb seinem, dem Expressionismus nahen, höchst lebendigen Stil treu. Dazu verband er die einzelnen Medaillons in der Farbgebung und mit feinen Details, die sich über das Raster hinwegsetzen und die Kompositionen zu einer Einheit verschmelzen lassen.

Abt Placidus Mittler weist, wenn er mit Schulkindern die Szenerien betrachtet, gerne auf sein persönliches Lieblingsfenster hin: „Anno wird im ritterlichen Leben erzogen". „Da ist Bewegung drin", freut er sich über die Kraft der Pferde. Auch die Geburtsszene Jesu, die er im Evangelistenfenster zeigt, rührt den Altabt besonders an in ihrer, wie er sagt, „fast naiven" Schlichtheit.

rechts:
Der heilige Benedikt, seitliches Chorfenster

unten:
Kreuzgang

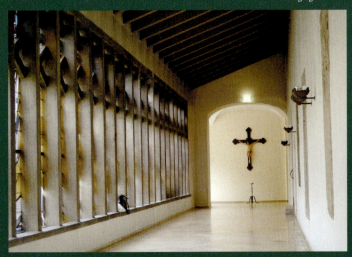

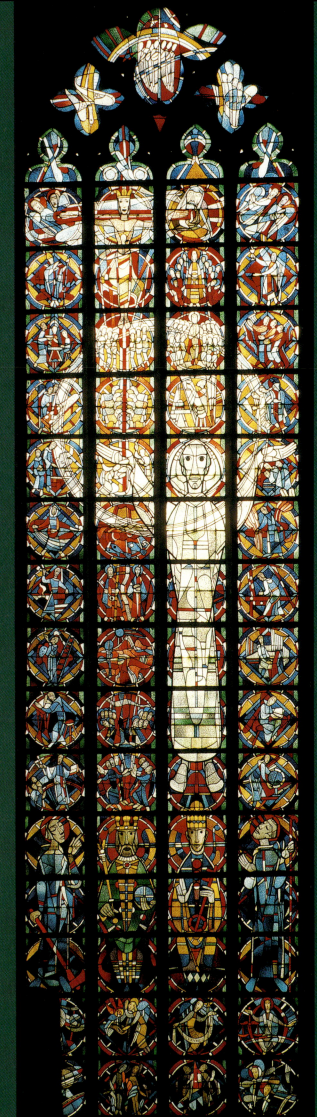

Detailaufnahmen der Glasfenster des Kreuzgangs

KEINE KOSTEN GESCHEUT

Das Werk Jansen-Winkelns wurde getragen von den Menschen der Region: Sie haben die Abtei bei der Anschaffung unterstützt. Eine Signatur des Künstlers findet sich nicht in den Fenstern, wohl aber ein Hinweis auf ihre Spender. Die Stadt Siegburg oder der damalige Siegkreis sind ebenso darunter wie etwa die Troisdorfer Mannstaedt-Werke. Diese Signets sind Beweis für die Akzeptanz, die die Benediktinermönche in der Region genossen (und genießen). Lange hatten die Menschen in Siegburg und Umgebung, gegen den Widerstand des preußischen Protestantismus, darum gekämpft, dass sich in den Klostergebäuden nach Jahren des Verwendungszwecks als Kaserne, Irrenanstalt oder Gefängnis wieder Mönche ansiedeln durften, die während der Säkularisierung vom Michaelsberg vertrieben worden waren.

Erst 1914 zogen die ersten Mönche wieder ein. Am 6. Mai 1941 wurden die Benediktiner erneut, diesmal von den Nationalsozialisten, aufgefordert, das Kloster binnen Stunden zu verlassen. Wie sehr ihre Rückkunft geschätzt wurde, lässt sich auch aus Protokollen verschiedener Kreisausschuss-Sitzungen aus den Jahren 1960 und 1961 herauslesen: Die damalige Fraktionsgemeinschaft CDU-Zentrum schlug seinerzeit vor, Abt Ildefons Schulte-Strathaus zum 25-jährigen Abtjubiläum ein Geschenk des Siegkreises zu überreichen. Als Möglichkeiten stellten Landrat Etzenbach und Oberkreisdirektor Kieras einen Altarteppich zum Preis von drei- bis viertausend Mark oder die Buntverglasung des Kreuzganges für etwa siebentausend Mark zur Wahl. Einstimmig entschieden sich die Mitglieder des Finanzausschusses für die kostspieligere Version. Und auch, als diese sich als weitaus teurer herausstellte als geplant und sich die Kosten inklusive der Ausführung in der Werkstatt auf 18 000 Mark beliefen, sagte der Siegkreis das Jubiläumsgeschenk ohne Zaudern zu.

Der Kreuzgang ist im Stil der 60er Jahre mit Sichtbeton gegliedert. Entsprechend ging auch Jansen-Winkeln sehr viel moderner bei der Ausgestaltung vor. Der Moderne stand der Künstler, der, so erinnert sich die Schwiegertochter, durchaus auch Arbeiten der abstrakten Expressionisten, etwa von Jackson Pollock bewunderte, offen gegenüber, wenn er selbst auch dem Figürlichen treu blieb. Die Farbgebung ist hier, im Kreuzgang, eine ganz andere als in der Kirche, die Töne Grün, Gelb und Violett herrschen vor. Abt Placidus allerdings, der den Gang durch diese helle Raumverbindung sehr genießt, wundert sich, dass die Kunstfachwelt immer von „Gelb" spricht, ihm erscheint die Jansen-Winkel´sche Gelb hier wie auch in der Kirche als „Gold". Der Künstler schuf in diesen Jahren zudem auch die Fenster der kleinen Hauskapelle, die für das Nachtgebet benutzt wurde. Sie entsprechen dem Stil des Kreuzgangs, der zum inneren Bereich der Abtei gehört und nicht öffentlich zugänglich ist.

In einer Festrede zum hundertsten Geburtstag des Künstlers bedauert Annette Jansen-Winkeln, dass wiederholte Anfragen über eine Ausstellung der Werke dieses Monumentalmalers und Glaskünstlers bei Museen bislang noch keinen Erfolg hatten. Aber seine Werke sind hier, auf dem Michaelsberg, wie auch etwa im Kloster Heisterbach, zu betrachten. Die Tür der Kirche steht offen.

Literatur:
Schütte, Annette: Künstler zwischen den Zeiten: Ernst Jansen-Winkeln, Mönchengladbach 1983.

Detailaufnahmen der Glasfenster des Kreuzgangs

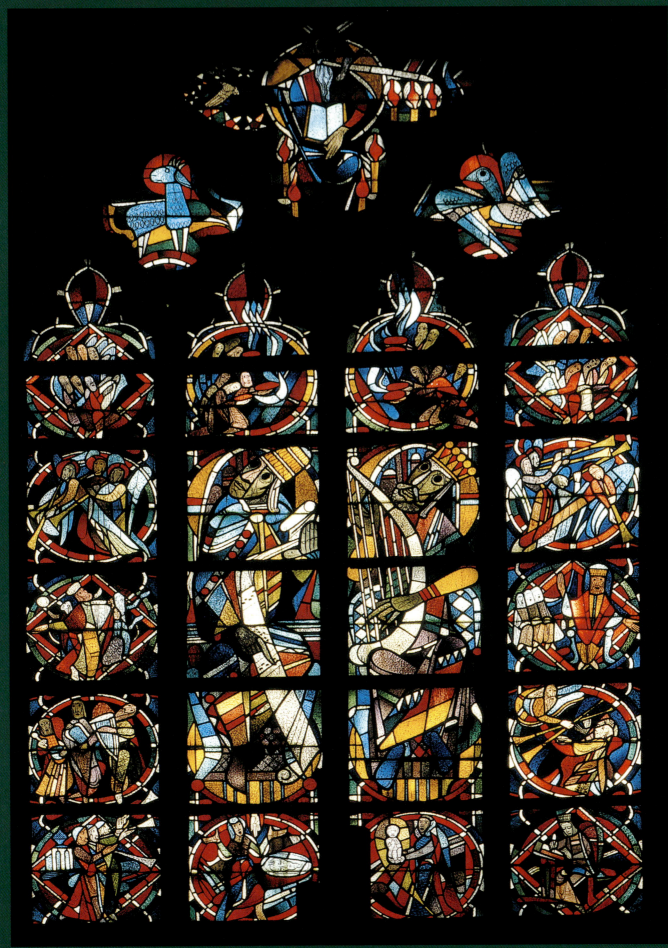

Musikszenen aus dem Alten und Neuen Testament. Fenster über der Orgel.

BAROCKALTÄRE
IN DER GEMEINDE WACHTBERG

VON
FRANK HÜLLEN

Die Niederbachemer Kirche um 1926

Die Dörfer des Drachenfelser Ländchens und die 1969 mit ihnen zur Gemeinde Wachtberg zusammengefassten Orte Adendorf, Arzdorf und Fritzdorf weisen eine Fülle alter Kirchen und Kapellen auf. Kaum eines dieser Gotteshäuser ist jünger als 200 Jahre, die Ursprünge der meisten von ihnen reichen sogar bis ins erste Jahrtausend zurück.

Bereits im 8. Jahrhundert muss es in Niederbachem eine Kapelle gegeben haben, die zur Urpfarrkirche für die gesamte Region wurde. Ursprünglich reichte die Pfarre Niederbachem bis nach Berkum und Werthhoven. Das heutige Kirchengebäude umfasst mit dem Turm aus dem 12. Jahrhundert, dem Langhaus von 1681 und Querschiff und Chor von 1849/1854 Bauteile aus acht Jahrhunderten.

866 wird in einer Urkunde des Klosters Prüm erstmals eine Marienkirche in Oberbachem erwähnt. Sie entwickelte sich im Laufe der Zeit zu einer dreischiffigen Anlage, in der (laut Protokoll der damals stattfindenden Visitation) 1628 nicht weniger als fünf Altäre aufgestellt waren. Immer wieder repariert, wurde sie 1790 durch einen kompletten Neubau ersetzt.

Auch die Kirche von Villip wird bereits im Jahr 886 in einer Prümer Urkunde genannt. Wie bei den meisten Wachtberger Kirchen handelte es sich auch hierbei ursprünglich um eine kleine Hofkapelle. Ältester Bauteil der heutigen Kirche ist der spätgotische Chor (15. Jahrhundert), an den sich das 1713 in gleichen Formen errichtete Kirchenschiff anschließt. Der Turm mit seiner schön geschwungenen Haube stammt aus dem Jahr 1746.

Ebenfalls in spätgotischer Zeit (1515) entstand der Bau der Kirche von Adendorf. Um 1900 wurde sie um zwei Joche nach Westen verlängert. Der Turm, der sich – ebenso wie bei der heutigen Oberbachemer Kirche – hinter dem Chor befindet, erhielt seine jetzige Form im 17./18. Jahrhundert.

Noch um 1300 gehörte Berkum zur Pfarrei Niederbachem, hatte aber damals bereits eine eigene Kirche, die vor 1498 zur Pfarrkirche erhoben wurde. Das heutige Kirchengebäude ist ein einfacher, flachgedeckter Saalbau mit dreiseitigem Chorabschluss aus dem Jahr 1770. Der Turm wurde 1783, die Sakristei 1898 angebaut.

Blick auf Oberbachem 1949

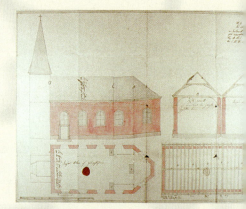
Bauzeichnung der Kirche zu Berkum aus dem Jahr 1770

Auf eine lange Geschichte kann auch die Fritzdorfer Kirche zurückschauen. Sie wird urkundlich zwar erst 1292 erwähnt, ist aber vermutlich wesentlich älter. Dafür spricht der romanische Taufstein mit der Jahreszahl 1100. Der jetzige Bau wurde zwischen 1719 und 1724 errichtet. Der ursprüngliche, 22 Meter hohe Turmhelm verbrannte 1945 und wurde leider durch ein flaches Zeltdach ersetzt.

Zu diesen fünf Pfarrkirchen kommen noch zahlreiche kleinere Bauten:

Ehrwürdig durch ihr hohes Alter ist die Kapelle von Werthhoven. Sie gilt als das älteste Gebäude der Gemeinde Wachtberg. Obwohl ihr genaues Entstehungsdatum bisher nicht erforscht ist, könnte sie in wesentlichen Teilen noch auf die Kapelle des karolingischen Hofgutes zurückgehen, das sich hier im 8./9. Jahrhundert befand.

1732 wurde die Kapelle in Arzdorf erbaut, die aber ältere Vorgängerbauten hatte. Mit einer Länge von über 17 Metern und einer Breite von mehr als sieben Metern erreicht der Bau stattliche Ausmaße. Im 18. Jahrhundert war Arzdorf das Ziel zahlreicher Wallfahrten zum hl. Antonius, dessen Reliquien sich in der Kapelle befinden.

Vorgängerbauten dürfte auch die meist in das 17./18. Jahrhundert datierte Scholastikakapelle in Kürrighoven gehabt haben. Erstmals schriftlich erwähnt wird die Kapelle allerdings erst 1708. Im Haushaltungsbuch des Klosters Nonnenwerth heißt es unter dem Jahr 1708: „Am 6. Juni diesen Jahres wurden die drei Fenster der Kapelle neu verglast." Die Kapelle muss also zu diesem Zeitpunkt bereits bestanden haben.

Die Kapellen in Arzdorf (links) und Kürrighoven. Fotos um 1910

Neugründungen sind hingegen die Kapellen in Gimmersdorf (1714) und Holzem (1744) mit ihren schönen Dachreitern. 1859/1860 bzw. 1888 wurden auch in Pech (wo schon seit 1715 eine Fachwerkkapelle bestand) und Ließem Kapellen gebaut. Sogar das aus nur wenigen Häusern bestehende Klein-Villip besaß eine kleine Fachwerkkapelle, den 1973 abgerissenen „Klein Villiper Dom". Nach jahrzehntelangen Bemühungen erhielt schließlich auch Züllighoven 1979 eine eigene Kapelle.

In fast allen dieser Gebäude finden sich noch Reste der historischen Ausstattung, die oft von hohem künstlerischem Rang sind und im Folgenden näher betrachtet werden sollen.

ÜBERSEHENE HISTORISCHE KOSTBARKEIT

Eher unscheinbar ist der kleine hölzerne Altar in der Kapelle von Kürrighoven. Keine Säulen oder Figuren schmücken ihn. Lediglich ein einfaches Kreuz dient als Altarbild, gerahmt von zwei Voluten und bekrönt von einem weiteren Kreuz. In kunstgeschichtlichen Darstellungen hat der Altar daher keine Beachtung gefunden – unberechtigterweise, wie sich 1993 zeigte. Bei der in diesem Jahr durchgeführten Restaurierung trat unter dem neuzeitlichen braunen Farbüberzug nicht nur eine derb-fantasievolle Bemalung zu Tage, sondern auch die aufgemalte Jahreszahl 1586.

Damit zeigte sich, dass der Altar nicht nur der älteste erhaltene im Drachenfelser Ländchen ist, sondern auch einer Zeit entstammt, aus der im Köln-Bonner Raum so gut wie keine Kunstwerke erhalten sind. Während des Truchseß'schen Krieges, der in den Jahren 1583 bis 1588 das Kölner Erzstift verwüstete, waren zahlreiche Kirchen geplündert, Altäre und Figuren zerstört worden. Auch die Kirche in Oberbachem wurde ein Opfer des Krieges. 1583 wurde sie von den feindlichen protestantischen Truppen „uffgeschlagen" und beraubt. Ähnliches könnte sich auch in Kürrighoven abgespielt haben, was dann Anlass für das Kloster Nonnenwerth war, die ihm gehörende Kapelle mit einem neuen Altar auszustatten.

Weiteren Aufschluss über Herkunft und Entstehung des schlichten Renaissance-Bildwerks könnten die beiden aufgemalten Wappen geben.

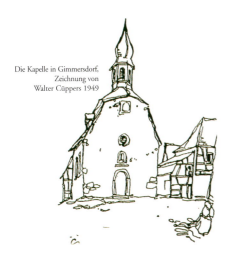

Die Kapelle in Gimmersdorf, Zeichnung von Walter Cüppers 1949

Der Altar der Kapelle in Kürrighoven ist der älteste Altar des Drachenfelser Ländchens.

MARIENALTAR IN OBERBACHEM

Ebenfalls noch der Renaissance zuzurechnen ist der ehemalige Marienaltar in Oberbachem. Leider hat sich von diesem Altar, dem künstlerisch wohl bedeutendsten Altaraufsatz des Drachenfelser Ländchens, nur ein Relief mit der Darstellung einer von Engeln umgebenen Muttergottes erhalten. Zum Glück befindet sich aber im Hauptstaatsarchiv Düsseldorf eine Zeichnung, die uns eine Vorstellung vom ursprünglichen Aussehen des Altars vermittelt. Es war eine schlicht-elegante Architektur, in deren Mittelpunkt das noch erhaltene Relief stand, eingefasst von zwei Säulen, die ein schön profiliertes Gebälk trugen. Den seitlichen Abschluss bildeten zwei Freifiguren, nach der Zeichnung anscheinend auf der rechten Seite ein sitzender Engel mit den Leidenswerkzeugen, auf der linken Seite eine Pietà. Über dem Gebälk erhob sich ein zweites, kleineres Relief mit einer Darstellung Gottvaters. Auch dieses Bildwerk wurde von zwei Figuren – zwei Wappen haltenden Engeln – flankiert. Den oberen Abschluss bildete eine Kreuzigungsgruppe. Die Gesamthöhe des Altars betrug 14 Fuß (ca. fünf Meter), die Breite acht Fuß (ca. 2,80 Meter). Eine Sonderstellung nahm der Altar durch sein Material ein, war er doch im Gegensatz zu den sonst für Dorfkirchen üblichen hölzernen Altaraufbauten aus Stein gefertigt.

Das sehr harmonische, in der Literatur bislang nicht beachtete Werk wurde laut Ausweis der oben genannten Zeichnung im Jahr 1630 geschaffen und dürfte dem Umkreis des Trierer Hofbildhauers Hans Rupprecht Hoffmann (ca. 1540 bis 1616) zuzuschreiben sein. Ein vergleichbares Werk Hoffmanns ist der etwas ältere Altar in der Kirche von Heimersheim/Ahr.

Der ehemalige Marienaltar in Oberbachem auf einer Zeichnung aus dem Jahr 1630

Der jetzige Hochaltar der Oberbachemer Kirche entstand um 1640/1650

Die meisten Arbeiten Hoffmanns und seiner Werkstatt finden sich in Trier, an der Mosel und in der Eifel. Hier ist auch die Verbindung zu Oberbachem zu suchen, denn Patronatsherr der Oberbachemer Kirche und damit wohl auch Geldgeber für den sicherlich sehr kostspieligen Altar waren die Grafen von Manderscheid-Blankenheim.

Von auffallender Qualität ist auch der jetzige Hochaltar der Oberbachemer Kirche. Entsprechend der mündlichen Überlieferung soll er zusammen mit den beiden Seitenaltären aus dem 1802 aufgelösten Kloster Marienforst stammen (die Klosterkirche diente noch bis 1805 als Pfarrkirche von Godesberg; erst nach diesem Zeitpunkt also können die Altäre nach Oberbachem gelangt sein).

Stilistisch stehen die wohl um 1640/1650 entstandenen Altäre am Übergang vom metallisch-kantigen „Rollwerk" der späten Renaissance zum teigig-weichen „Knorpelstil" des Barock. Für eine Entstehung im zweiten Viertel des 17. Jahrhunderts spricht der Vergleich mit der Ausstattung der Kölner Jesuitenkirche *Maria Himmelfahrt*.

Die dortigen Altäre, Beichtstühle und Wandverkleidungen wurden in den Jahren von 1624 bis 1631 von dem Bildhauer Jeremias Geißelbrunn und der Werkstatt des Kollegs unter Leitung des Jesuitenbruders Valentin Bolz gefertigt. In deren Umkreis dürfte auch der Ursprung der Oberbachemer Altäre zu suchen sein.

Bei der Übertragung nach Oberbachem wurde zumindest der Hochaltar durchgreifend umgebaut. So erklärt sich auch das von Clemen als „merkwürdig verkröpft" charakterisierte Gebälk (Paul Clemen, Die Kunstdenkmäler der Stadt und des Kreises Bonn, Düsseldorf 1905).

Eine weitere Umgestaltung erfolgte laut einer noch erhaltenen Zeichnung im Jahr 1849.

Durch diese Veränderungen liegt die Bedeutung des Altars heute weniger in seiner architektonischen Gesamterscheinung als vielmehr in den Details.

Hervorzuheben sind dabei insbesondere die Figuren. Über den beiden gewundenen Säulen stehen der hl. Petrus und der hl. Paulus, die beiden seitlich angebauten Durchgänge zur Sakristei tragen links Christus und rechts den hl. Johannes den Täufer. Nicht bekannt ist, ob die schöne Marienfigur im oberen Aufsatz des Altars auch ursprünglich hier ihren Platz hatte. Clemen erwähnt 1905 an dieser Stelle eine Christusfigur. Auch das Hauptbild, ein Gemälde mit der Anbetung der hl. Drei Könige, könnte eine spätere Ergänzung sein.

Die schlichteren Seitenaltäre zeigen Bilder der schmerzhaften Muttergottes und des hl. Sebastian.

Von den 1665 in der Kirche von Niederbachem vorhandenen drei Altären haben sich die beiden Seitenaltäre und Reste des Hochaltars erhalten. 40 Jahre früher, 1628, verfügte die Kirche noch über insgesamt vier Altäre.

„DREI ALTÄRE – SCHÖN UND NEU..."

Als die Beauftragten des Kölner Erzbischofs im Mai 1665 die Pfarre Niederbachem besuchten, fanden sie eine Kirche vor, die man ihrer Meinung nach nur als „klein und schmutzverkrustet" bezeichnen konnte. Zwar war das Gebäude nach den Beschädigungen des 30-jährigen Kriegs offensichtlich notdürftig wiederhergestellt worden, ließ aber zumindest im Hinblick auf Sauberkeit und Geräumigkeit viel zu wünschen übrig.

Ausgesprochen positiv hingegen fiel das Urteil über die Ausstattung des Gotteshauses aus. Lobend hervorgehoben wurden insbesondere die drei Altäre. Sie seien „schön und neu" („tria altaria – pulchra et nova"), wie im Protokoll ausdrücklich vermerkt wird. Mit hoher Wahrscheinlichkeit handelte es sich dabei um dieselben Altäre, die noch heute den Innenraum der Kirche zieren (wobei allerdings vom Hochaltar nur einzelne Bruchstücke die Zeit überdauert haben). Bisher war man davon ausgegangen, dass die

Altäre erst anlässlich der Wiederherstellungsarbeiten im Jahr 1681 angeschafft worden seien. Der Fund des Visitationsprotokolls deutet nun aber auf ein deutlich früheres Entstehungsdatum hin. Dafür spricht auch der stilistische Befund: Alle drei Altaraufsätze zeigen in mehr oder weniger starker Ausprägung die Merkmale des so genannten „Knorpelwerk-" oder „Ohrmuschelstils", wie sie typisch für die Mitte des 17. Jahrhunderts sind. Abgesehen davon ist es wenig wahrscheinlich, dass eine ausgesprochen arme Kirchengemeinde wie die von Niederbachem innerhalb von 16 Jahren zweimal die Kosten einer umfassenden Neuausstattung auf sich nahm. Dies gilt umso mehr, als beim 1680/1681 erfolgten Neubau des Kirchenschiffs der alte Chorraum beibehalten wurde, eine völlige Zerstörung der Kirche als Begründung für eine solche Maßnahme also ausgeschlossen werden kann.

Das heißt allerdings nicht, dass an den Altären im Laufe der Zeit nicht immer wieder Umgestaltungs- und Verschönerungsarbeiten vorgenommen worden wären. Gründe für solche Maßnahmen konnte es viele geben, neben den bereits erwähnten Bauarbeiten 1680/1681 beispielsweise die Kirchenerweiterungen (sowie die dadurch jeweils bedingte Versetzung der Altäre) der Jahre 1751 und 1849. Allerdings entdeckt man solche Veränderungen häufig erst auf den zweiten Blick.

Besondere Beachtung verdient der linke Seitenaltar (*Sebastianusaltar*). Das Hauptbild weist als Hintergrund eine Darstellung des Rheintals auf, wie es sich dem Betrachter Mitte des 17. Jahrhunderts vom Rodderberg aus darbot. Zu erkennen sind u.a. die Godesburg, das Bonner Münster, der noch unvollendete Kölner Dom und die Kölner Stiftskirche St. Gereon. Bemerkenswert ist auch der Sockel (die so genannte *Predella*) des Altars, der eine sorgfältig in Stickerei, künstliche Blumen etc. gefasste Sammlung von Reliquien aufweist. Es handelt sich hierbei wohl um eine nachträgliche Ergänzung. Gleiches dürfte auch für das in der Bekrönung befindliche Bild der hl. Familie gelten, das deutlich Bezug nimmt auf die erst 1687 erfolgte Gründung der Bruderschaft *Jesus-Maria-Joseph*. Der im Aufbau identische, in den Einzelformen aber etwas altertümlicher und weniger plastisch wirkende rechte Seitenaltar (evtl. früher oder in einer anderen Werkstatt entstanden?) zeigt als Hauptbild eine Kreuzigung, darüber die Himmelfahrt Mariens. 1665 stand auf diesem Altar zusätzlich noch „eine schöne Statue" der Muttergottes.

Von dem zugehörigen Hochaltar haben sich leider nur einzelne Teile erhalten. Neben dem eindrucksvollen Mittelbild der hl. Dreifaltigkeit, dem bekrönenden Relief mit einem Christuskopf, der Tabernakeltür und zwei Engeln gehört dazu auch der Tabernakel (eine nachträgliche Ergänzung aus dem Jahr 1851, die heute als Stationsaltar bei der jährlichen Fronleichnamsprozession Verwendung findet).

Eine gewisse Vorstellung von der ursprünglichen Pracht des Altars vermittelt ein Kircheninventar aus dem Jahr 1843/1844. Darin werden auf dem Altar zusätzlich zwei große Statuen (eine den hl. Gereon, die andere den hl. Petrus darstellend) sowie als oberster Abschluss ein Kreuz „im Beranke des Hochaltars" erwähnt.

Hinzuweisen ist auf das für ein Altarbild eher ungewöhnliche Querformat der Dreifaltigkeitsdarstellung. Ausschlaggebend hierfür dürften wohl die beengten Raumverhältnisse des damaligen Chorraums gewesen sein – eines Bauteils, der zum Zeitpunkt der Errichtung des Altars bereits immerhin rund 600 Jahre alt war. Ungewöhnlich ist auch die Wahl des hl. Petrus an Stelle des eigentlich zu erwartenden zweiten Pfarrpatrons, des hl. Sebastianus; möglicherweise wurde diese Darstellung von einem Stifter des Altars – dem damaligen Fronhalfen Petrus Hüllen? – gewünscht.

Wie gesagt sind von diesem Altar heute nur noch Teile erhalten. Wegen angeblicher Wurmstichigkeit wurde er 1893 durch einen Aufbau im damals modernen neugotischen Stil ersetzt, der dann seinerseits

Der Niederbachemer Hochaltar an seinem alten Standort in Losheim.

Der jetzige Niederbachemer Hochaltar stammt aus Losheim/Eifel und entstand um 1700. Im Mittelpunkt des Altars steht ein Relief mit einer Verkündigungsszene. Das Bild im oberen Aufsatz – der Tod des hl. Karl Borromäus – ersetzt seit ca. 1970 die ursprüngliche Darstellung des Erzengels Michael. Auch das seitliche Rankenwerk wurde damals neu geschaffen als Ersatz für ein verlorenes älteres.

Die Altäre der Adendorfer Kirche um 1950...

bei der Kirchenrenovierung 1958 bis 1971 wieder einem Barockaltar weichen musste, den die Pfarre durch Vermittlung des Erzbistums in Losheim/Eifel erwerben konnte.

Dieser „neue", um 1700 entstandene Barockaltar soll seinen Platz ursprünglich in einer Klosterkirche gehabt haben. Nach Losheim dürfte er wohl erst nach der Säkularisation und der damit verbundenen Auflösung der Klöster gekommen sein. Seine wahrhaft monumentalen Ausmaße sprengten zunächst den relativ bescheidenen Raum der dortigen Kapelle. Erst nach dem Bau einer größeren Kirche im Jahr 1924 konnte der rund sieben Meter hohe Aufbau in seiner vollen Größe aufgestellt werden – allerdings nur für wenige Jahre, denn als die Losheimer Kirche nach schweren Kriegszerstörungen 1945 wieder aufgebaut wurde, hatte man für den Altar (der während des Krieges ausgelagert worden war) keine Verwendung mehr. In Niederbachem fand er eine neue Heimat und bildet nun mit den beiden alten Seitenaltären eine harmonische Einheit. Wenn auch die Details des Altars nicht die Feinheit und Qualität des Oberbachemer Hochaltars erreichen, so ist er diesem hinsichtlich der Wirkung und Schönheit des architektonischen Aufbaus doch deutlich überlegen.

Neben den Altären besitzt die Niederbachemer Kirche mehrere sehr hochwertige Figuren. Zu nennen sind insbesondere die Büsten des hl. Gereon und des hl. Johannes des Täufers links und rechts des Hochaltars. Entstanden um die Mitte des 18. Jahrhunderts, erstrahlen sie seit der Restaurierung des Jahres 1998 wieder in ihrer ursprünglichen silbernen Fassung. Massiv silberne Figuren erfreuten sich damals großer Beliebtheit, waren aber für eine arme Dorfgemeinde unerschwinglich, weshalb man sich meist mit hölzernen Figuren begnügte und versuchte, das edle Metall durch einen entsprechenden Anstrich vorzutäuschen. In Niederbachem ging die Sparsamkeit allerdings nicht zu Lasten der Qualität, denn die Figuren offenbaren die Hand eines sehr begabten Bildhauers. Das bedeutendste Bildwerk der Kirche jedoch befindet sich heute in Köln. Es handelt sich um eine äußerst qualitätsvolle gotische Madonnenfigur, die jetzt zu den Schätzen des Kölner Museums Schnütgen gehört.

ADENDORF, BERKUM, GIMMERSDORF UND PECH

Ebenfalls aus der zweiten Hälfte des 17. Jahrhunderts stammen die Altäre in Adendorf, Berkum und Pech sowie der zierliche Altaraufsatz der Kapelle von Gimmersdorf.

Die Altäre der Kirche von Adendorf zeigen den Knorpelwerkstil in besonders schöner Ausprägung. Ihr Entstehungsdatum dürfte um 1660 zu suchen sein.

Von der ursprünglichen Ausstattung der Kirche von Berkum haben sich – abgesehen von der Kanzel und einigen Figuren – keine Spuren erhalten.

... und im Jahr 2004

Altar der Kapelle in Gimmersdorf

Alte Aufnahmen zeigen noch den neugotischen Altaraufsatz, der 1891 an die Stelle des barocken Hochaltars getreten war (wie der fast gleichzeitig entstandene neugotische Altar in Niederbachem handelte es sich auch in diesem Fall um ein Werk des Aachener Bildhauers Karl Esser). Heute ist auch dieser verschwunden, ebenso wie die beiden schlichten Seitenaltäre mit den 1854 entstandenen Gemälden des Düsseldorfer Malers Friedrich Busch. Stattdessen befindet sich in der Kirche jetzt wieder ein Altar aus der Barockzeit. Es ist der ehemalige linke Seitenaltar der St. Peter- und Paul-Kirche in Euskirchen-Palmersheim, entstanden wohl um 1690.

Der Altar weist den für Barockaltäre unserer Gegend fast schon obligatorischen zweistöckigen Aufbau mit Spiralsäulen, Flammleisten und gesprengtem Giebel auf. Das Hauptbild zeigt die beiden Patrone der Palmersheimer Kirche, die Apostel Petrus und Paulus, das kleine Bild im Aufsatz die hl. Familie (früher befand sich an dieser Stelle eine Darstellung der Taufe Christi, die aber später gegen das jetzige Bild, das seinen Platz ursprünglich im rechten Seitenaltar hatte, ausgetauscht wurde). 1957 wurde der Altar von seinem ursprünglichen Platz entfernt und 1962 der katholischen Gemeinde von Berkum geschenkt.

Damals wurden das abschließende Kreuz, das seitliche Rankenwerk und die beiden flankierenden Gefäße hinzugefügt.

Der Altar in Gimmersdorf ist älter als die 1714 erbaute Kapelle. Da diese keinen Vorgängerbau hatte, muss der wohl dem zweiten Drittel des 17. Jahrhunderts entstammende Altar aus einem anderen Gotteshaus übernommen worden sein. Noch älter ist die den rund 4,60 Meter hohen Aufbau bekrönende Figur – Gottvater, der Christus als Schmerzensmann zeigt (ein so genannter „Gnadenstuhl") – , bei der es sich um eine Arbeit der Spätgotik handelt.

Niemand würde hinter der neuromanischen Fassade der 1859/1860 errichteten Michaelskapelle in Pech einen Altar aus der Barockzeit vermuten. Umso größer die Überraschung, wenn man beim Betreten des Gotteshauses plötzlich vor dem prächtigen Altarwerk steht. Der Altar entstammt vermutlich einem der Vorgängerbauten des jetzigen Gotteshauses, entweder der 1715 errichteten Fachwerkkapelle oder dem zuvor hier befindlichen Heiligenhäuschen. Auch hier berichtet die mündliche Überlieferung, dass der Altar seinen Platz ursprünglich in der Klosterkirche Marienforst gehabt habe. Die Pietà-Darstellung im Zentrum des Altars sowie die auffallend schlanken Formen der rahmenden Säulen erinnern stark an den Altar der Oberdorfer Kapelle in Mehlem. Dieser wurde laut Inschrift im Jahr 1683 gestiftet. Etwa zur gleichen Zeit dürfte auch der Altar in Pech entstanden sein.

DER BILDHAUER MICHAEL PIROSSON UND DIE ALTÄRE IN WERTHHOVEN UND VILLIP

Während die meisten rheinischen Barockaltäre nur in Ausnahmefällen bestimmten Werkstätten zugeschrieben werden können, sind wir bei den Altären in Villip und Werthhoven in der glücklichen Lage, mit hoher Wahrscheinlichkeit sogar den verantwortlichen Künstler zu benennen. Ermöglicht wurde dies durch einen Vergleich der genannten Altäre mit der Ausstattung der Wallfahrtskapelle in Pützfeld/Ahr. Schon auf den ersten Blick erkennbar ist die starke Ähnlichkeit zwischen den Marienfiguren des Altars in Werthhoven und des Gnadenaltars in Pützfeld. Beide stellen Maria als Himmelskönigin mit Krone und Szepter dar. Die Parallelen beschränken sich aber keineswegs nur auf die Wahl desselben Typus, sondern gehen bis in die Einzelheiten der Formgebung. Auch viele Zierelemente des Werthhovener Altars kehren an den Altären in Pützfeld wieder – ein weiteres Indiz für die Herkunft der Altäre aus der Hand eines Künstlers.

Deutliche Übereinstimmungen mit Pützfeld gibt es auch bei der Ausstattung der Villiper Kirche. Die eher ungewöhnliche Bekrönung des Villiper Hochaltars mit einer Christusfigur (an Stelle des sonst üblichen Kreuzes) findet sich ebenso in Pützfeld wie die zentrale Nische mit einer Marienfigur – nur dass die „stämmije Madam" des Villiper Altars schon seit mehreren Jahrzehnten durch ein Gemälde mit einer Darstellung der Kreuzigung ersetzt worden ist. Früher wurde dieses Bild nur in der Fastenzeit auf den Altar gestellt und verdeckte dann die Figur – ganz so, wie es in Pützfeld noch heute der Fall ist: Je nach liturgischem Festkreis kann hier mittels einer Handkurbel vor der Nische ein Bild heruntergelassen werden, das dann ähnlich einem Theatervorhang die Marienfigur verbirgt.

Altar der Pecher Michaelskapelle. Die Michaelsfigur ersetzt die verlorene ursprüngliche Bekrönung.

Villip und Pützfeld gemeinsam sind auch die Zierelemente der Ausstattung, seien es die Fruchtgirlanden, die Nischen im Sockelbereich des Hochaltars, die Früchtevasen zu Seiten der Christusfigur, die weit heruntergezogenen Muschelnischen, die abschließenden Segmentbögen der Tabernakeln oder die weit ausschreitenden Engel am Übergang zur Altarbekrönung. Fast noch deutlicher sind die Parallelen bei den Kanzeln der beiden Gotteshäuser. Und schließlich dürften auch die beiden Figuren der hl. Barbara und Cäcilia an den Langhauswänden der Villiper Kirche in derselben Werkstatt entstanden sein wie die Figuren in Pützfeld. Das beweist nicht zuletzt die charakteristische, etwas steife Haltung der Beine, die allen genannten Figuren gemeinsam ist.

Die Ausstattung der Kapelle in Pützfeld, die im Wesentlichen aus dem Jahr 1681 stammt (geweiht wurde der Hochaltar allerdings erst 1699), wird dem Bildhauer Michael Pirosson zugeschrieben. Pirosson war Laienbruder in der Prämonstratensabtei Steinfeld. Im Mitgliederverzeichnis des Klosters heißt es: „Michael Pirosson aus Wehr [bei Maria Laach]. Er war Laienbruder. Im Oktober 1645 geboren. Am 29. August wurde er mit dem weißen Ordensgewand [der Prämonstratenser] eingekleidet, am 6. Juni 1683 machte er die Profeß [Ordensgelübde], nachdem er das Gehäuse der neuen Orgel und viel anderes vollendet hatte, als er noch in Weltkleidern einige Jahre hindurch vom 3. Juni 1678 an bei uns weilte. Vorher hatte er 6 Jahre hindurch in der Abtei Maria Laach gearbeitet. In Hadamar hatte er das Handwerk bei dem Hofschreiner Johannes Brun durch 3 Jahre hindurch gelernt. Am 22. Juli 1724 starb er fromm am Feste seiner besonderen Patronin [der hl. Maria Magdalena], gegen 1 Uhr nachts." Neben dem Gehäuse der Steinfelder Orgel schuf Pirosson auch den dortigen Hochaltar. Auch der 1695 entstandene, jetzt in der Kirche von Kesseling/Eifel befindliche Hochaltar der Abtei Maria Laach kann dem Laienbruder zugeschrieben werden. Gleiches dürfte auch für Teile der Kirchenausstattung in Wehr gelten (Steinfeld war Patronatsherr der Wehrer Kirche). Pirossons letztes Werk ist der 1720 entstandene „Büßer-" oder „Maria-Magdalena-Altar" in der Vorhalle der Klosterkirche von Steinfeld. Ein Zusammenhang zwischen dem Werthhovener Altar und der Ausstattung der Villiper Kirche (und damit ein Hinweis auf ihre Datierung) könnte sich durch die Person des Pfarrers Bonekamp ergeben. Bernardus Bonekamp, geboren in Recklinghausen, war von 1676 bis 1679 Vikar in Werthhoven, danach Pfarrer in Niederbachem (wo er den Wiederaufbau der Kirche 1681 leitete; allerdings waren hier ja bereits Altäre im damals modernen Barockstil vorhanden).

Der nördliche Seitenaltar (Gnadenaltar) in Pützfeld

Altar der Kapelle in Werthhoven

Das Innere der Kirche in Villip. Früher stand im Mittelpunkt des Hochaltars eine Figur der Muttergottes; das Kreuzigungsbild wurde damals nur in der Fastenzeit auf den Altar gestellt.

1690 wurde er vom Herrn von Gudenau als Pfarrer nach Villip berufen, wo er 1715 starb. Der in seine Amtszeit fallende Neubau des Kirchenschiffs 1713 könnte auch Anlass für eine Neuausstattung der Kirche gewesen sein. Vielleicht griff Pastor Bonekamp dabei auf den Bildhauer zurück, mit dem er bereits in Werthhoven gute Erfahrungen gemacht hatte.

Steinfeld war auch Patronatsherr der Kirche in Fritzdorf und der Kapelle in Arzdorf. Die Vermutung liegt nahe, dass sich auch hier Spuren Pirossons und seiner Werkstatt finden. Tatsächlich hatte die Fritzdorfer Kirche in früheren Zeiten eine Ausstattung im Barockstil. Clemen beschreibt den Hochaltar als einen figurenreichen Säulenaufbau des 18. Jahrhunderts, der mit seinen Seitenteilen die ganze Chorbreite einnahm.

In der Mitte befand sich eine Madonna mit vier Engeln, an den Seiten insgesamt sechs Heilige.

Die beiden Seitenaltäre wurden vermutlich 1742 aufgestellt, denn laut erhaltener Rechnung bezahlte der Fritzdorfer Pastor in diesem Jahr einem Herrn Feldmüller für zwei (neue) Nebenaltäre 180 Gulden und 20 Albus.

Um 1900 wurde diese Ausstattung allerdings durch die jetzige im neugotischen Stil ersetzt. Nach einem Eintrag im Pfarrarchiv wurden damals die alten Altäre für je drei Mark als Brennholz verkauft, so dass man heute nicht mehr beurteilen kann, ob es sich tatsächlich um Werke des Laienbruders aus Steinfeld gehandelt hat.

Anders sieht es in Arzdorf aus. Zwar ist der Barockaltar der Kapelle nur teilweise erhalten, seine Formen – insbesondere die gewundenen, mit Weinlaub umrankten Säulen, die sich auch an den Seitenaltären in Pützfeld finden – entsprechen aber durchaus dem Stil Pirossons, so dass es sich hierbei um eine Steinfelder Arbeit handeln könnte.

Noch um 1900 waren in der Kapelle insgesamt drei Altäre aufgestellt, wobei auch hier berichtet wird, dass der Hochaltar mit seinen Seitenteilen die ganze Breite des Chores einnahm. Das Gemälde des Hochaltars mit einer Darstellung der Hubertuslegende soll eine Stiftung der Familie von der Leyen, Herren zu Adendorf, sein. Wie Pützfeld war auch Adendorf im 17./18. Jahrhundert Wallfahrtskapelle.

Noch ein weiteres Kunstwerk in der Gemeinde Wachtberg weist Verwandtschaft mit den Werken Pirossons auf: Es ist die Madonnenfigur der ehemaligen Kapelle „Zur schmerzhaften Muttergottes" in Klein Villip, die sich jetzt im linken Seitenaltar der Kirche in Adendorf befindet. Wie die Figuren in Pützfeld und Werthhoven entspricht auch sie dem Typus der „Maria Himmelskönigin".

Die formalen Übereinstimmungen mit den beiden genannten Madonnen erlaubt es, sie dem gleichen Meister bzw. der gleichen Werkstatt zuzuschreiben. Offen bleibt, wie die Figur nach Klein Villip kam. Wurde sie für den bescheidenen Fachwerkbau der Klein Villiper Kapelle geschaffen oder war sie ursprünglich Bestandteil der Altäre in Arzdorf oder Fritzdorf?

HEIDNISCHE GÖTTER AN CHRISTLICHEM ALTAR

Einer der jüngsten Barockaltäre des Drachenfelser Ländchens ist der Altar der Kapelle in Holzem. In seiner Architektur und seinen Dekorationsformen unterscheidet er sich deutlich von den bisher beschriebenen Werken. Stilistisch ist er einer Spätform des Barock, dem Rokoko, zuzuordnen.

Die 1744 erbaute Holzemer Kapelle ist eine Stiftung des Sängers Anton Raaf (1714 bis 1797). Raaf galt als einer der besten Tenöre seiner Zeit und war ein besonderer Freund und Förderer des jungen Mozart. Gleichzeitig mit der Kapelle entstand auch der Altar, ein harmonischer Aufbau mit zwei Säulen, die eine Nische mit der Figur der Muttergottes rahmen. Als Nebenfiguren erscheinen die hll. Johannes von Nepomuk (der Patron der Kapelle) und Antonius von Padua (der Namenspatron des Stifters). Bekrönt wird der rund fünf Meter hohe marmorierte Holzaufbau von einer symbolischen Darstellung der hl. Dreifaltigkeit: Die Taube für den Heiligen Geist, das Kreuz für Christus und der Kopf für Gottvater.

Der interessanteste Teil des Altares aber ist das so genannte *Antependium*, der Vorsatz vor dem Altartisch. Sicher wurde es ursprünglich nicht für einen kirchlichen Zweck angefertigt, denn was auf den ersten Blick aussieht wie zwei spielende Engel, entpuppt sich bei näherem Hinsehen als Darstellung von Amor und Psyche – zweier Gestalten aus der griechisch-heidnischen Mythologie. Das Thema und die hohe bildhauerische Qualität des Antependiums haben zu der Vermutung geführt, dass das Bildwerk einst zur Ausstattung eines der kurfürstlichen Schlösser gehört hat. Bei der Übertragung nach Holzem wurde durch Hinzufügung eines Biretts (der liturgischen Kopfbedeckung der Geistlichen, zugleich auch Attribut des hl. Johannes von Nepomuk) nicht nur der Bezug zum Patron der Kapelle hergestellt, sondern das kostbare Stück in Zweitverwendung auch diskret „getauft". Abschließend sei noch auf einen weiteren, in der Regel nicht zugänglichen Barockaltar hingewiesen.

Auch in Arzdorf ist im Laufe der Zeit einiges verändert worden.

Es ist der Altar in der Kapelle der Burg Gudenau, ein Aufbau mit zwei Paaren gewundener, mit Blüten umrankter Spiralsäulen, in dessen Zentrum sich eine Madonnenfigur befindet. Der Altar steht in einer Nische, über der das Ehewappen Vorst-Lombeck/Spiess-Büllesheim angebracht ist. Seitlich raffen Putten einen Stuckvorhang und geben so den Blick auf den Altar frei. Das Ehewappen gibt einen Hinweis auf das Entstehungsdatum des Altars. Clemens August von der Vorst-Lombeck zu Gudenau, hoher Würdenträger am Hofe des Kölner Kurfürsten, heiratete Maria Anna von Spiess-Büllesheim im Jahr 1764. Kurz nach dieser Hochzeit dürfte der Altar (evtl. unter Verwendung älterer Teile) entstanden sein.

Auch Kirchenausstattungen unterliegen wechselnden Moden. Dass sich in der Gemeinde Wachtberg verhältnismäßig viele Barockaltäre erhalten haben, liegt weniger daran, dass sie zu allen Zeiten dem Geschmack der Gläubigen entsprochen hätten, als vielmehr an den hohen Kosten,

Der Altar in der Schlosskapelle der Burg Gudenau entstand um 1764.

Der Altar der Holzemer Kapelle um 1960 (die jetzt auf dem Altar befindliche Madonnenfigur gehört nicht zum ursprünglichen Bestand, sondern wurde erst 1966 von einer Holzemerin gestiftet)

die mit einer Neuausstattung jeweils verbunden waren. Wenn keine besonderen Gründe vorlagen, begnügte man sich daher meist mit einem Neuanstrich oder kleineren Verschönerungsarbeiten. Mit wachsendem zeitlichen Abstand steigt aber auch die Wertschätzung für die Zeugnisse der Vergangenheit, und so wie Barockaltäre noch vor kaum hundert Jahren unmodern waren und nach Möglichkeit beseitigt wurden, stellen sie heute den besonderen Stolz ihrer Gemeinden dar. Die Kirchen und Kapellen des Drachenfelser Ländchens besitzen nicht nur einige besonders schöne, sondern auch historisch interessante Beispiele hierfür.

Wer sich für eine ausführliche Fassung des Aufsatzes mit Fußnoten interessiert, kann diese bei der Kulturabteilung des Rhein-Sieg-Kreises anfordern oder sich an den Autor wenden.

IM ZEUGHAUS ZU HAUSE:
MUSIKWERKSTATT ENGELBERT HUMPERDINCK SIEGBURG

VON CHRISTIAN UBBER

Nach aufwändigen Bauarbeiten, die unter hohem Zeitdruck in wenig mehr als einem Jahr zum Abschluss gebracht wurden, konnte das ehemalige Zeughaus in Siegburg der *Musikwerkstatt Engelbert Humperdinck Siegburg* im fünften Jahr ihres Bestehens als dauerhafte Bleibe übergeben werden. Die feierliche Eröffnung des Gebäudes fand am 7. Juli 2004 während des Engelbert-Humperdinck-Musikfestes statt. Für den Festakt komponierte Prof. Jürgen Ulrich aus Detmold eigens eine Festmusik unter dem Titel *mu-sieg-werkstatt*. Ein Workshop zu der Frage „Wie entsteht Musik?" mit Prof. Ulrich und ein Kammermusikkurs der Rhein-Sieg-Kammersolisten rundeten die Eröffnungsfeierlichkeiten ab.

Die alte Eingangstreppe und Tür zum Zeughaus, welches heute die Musikwerkstatt beherbergt

Die Geschichte der Musikwerkstatt beginnt am 20. Juni 1991, als der deutsche Bundestag den Umzug des Bundestags und des Kernbereichs der Regierungsfunktionen von Bonn nach Berlin beschloss. An diese historische Entscheidung ist das *Bonn/Berlin-Gesetz* vom 26. April 1994 gekoppelt, in dem es unter anderem heißt (§ 6):

Die Folgen des Verlustes des Parlamentssitzes und des Regierungssitzes für die Region Bonn werden durch die Übernahme und Ansiedelung neuer Funktionen und Institutionen von nationaler und internationaler Bedeutung im politischen, wissenschaftlichen und kulturellen Bereich sowie durch die Unterstützung bei notwendigen Umstrukturierungsmaßnahmen angemessen ausgeglichen.

Zur Finanzierung der „Ausgleichsmaßnahmen für die Region Bonn" stellte der Bund insgesamt 2,8 Milliarden DM zur Verfügung, von denen 100 Millionen DM für Kultur bestimmt waren. Auch die Kreisstadt Siegburg erblickte in diesem Rahmen eine Chance zur „Ansiedelung neuer Funktionen und Institutionen von nationaler und internationaler Bedeutung" – im Namen desjenigen „Standortfaktors", der den Namen Siegburgs in aller Welt bekannt gemacht hat: Der Komponist Engelbert Humperdinck wurde vor 150 Jahren, am 1. September 1854, in Siegburg geboren.

Bei der Erarbeitung der Konzeption der späteren Musikwerkstatt kam es zu einer Zusammenarbeit zwischen dem Rhein-Sieg-Kreis, der Stadt und – als größte Musikinstitution Siegburgs – der Musikschule. Ein Zettel, den Musikschulleiter Jost Nickel 1997 im Sand der spanischen Mittelmeerküste verfasste, enthält die Kerngedanken eines „Forschungsprojektes Engelbert Humperdinck": Kompositionswettbewerb, Edition ungedruckter Werke Humperdincks, Vergabe eines Förderpreises für Nachwuchsmusiker, Förderung von Probenphasen für Ensembles und Auswertung des Manuskripte-Archivs des Deutschen Tonkünstler-Verbandes. Dem gingen Überlegungen des damaligen Landrates und heutigen Ehrenlandrates Dr. Franz Möller bezüglich der Forschung über Humperdinck und sein Werk sowie der Ausschreibung eines Humperdinck-Preises voraus.

1998 konnte aus den Ideensammlungen das Konzept der Musikwerkstatt entwickelt werden. Kern der Werkstatt sollte – auf Anregung des Bundesinnenministeriums, das Investitionsmaßnahmen zum Beispiel in Gebäude größere Chancen im Entscheidungsprozess des Bundes gab – ein Werkstattgebäude mit Appartements und Übungsstudios, einem elektronischen Studio und Aufführungsräumen sein. Die vom Bund geforderten Ausgleichskriterien sollte die Musikwerkstatt als innovatives kulturelles Element der Region erfüllen, das positive arbeitsmarkt-politische Wirkungen (Arbeitsplätze in der Werkstatt, Verbesserung der Berufsaussichten der Stipendiaten) und günstige wirtschaftliche Auswirkungen im Gastgewerbe und Einzelhandel durch Besucher und Gäste von Werkstatt-Veranstaltungen haben würde.

Fünf Ziele wurden für die Musikwerkstatt festgesetzt: Förderung des musikalischen Nachwuchses durch Stipendien als Erleichterung des Übergangs ins Berufsleben, Förderung der zeitgenössischen Musik, Schärfung und Ergänzung des musikalischen Profils der Region, Impulse für regionale Nachwuchsförderung (etwa durch Stipendiaten), wissenschaftliche Erforschung und Betreuung des Humperdinck'schen Werkes (für die es in Siegburg als Geburtsstadt bislang keine Institution gab).

Der Gedanke, in Humperdincks Namen zeitgenössische Musik zu fördern, leitet sich aus seiner Biografie her: Er gewann den Frankfurter Mozartpreis, das Berliner Mendelssohn-Reisestipendium und den Berliner Meyerbeer-Preis. Damit wurde ihm nach dem Studium am Kölner Konservatorium eine musikalische Weiterentwicklung ermöglicht, unter anderem durch die Bekanntschaft mit Richard Wagner. Wagner lud Humperdinck nach Bayreuth ein, um die Uraufführung des *Parsifal* federführend vorzubereiten. Es sollte das Schlüsselereignis in der Laufbahn Humperdincks werden. Dieses biografische Detail – eine musikalische Weiterentwicklung nach Abschluss der eigentlichen Ausbildung mit Hilfe eines Stipendiums – greift die *Musikwerkstatt Engelbert Humperdinck Siegburg* auf: Junge Musiker, nach Humperdincks Vorbild vornehmlich Komponisten, erhalten möglichst nach Abschluss ihrer Studien und vor Eintritt in ein Berufsleben, das ihnen vielleicht keinen Raum für die kompositorische Weiterentwicklung mehr bietet, die Möglichkeit, ihre kreativen Kräfte in einem besonderen Ausmaß zu entfalten. Sie schaffen für Siegburg eines oder mehrere Auftragswerke, die hier aufgeführt werden. Dies profiliert Siegburg und die Region als Kultur- und Musikstandort. Durch das Stipendium sowie die Bereitstellung und Organisation der Aufführung werden die Komponisten in einem Umfang gefördert, wie sie es in ihrer Laufbahn bislang kaum jemals erlebten und wie dies möglicherweise auch nicht mehr geschehen wird. Zwei Ideen des ursprünglichen Vorhabens haben sich unabhängig von der Musikwerkstatt verselbstständigt: Der Kompositionswettbewerb der Kreisstadt Siegburg, bereits seit 1989 durchgeführt, ist nach wie vor in der Musikschule beheimatet – mit Synergie-Effekt auf die Werkstatt, die auf Komponisten aufmerksam wird und diese in ihr Veranstaltungsprogramm einbinden kann. Der Förderpreis wird seit 2001 als Sonderpreis der Kreisstadt Siegburg für die beste Interpretation eines Vokalwerks von Humperdinck beim Bundeswettbewerb *Jugend musiziert* vergeben.

Projektträger der im Frühsommer 1998 vom Rat der Kreisstadt Siegburg beschlossenen und letztlich vom Bund mit 4,8 Millionen DM/2,44 Millionen Euro geförderten Musikwerkstatt wurde die *Engelbert-Humperdinck-Gesellschaft mbH*, die am 1. Januar 1999 ihren Betrieb aufnahm. Die gemeinnützige *Engelbert-Humperdinck-GmbH* betreibt als größten Fachbereich die Städtische Musikschule, außerdem neben der Musikwerkstatt eine Freie Konzertreihe als dritten Fachbereich. Geschäftsführer und Leiter der Musikschule ist Kammermusiker Jost Nickel, Leiter der Musikwerkstatt ist Dr. Christian Ubber. Die Einbindung der Werkstatt in die vorhandene Musikschulstruktur ist eine wesentliche Voraussetzung für den Betrieb: Die Werkstattverwaltung ist in die der Musikschule eingebettet, sie nutzt die bestehende Vernetzung der Musikschule mit Gremien und Institutionen des Landes und des Bundes mit und greift für ihre Veranstaltungen auf die Organisationsstruktur und die Musiker, die der Musikschule zur Verfügung stehen, zurück.

Drei Aufgaben waren während des Vorlaufbetriebes seit 1999 vornehmlich in Angriff zu nehmen: die Einrichtung der Werkstatt (Gebäudefrage, Nutzungskonzept, Ausstattung), die wissenschaftliche Edition des Humperdinck'schen Liedschaffens als begleitende Maßnahme des Vokalpreises der Kreisstadt Siegburg sowie die Praxiserprobung des Stipendiatenbetriebs.

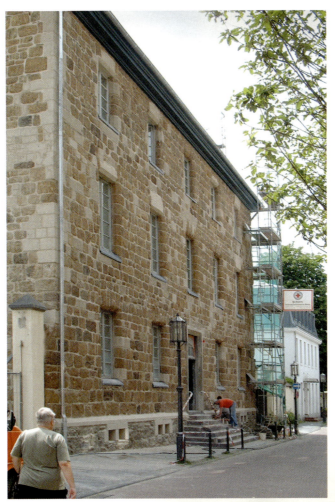

Das Zeughaus in Siegburg

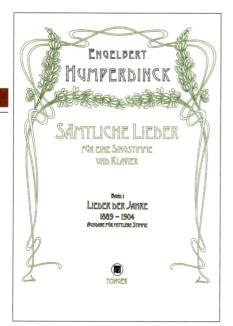 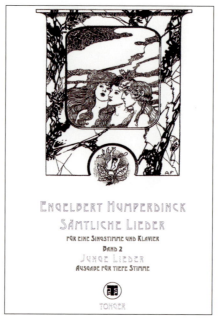 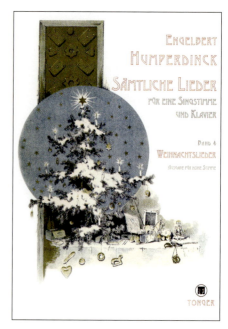

Drei Bände einer wissenschaftlichen Gesamtausgabe der Lieder Humperdincks

Nach einigem Suchen wurde ein Werkstattgebäude gefunden: das ehemalige Zeughaus in unmittelbarer Nähe zu Humperdincks Geburtshaus, dem heutigen Siegburger Stadtmuseum. Das Königliche Zeughaus wurde 1830/31 errichtet und diente als Waffenkammer für das Landwehr-Bataillon. Es wurde während der Revolutionswirren 1848/49 beinahe Schauplatz historischer Ereignisse, als ein Freischärler-Zug aus Bonn unter Leitung von Gottfried Kinkel und Carl Schurz (am 11. Mai 1849) es erobern wollte, um an die dort gelagerten Waffen zu gelangen; die Revolutionäre wurden allerdings in Hangelar gestoppt. Seit 1924 diente das Zeughaus als Zollamt. Das Gebäude wurde der Stadt Siegburg vom Bund im Rahmen der Ausgleichsmaßnahme übertragen, 2003/2004 saniert und den neuen Bedürfnissen gemäß umgebaut; es enthält nun Unterbringungsmöglichkeiten für Stipendiaten und Gäste der Musikwerkstatt, Übungs- und Probenräume, zwei Studios und einen Technikraum.

Um die Idee des Vokalpreises in die Tat umzusetzen, erwies es sich als notwendig, Humperdincks umfangreiches Liedschaffen, das heute allerdings kaum mehr erhältlich ist, neu bzw. teilweise auch erstmals zu veröffentlichen. Diese Aufgabe hat die Musikwerkstatt übernommen und schließt damit eine empfindliche Lücke, denn Humperdincks Lieder stellen eine wertvolle Ergänzung des spätromantischen Liedrepertoires dar. Drei Bände einer fünfbändigen wissenschaftlichen Gesamtausgabe der Lieder Humperdincks liegen teilweise in zweiter Auflage bereits vor, herausgegeben von Christian Ubber (Musikverlag P. J. Tonger). Der erste Band einer umfassenden Kammermusikedition, der *Streichquartettsatz c-Moll*, mit dem Humperdinck den erwähnten Mozartpreis gewann, ist ebenfalls als Erstausgabe herausgekommen; Herausgeber ist hier das Streichquartett der Rhein-Sieg-Kammersolisten (Musikverlag Weinberger).

Als Referenz an Humperdinck ist der Flügel des Komponisten aus dem Jahr 1898, ein Instrument der Klaviermanufaktur *Steingraeber & Söhne* in Bayreuth, restauriert und in einen konzertfähigen Zustand gebracht worden. Diese Arbeiten hat Steingraeber nach historischen Prinzipien in aufwändiger Weise durchgeführt. Seitdem steht das Instrument als Dauerleihgabe des Frankfurter Stadtmuseums im Stadtmuseum Siegburg. Ein Humperdinck-Porträtkonzert der Musikwerkstatt im Sommer 2001 während der Bayreuther Festspiele bildete den Abschluss der Restaurierungsarbeiten in Bayreuth. Aus Anlass des 150. Geburtstages Humperdincks

Von der Musikwerkstatt Siegburg herausgegebene CDs

Der Flügel von Engelbert Humperdinck (hier und unten) im Stadtmuseum Siegburg

wurde die Musikwerkstatt 2004 von Steingraeber eingeladen, eine Ausstellung über Humperdinck und ein Geburtstagskonzert in Bayreuth auszurichten – parallel zur Eröffnung der Bayreuther Richard-Wagner-Festspiele.

Neben den Humperdinck-Ausgaben ist eine im Tonger-Verlag von den Rhein-Sieg-Kammersolisten herausgegebene Notenedition mit Erstausgaben von *12 Sonaten für Flöte und Basso continuo* von Johann Joachim Quantz, dem Flötenlehrer Friedrichs des Großen, auf großes Interesse der Fachwelt gestoßen. Eine die Edition flankierende CD-Einspielung dieser Sonaten durch die Herausgeber ist ergänzend ebenfalls von der Musikwerkstatt publiziert worden, nachdem eine Sammlung mit preußischer Flötenmusik vorab wieder aufgelegt wurde.

In der Arbeit mit den ersten fünf Stipendiaten seit 1999 haben sich Erfahrungswerte für die praktische Arbeit in der Werkstatt ergeben. Die Stipendiaten werden vom Leitungsteam der Engelbert-Humperdinck-Gesellschaft berufen, dabei steht als oberstes Kriterium der Kompositionsauftrag, an dessen Erfüllung das Stipendium gebunden ist, im Vordergrund. Die Aufführung in Siegburg oder der Region ist ganz besonders wichtig, denn von der Arbeit der Musikwerkstatt soll nach den Ausgleichskriterien des Bundes die Region profitieren. Es ist also nicht denkbar, dass ein Stipendium erteilt wird, damit sich ein Musiker beispielsweise auf einen Wettbewerb vorbereiten kann:

Daraus würden Siegburg oder der Kreis keinen Vorteil ziehen. Für den anstehenden Auftrag wird eine Persönlichkeit, möglichst aus dem Rhein-Sieg-Kreis, ausgewählt, die diesen aller Voraussicht nach optimal erfüllen kann. Die Vergabe eines Stipendiums ist somit schon eine besondere Auszeichnung.

Die bisherigen Stipendiaten sind:

2000: Thomas Bartel, Auftragswerk: *Missa 2000*
2001: Ulrich Wagner, Auftragswerk: *Circulations* für Kammerorchester
2002: Beat Freisen, Auftragswerk: Festmusik zum 60-jährigen Bestehen der Musikschule
2003: Frank Hoppe, Auftragswerke: *Jugend-musiziert*-Literatur
Daniel Dietmann, Auftrag: CD-Aufnahmen
2004: Bettina Weber, Auftragswerk: Kammeroper *Hexentanz*
Daniel Dietmann, Fortsetzungsstipendium

Hoppes Arbeit war in das *Internationale Musikschulseminar*, das im April 2003 in Siegburg stattfand, eingebettet. Der Landesverband der Musikschulen NRW, dem die Siegburger Musikschule angehört, arbeitet mit den entsprechenden Verbänden der Beneluxländer in einem regelmäßig tagenden internationalen Seminar zusammen, das 2003 unter anderem *Zeitgenössische Musik an Musikschulen* thematisierte.

Die Förderung zeitgenössischer Musik war die Schnittstelle des Seminars mit der Musikwerkstatt, zudem konnte hier eine spezielle Forderung des *Bonn/Berlin-Gesetzes* (Realisierung internationaler und supranationaler Einrichtungen) erfüllt werden.

Das Internationale Musikschulseminar richtete Konzerte aus, die aufgezeichnet und als CD-Dokumentation veröffentlicht wurden. Der zu diesem Zweck mit einem Stipendium ausgezeichnete Tontechniker war Daniel Dietmann, der im Rahmen eines Fortsetzungsstipendiums auch die Werkstatteröffnung dokumentiert hat. Im ehemaligen Siegburger Zeughaus hat die Musikwerkstatt, bislang als Notlösung in den Musikschulräumen beheimatet, nunmehr optimale Arbeitsbedingungen für die Zukunft gefunden.

...VOR 25 JAHREN

EIN SCHLANKER VERWALTUNGSBAU AUS DER „ARCHITEKTURFABRIK": DAS ALTE SIEGBURGER KREISHAUS (1907-1979)

VON
CLAUDIA MARIA ARNDT

„Das Gebäude wird uns fehlen – irgendwie hat es zum Bild der Stadt Siegburg gehört". Diese Empfindungen äußerte eine 76-jährige Frau, als Ende März 1979 die schwere Schaufel des Baggers gegen die Mauern des alten Siegburger Kreishauses donnerte. Die Augenzeugin hatte bereits 72 Jahre zuvor als Kind den Bau dieses Gebäudes erleben und somit den Wandel des Hauses über die Jahre hinweg verfolgen können. Bis zum 31. Mai mussten die Abbrucharbeiten durchgeführt werden, damit der zweite Bauabschnitt des neuen Kreishauses beginnen konnte. 375000 Mark kostete der Abriss, bei 160000 Reichsmark lag die Investitionssumme des damaligen Siegkreises, um 1907 einen Kreishausneubau zu erhalten.

Das neue Kreishaus, 1995

Das alte Kreishaus stellte nicht nur ein herausragendes Beispiel für die Architekturauffassung seines Baumeisters Carl Moritz dar, sondern verkörperte auch ein markantes Zeitzeugnis für die Architekturgeschichte um 1900. So ist es nicht weiter verwunderlich, dass heute zahlreiche Bauten dieses Architekten unter Denkmalschutz stehen. Dazu sollte es leider beim Siegburger Kreishaus nicht kommen, denn trotz aller Erweiterungsmaßnahmen reichten die Räumlichkeiten in den 1970er Jahren nicht mehr aus, und man entschloss sich zu einem Abriss des Gebäudes und einem Neubau.

Das alte Kreishaus (rechts) mit der ehemaligen Landratsvilla (links), im Hintergrund das neue Kreishaus, 1978

Abriss des alten Kreishauses 1979

Blick auf den Kaiser-Wilhelm-Platz mit Kreishaus (links) und die Benediktinerabtei Michaelsberg (rechts; seinerzeit als Zuchthaus genutzt), um 1910

DIE „BÜROS" DER LANDRÄTE DES SIEGKREISES IM WANDEL DER ZEITEN

Als 1816 die von Frankreich eingerichteten Kantone und Arrondissements durch Landkreise ersetzt wurden, entstanden im Gebiet des heutigen Rhein-Sieg-Kreises die damaligen preußischen Kreise Siegburg, Uckerath, Bonn und Rheinbach. 1825 wurden die Kreise Siegburg und Uckerath vereinigt und erhielten den neuen Namen „Siegkreis". Die Stadt Siegburg erklärte man zum Hauptort des Kreises. Bis etwa 1900 waren die landrätlichen Büros bzw. das Landratsamt immer wieder an unterschiedlichen Orten untergebracht: 1817 zog das Büro von Uckerath und Siegburg nach Hennef, zwischen 1838 und 1848 befand es sich – abgesehen von wenigen Jahren in der Siegburger Holzgasse – in Schloss Allner, ab 1848 logierte es im „Neuen Weg" (heute Kaiserstraße) in Siegburg, von wo das Landratsamt 1872 in die Ringstraße verlegt wurde. Das dort neu gebaute dreiflügelige Backsteinhaus stieß um 1900 an seine räumlichen Kapazitätsgrenzen, und der Siegkreis schaute sich nach einem neuen geeigneten Platz um. An der Wilhelmstraße 2 wurde schließlich im März 1905 die Villa Korte „nebst aufstehenden Gebäulichkeiten" gekauft und ein Neubau des Landratsamtes beschlossen.

Hauptfassade des Kreishauses, im Hintergrund Benediktinerabtei Michaelsberg, um 1910

Kreishaus mit Gartenanlagen des Vorplatzes, um 1910

Kreishaus, Landratswohnung (ehemalige Villa Korte) und Automobilremise (von links nach rechts) um 1920

DER ARCHITEKT DES KREISHAUSNEUBAUS: CARL MORITZ (1863 – 1944)

Auf Grund eines „engeren Wettbewerbs" wählte der Siegkreis den Kölner Regierungsbaumeister Carl Moritz für den Entwurf und die Bauleitung des neuen Kreishauses aus. Seine Aufgabe erstreckte sich nicht nur auf den Neubau des eigentlichen Landratsamtes, sondern auch auf die Umgestaltung der Villa Korte zur Landratswohnung, den Bau einer Automobilremise sowie „die Herstellung der Umwehrung und der Gartenanlagen des großen Vorplatzes".

Carl Moritz genießt als einer „der produktivsten deutschen Architekten des ausgehenden 19. Jahrhunderts bis in die Zeit kurz vor dem Ende der Weimarer Republik" noch heute einen ausgezeichneten Ruf und zählte seinerzeit „zu den führenden Persönlichkeiten auf den Gebieten des Theater-, Kirchen- und Geschäftshausbaus".

Er wurde am 27. April 1863 in Berlin geboren. Sein Vater Reinhold Moritz war Fabrikant, seine Mutter Adalpha Florentine Jekel stammte aus Bonn. Nach dem Studium an der Technischen Hochschule in Berlin-Charlottenburg war er zunächst beim Ministerium für öffentliche Arbeit beschäftigt und schlug dann die Laufbahn eines Regierungsbaumeisters ein.

Der Architekt Carl Moritz

In den Jahren 1894 bis 1895 war Moritz als selbstständiger Architekt in Berlin tätig. 1896 nahm er den Posten eines Stadtbauinspektors in Köln an, gab diesen aber bereits zwei Jahre später wieder auf, um sich an den beiden Wettbewerben 1898 und 1899 für das Kölner Opernhaus am Habsburger Ring beteiligen zu können.

Altes Kölner Opernhaus

Beide Wettbewerbe gewann er und erhielt nicht zuletzt deshalb die Aufgabe der Bauausführung übertragen, weil er als einziger Bewerber bei der Kalkulation den vorgeschriebenen Kostenrahmen nicht überschritt. Dieses Projekt sollte den Durchbruch von Carl Moritz als Architekt bedeuten; es folgten zahlreiche Bauten in ganz Deutschland.

Mit verschiedenen Partnern besaß er in den folgenden Jahrzehnten Büros in Köln und Düsseldorf, die auf Grund der guten Auftragslage bald die Dimension einer „Architekturfabrik" annahmen. Sein Büro löste Carl Moritz endgültig im Jahr 1934 auf, um seinen Lebensabend in Berg am Starnberger See zu verbringen. Dort starb er am 23. August 1944.

Carl Moritz gilt als „ein begnadeter Baukünstler, der selbst in den Jahren, als sein Büro fast die Ausmaße einer Architekturfabrik gehabt haben muss, seine Handschrift bewahren konnte". Sein Schaffen fiel in eine Zeit der Neuorientierung, in eine Umbruchsphase der Architektur. Er erlebte den Eklektizismus auf seinem Höhepunkt, die Befreiung der „Kunst vom Ballast der historischen Kostümierungen" durch die Bewegung des Jugendstiles und eine Hinwendung zur Vereinfachung und Vereinheitlichung der Bauformen.

All diese Tendenzen lassen sich in seinem Gesamtwerk feststellen, wobei die eklektizistische Formensprache – außer in seinem Spätwerk – eine gewisse Dominanz besitzt.

Sitzung im großen Sitzungssaal des Kreishauses nach dem Krieg (1946)

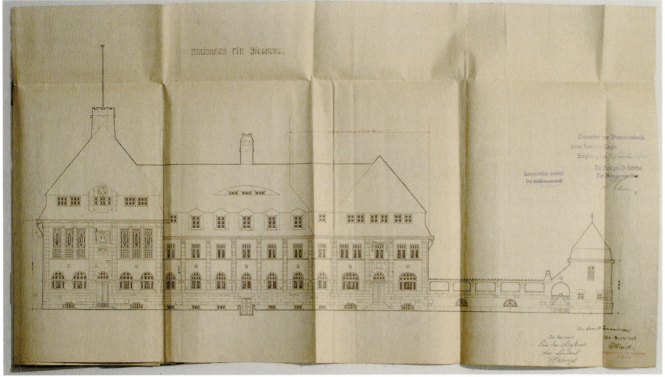

Ansichtszeichnung des Kreishauses mit Automobilremise (Carl Moritz, 1906)

DER KREISHAUSNEUBAU 1906-1907

Schon bald nach dem Kauf des an der Wilhelmstraße gelegenen Anwesens der Villa Korte durch den Siegkreis legte Carl Moritz erste Pläne vor. Der ganze Baukomplex – Landratsamt, Umgestaltung der Villa Korte, Automobilremise sowie Gartenanlagen – sollte so geplant werden, dass „im Bedarfsfalle ein Erweiterungsbau organisch an das [...] Gebäude angeschlossen werden" könnte.

Bald stellte sich im Zusammenhang mit dieser Bauaufgabe die Frage, ob der im Süden an das angekaufte Grundstück angrenzende, der Stadt Siegburg gehörende freie Platz als solcher bestehen bleiben müsse, oder ob die Möglichkeit einer Verwendung desselben zur Bebauung bestünde. Diese Frage hatte erheblichen Einfluss auf die Architekturentwürfe, denn, so argumentierte der Kreis: „Während im letzteren Falle das zu errichtende Kreisverwaltungsgebäude nach dem städtischen Grundstücke hin durch eine Brandmauer seinen Anschluß finden müsste, könnte es im anderen Falle mit der Hauptfront nach dem freien Platze erbaut werden und würde damit dem Platze zur hervorragenden Zierde gereichen; es würden sich mithin die Interessen des Kreises mit denen der Stadt hierbei decken."

Ende Mai 1905 fällte die Stadtverordnetenversammlung einstimmig den Beschluss, den besagten städtischen Platz als öffentlichen Platz festzulegen und für Zwecke des Kreishausneubaus zur Verfügung zu stellen, allerdings unter der Bedingung, dass der Kreis sämtliche Baupläne der Stadt zur Genehmigung vorlegen müsse.

Die von Carl Moritz eingereichten Entwurfszeichnungen vermochten den Siegburger Bauausschuss vollkommen zu überzeugen, und so kam er zu dem Urteil, dass das neu geplante Kreishaus bestens geeignet sei, „dem städtischen öffentlichen Platze Ecke Wilhelm- und Mühlenstraße einen schönen und würdigen Abschluss zu geben".

Am 19. Januar 1906 reichte der Architekt Carl Moritz das Baugesuch für den Kreishausneubau und die dazugehörigen Bauten bei der städtischen Baupolizei ein und bat um baldmöglichste baupolizeiliche Genehmigung des Projekts. Die Ausstellung der Bauerlaubnis der Stadt Siegburg erfolgte am 7. Februar 1906, die Grundsteinlegung des Baus im April 1906. Den Antrag auf Rohbauabnahme stellte Carl Moritz am 30. August 1906.

Der Bau machte rasch Fortschritte, und so konnte im Februar 1907 mit der Gestaltung der Außenanlagen begonnen werden.

Am 26. März 1907 wurde der Kreishausneubau mit einer Sitzung des Kreistages offiziell eröffnet. Das Hauptgebäude verfügte im ersten Obergeschoss über die Sitzungssäle für den Kreistag und den Kreisausschuss sowie die Kanzlei, während sich im Erdgeschoss die Räume für den Landrat und die Kreissekretäre sowie die Steuerbüros befanden.

Hier war auch die Kreissparkasse mit einem direkten Zugang von der Haupthalle aus untergebracht und hatte einen besonderen Tresor erhalten.

Im Untergeschoss befanden sich die Zentralheizung und Aktenräume, im nur teilweise ausgebauten Dachgeschoss waren zwei Wohnungen für Kreisboten errichtet worden. Ein Zwischenbau verband Kreishausneubau und Landratsvilla, so dass das Amtszimmer des Landrats von seinen Wohnräumen aus zu erreichen war.

ARCHITEKTONISCHE WÜRDIGUNG: ZWISCHEN REPRÄSENTATION UND NUTZEN

Beim Siegburger Kreishaus handelt es sich um einen Zweckbau. Daher spielten bei seiner Errichtung Klarheit und Zweckmäßigkeit des inneren Ausbaus eine wesentlich stärkere Rolle als ein prunkvolles Äußeres. Carl Moritz hatte zum Zeitpunkt des Kreishausneubaus bereits weit reichende Erfahrungen mit dem Entwurf von Zweckbauten wie Banken, Warenhäusern, Versicherungs- oder Verwaltungsgebäuden gesammelt und seinen eigenen Stil entwickelt. Grundsätzlich galt für solche Bauten, dass „das Äußere repräsentativ und einladend zugleich, das

Sitzungssaal des Kreishauses, im Hintergrund Gemälde „Enthüllung des Nationaldenkmals auf dem Niederwald" (1907)

Innere im Sinne einer antikischen Bauweise, von klarer und nüchterner Gesetzmäßigkeit" ausgeführt werden müsse. Moritz nahm in seinen Bauwerken neue Entwicklungsmöglichkeiten auf und wandte sich vom „alten Vertikalismus [...], der eine gewisse Gleichmäßigkeit der Bauweise ohne Rücksicht auf ihre Zweckbestimmung heraufbeschworen hatte", ab und zeigte eine deutliche Neigung zur Horizontalgliederung seiner Bauten.

Diese architektonische Gliederungsform galt auch bei einem Zusammenschluss von großen Baukomplexen innerhalb des Straßenbildes als sehr vorteilhaft, denn – so äußerte sich 1911 Max Creutz, seinerzeit Direktor des Kölner Kunstgewerbemuseums – „alles drängt bei der Intensität des heutigen Verkehrs auf stark wirkende Horizontalen, die dem flutenden Strom ein festes Gefüge geben."

Diese kurz umrissenen Stilelemente in Moritz´ Architektur lassen sich auch beim Siegburger Kreishaus nachvollziehen. Die Fassaden des Kreishauses waren über einem Bruchsteinsockel in Tuffstein und Terranovaputz ausgebildet.

Als gliederndes Element dienten Pilaster, doch durch ein starkes Gesimsband des Daches und der Horizontalen der Fenster – es sind jeweils mehrere Fenster durch ein besonderes Rahmenwerk zu einer Gruppe in stark horizontaler Wirkung zusammengefasst – vermied Moritz eine vertikale Betonung.

Das Gebäude besaß ein Walmdach, das dem Haus ein repräsentatives Aussehen verlieh. Über dem Portal befand sich ein großes Relief des preußischen Adlers mit einem Löwenkopf darunter. Das Siegburger Kreisblatt schrieb seinerzeit: „Dem Zweck des Baues entsprechend ist die Architektur im übrigen ganz einfach, nur die großen Gruppenfenster der Säle bringen einen monumentalen Zug in das Ganze; das mit Schiefer gedeckte Dach fügt sich der Bergischen Bauweise an.

Im Innen bildet die große Eingangshalle mit dem Haupttreppenhaus den Mittelpunkt der Anlage. Architektonische Ausbildung zeigen im übrigen nur die Säle des ersten Obergeschosses und das Zimmer des Landrats."

Herausragende Schmuckelemente des großen Sitzungssaals waren drei farbige, heute nicht mehr erhaltene Glasfenster, die man nach Entwürfen des Münchner

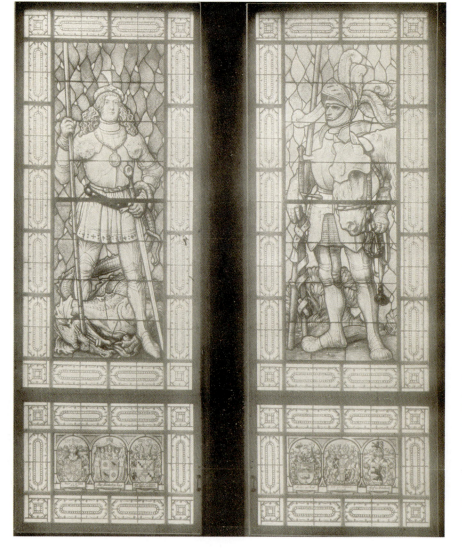

Glasfenster des großen Sitzungssaals nach Entwürfen von Karl Rickelt (um 1907)

Gemälde „Enthüllung des Nationaldenkmals auf dem Niederwald (28. September 1883)" von Friedrich Klein-Chevalier, heute im Stadtmuseum Siegburg (Leihgabe des Rhein-Sieg-Kreises)

Malers Karl Rickelt ausgeführt hatte, ein Porträt von Kaiser Wilhelm II. sowie das 3,5 × 5,5 Meter große Gemälde „Die Enthüllung des Nationaldenkmals auf dem Niederwald" des Düsseldorfer Malers Friedrich Klein-Chevalier. Diesen ganzen Schmuck verdankte das Kreishaus übrigens der Großzügigkeit einiger „kreiseingesessener" Herren.

Diese „friderizianische Einfachheit und Zweckmäßigkeit" der inneren Ausstattung seiner Bauwerke ist typisch für die Architektur von Carl Moritz. Bald hundert Jahre nach der Erbauung des alten Kreishauses zeugen heute allerdings nur noch alte Akten und Bilder von der Existenz dieses Gebäudes.

Archivalien:
– Archiv des Rhein-Sieg-Kreises, Landratsamt Siegkreis 1568 (Sonderakten betreffend Bau, Unterhaltung und Benutzung des Kreishauses nebst Dienstwohnung und Zubehör)

– Stadtarchiv Siegburg, Registratur des Bürgermeister-Amts der Stadt Siegburg, Stadtbauamt, Spezialakten betreffend Kreishaus Siegburg

Literatur (Auswahl):
CREUTZ, Max: (Hg.): Banken und andere Verwaltungsgebäude von Carl Moritz, Architekt in Cöln. Berlin 1911 (Architektur des zwanzigsten Jahrhunderts / Sonderheft; 9).
HAGSPIEL, Wolfram: Carl Moritz (1863–1944), der „Hausarchitekt" des Barmer Bank-Vereins. In: Kunst und Architektur. Festschrift für Hermann J. Mahlberg zum 60. Geburtstag [...]. Wuppertal 1998, S. 58-65.
KERP, Helga: Carl Moritz. In: Die Deutsche Werkbund-Ausstellung, Cöln 1914 / Kölnischer Kunstverein. Hg. v. Wulf Herzogenrath [...] Red. v. Dirk Teubner. Köln 1984, S. 180-185.

Blick auf die Hauptfassade des alten Kreishauses, um 1930

ALTENRATH
EIN SICH WANDELNDER TROISDORFER STADTTEIL MIT „NEUARTIGER LEBENSKULTUR"?

VON
HANNS G. NOPPENEY

Altenrath im Grünen

PLÖTZLICH WAREN SIE DA!
Es wird erzählt von ihrer Angst, ihr Wohnumfeld könne sich allzu sehr verändern, und davon, dass bei den Aussiedlern manches viel genauer genommen werde als bei den Einheimischen.

SERGEJ IST EINER VON DENEN,
die vor ein paar Jahren aus der Steppe kurz vor China kamen. Im Sommer macht er den Realabschluss; Industriemechaniker will er werden. Vielleicht haben die Aussiedler bei ihrer Jobsuche sogar einen Vorteil. Da weiß der Arbeitgeber:

DER HAT SICH HIER DURCHGEBISSEN.

Der Gedanke liegt nahe, Sergej gehöre zu den jungen Leuten, die gelegentlich das Straßenbild Altenraths beleben. Nein, er ist ein „Neumarzahner", ein „Berliner". Über ihn berichtete die FAZ am 17. April 2004.

„Sergejs" dürfte es überall geben. Menschen dieser Prägung gehören zu denen, die noch vor wenigen Jahren jenseits des Urals lebten. Mit dem Manifest der Kaiserin Katharina II. von 1763 wurden ihre deutschen Vorfahren nach Russland geworben. Stalin mutmaßte später in vielen Nazi-Kollaborateure und veranlasste ihre Deportation dorthin, von wo sie nach Deutschland kamen – bis hin in den Rhein-Sieg-Kreis. Die Geschichte der Russlanddeutschen ist Teil der „Geschichte aller Deutschen".

Auch in Altenrath haben Russlanddeutsche sich angesiedelt – zusammen mit Menschen von nah und fern, also auch anderer Herkunftsregionen. Wenn heute von „Troisdorfern" die Rede ist, sind sie alle gemeint. Sie haben mit dazu beigetragen, dass die Zahl der Einwohner „ihrer Stadt" seit den 1970er Jahren auf ca. 76 000 anstieg (= etwa +50 %) und speziell die des Stadtteils Altenrath auf ca. 2 600 (= etwa + 150 %).

Die skizzierte Dynamik verbindet sich mit neuartigen Herausforderungen. Denn: Sergej, seine Familie und seine Freunde möchten „dazugehören", sie möchten die Sprache ihres Lebensumfeldes sprechen, gehört und verstanden werden. Lebendiges Zusammenleben hat doch zur zwingenden Voraussetzung, dass man die Lebensgewohnheit anderer nicht nur vom Hörensagen kennt, sondern auf dem Hintergrund eigenen Erlebens einzuschätzen vermag. Solche Kommunikationsprozesse bringen identitätsstiftende Kräfte hervor, die das Zusammenleben der Menschen nicht nur als eine Reihung von Häusern und Straßen ausweist, sondern als eine grenzüberschreitende Erlebnisfülle mit beseeltem und feingliedrigem Innenleben. Einigen Fragen, die sich einem „Außenstehenden" vor diesem Hintergrund (u. a.) stellen können, will ich im Folgenden nachgehen.

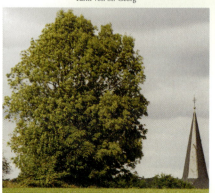

Turm von St. Georg

Spannungsfeld Natur und Militär   Verbotsschild

WELCHE „VERGANGENHEIT" HAT ALTENRATH?

Altenraths Geschichte dürfte einen Zeitraum von mehr als 2 000 Jahren umschließen, wenn man von den steinernen Werkzeugen ausgeht, die in seiner Umgebung gefunden wurden. Sein heutiger Bekanntheitsgrad verbindet sich mit Vorstellungen eines „Heidedorfes", mit Militär-/Kriegsgeschichte. Es dürfte vertretbar sein, „Altenrath" auch auf dem Hintergrund „jüngerer weltgeschichtlicher Ereignisse" mit gewisser Bedeutung zu sehen: Generationen junger Männer aus vielen Ländern Europas – ja zeitweilig auch aus anderen Erdteilen – wurden hier militärisch ausgebildet. Der Turm der auf das Jahr 1150 zurückgehenden katholischen Kirche St. Georg dürfte als Orientierungspunkt in mehrfacher Hinsicht gedient haben.

Zuerst waren es preußische Militärs, die im Jahre 1817 im „Vorgarten Altenraths" auf einer etwa 1 500×700 Meter großen Heidefläche gedrillt wurden. Bis zu Beginn des 1. Weltkrieges wuchs die Wahner Heide als Truppenübungsgelände in mehreren Schritten. Erweiterungen erfolgten in den Jahren 1860, 1870, 1873, 1889, 1893, 1904, 1905, 1907, 1908.

1914/18 ging es dann um wesentlich weiter greifende Gebietsansprüche. Menschen waren in größerer Zahl kriegsfähig zu machen. Man benötigte hierzu 37 qkm Heidelandschaft. Zudem mussten 60 Wohnhäuser geräumt werden. Deren Bewohnern könnte vermittelt worden sein, dass es für sie eine Ehre sei, patriotische Opfer beisteuern zu dürfen.

1926 waren für kurze Zeit Kanadier, später Engländer und schließlich Franzosen die „Platzherren". Die Nutzung der Wahner Heide gibt für diese Zeit spiegelbildlich wieder, wer das Sagen in Europa hatte.

Das Jahr 1933 löste tief greifende politische Veränderungen in Deutschland aus: Für Altenrath und die Wahner Heide begann ein dramatisches Kapitel. Zunächst robbte „kasernierte Polizei" durch das sandige Gelände. Ab 1936 (bis 1945) war die Heide im Besitz der deutschen Wehrmacht. Die Hybris der damals Mächtigen forderte exklusive Nutzungsrechte auf 52 qkm. Hiermit gingen massive Eingriffe in das ökologische System der Wahner Heide einher, die tiefe und teilweise bis heute bestehende Wunden schufen. Auch die damaligen Bewohner Altenraths hatten schmerzlichen Tribut zu zahlen: Es erging an sie der Befehl zur Räumung der Wohnhäuser, der trotz Widerstandes am 1. Juli 1938 vollstreckt wurde. Das Dorf Altenrath hatte aufgehört zu existieren – für viele Jahre.

Nach 1945 (bis 1950) gaben sich amerikanische und englische Truppen als „Eroberer" der Wahner Heide. Als Nutzer folgten ihnen 1951 Belgier. Ab 1961 zählte die Wahner Heide zu den NATO-Truppenübungsplätzen. Altenrath und seine Heide umgibt für Jahrzehnte eine gewisse internationale Aura. Diese Sondersituation wird als Beitrag zum Erhalt des Weltfriedens irgendwie akzeptiert. Wann je hatte man solche weltpolitische Bedeutung?!

Beginnend mit den 1980er Jahren entwickelte sich aus dem jahrelangen Nebeneinander von Zivilbevölkerung und Militärs zunehmend ein sich verzahnendes Miteinander.

Die Präsenz belgischer Soldaten nahm peu à peu ab, auch weil deren Einsatz in Krisenherden Europas (leider) notwendig wurde. Die Kasernen leerten sich vollends im Jahre 2004.

Viele Menschen im Rhein-Sieg-Kreis glaubten nach Abzug der Belgier, die Wahner Heide wieder uneingeschränkt als „die ihrige" sehen zu dürfen. Jedoch: Sie hatten verkannt, dass globalisierungsbedingte Begehrlichkeit sich auf Teile der Wahner Heide ausweiten möchte, womit deren Anlieger erneut in ihre fast schon tradierte „Opferrolle" hineinzudriften drohen. Erhalt und Ausbau von Arbeitsplätzen werden zu Forderungen mit höchster Priorität deklariert.

Dies wiederum hat zur generellen Folge, dass es nicht nur beim „Gürtel enger schnallen" bleibt, sondern für die Heide-Anlieger zudem heißt: „Weiteres Vorenthalten natürlicher Lebensräume". Bereits 1968 hatte sich ein tendenziell vergleichbarer Versuch als „casus belli" erwiesen, als nämlich das Land Nordrhein-Westfalen mittels Generalverkehrsplanung eine Flughafenerweiterung ins Auge gefasst hatte, die die vollständige Räumung Altenraths hätte zur Folge haben können. Allein diese Möglichkeit bewirkte massive Reaktionen.

Den heutigen Entscheidungsträgern ist daher bei der Begleitung der weiteren Entwicklungen um die Wahner Heide Klugheit zu wünschen, dies umso mehr, weil sich zwischenzeitlich die Verhältnisse im Umfeld der Wahner Heide nachhaltig verändert haben, und bei ihren heutigen Bewohnern die Grenze zur Unzumutbarkeit hin wesentlich niedriger zu vermuten ist als 1968.

Weshalb?

INWIEWEIT IST DIE JÜNGERE BAULICHE ENTWICKLUNG ALTENRATHS AUSDRUCK SEINER LEBENSKRAFT?

Speziell Altenrath ist nicht mehr der Ort mit kleinbäuerlichen Strukturen. Mehr als die Hälfte der hier und heute lebenden Menschen hat ihn unter anderen Gegebenheiten als Lebensmittelpunkt gewählt und durch breit gefächertes persönliches Engagement weiterentwickelt. Dabei haben nicht nur günstige Grundstückspreise den Ausschlag gegeben. Es kann unterstellt werden, dass bei den meisten Neu-Altenrathern die Nähe zur Natur fasziniert hat. Die Motive „Pro Altenrath" dürften im Zweifel einen bunten Strauß bilden – mit dem Effekt, dass es schon allein dieserhalb reizvoll gewesen sein kann, sich auf Altenrath als einen sich anhaltend wandelnden Ort mit neuartiger Lebenskultur einzulassen.

Nimmt man das Ergebnis der bislang entfalteten Gestaltungskräfte in Altenrath nur äußerlich auf, konzentrieren sich die Blicke zunächst auf eine Vielzahl restaurierter Häuser. Durchweg ist es bei ihnen gelungen, ihr Alter in Frage zu stellen.

Mit den „Überbleibseln" ist man offenbar schonend umgegangen – jedenfalls so, dass man sie mit dem heutigen Zeitgeschmack attraktiv neu gestaltet hat. Die in jüngerer Zeit errichteten Wohngebäude lassen das Bedürfnis der Bauherren spüren, irgendwie zu eigenem architektonischen Geschmack zu finden. Die meisten von ihnen sind freistehend; Gestaltungsmöglichkeiten boten sich also nach mehreren Seiten. Fantasie und Gestaltungsfreude haben etliche portalartige Konstruktionen hervorgebracht, wie man sie von Villen oder Herrenhäusern kennt. Schmucke Balkone bilden einen weiteren Blickfang – insbesondere weil die dort befindlichen Blumenarrangements die Liebe zu Rundungen am Bau unterstreichen. Fenster nehmen den Außenwänden viel von ihrer Flächigkeit; im Wechsel von Form und Farben zeugen auch sie von beachtlichem Ideenreichtum.

Bei der Gestaltung der Vorgärten scheint man sich einander überbieten zu wollen. Nicht nur was Gartencenter hergeben, findet sich hier wieder: Kunstvoll geschnittene Lebensbäume, selbst Palmen

Beispiel eines restaurierten Hauses

ziehen die Blicke auf sich. Mauern markieren die Grundstücksgrenzen – oftmals bestehend aus ausgewählten Natursteinen, womit Erinnerungen an andalusische Gärten wachgerufen werden könnten. Über Geschmack lässt sich bekanntlich streiten. Positive Aufgeschlossenheit sollte allerdings solchen baulichen Lösungen entgegengebracht werden, die stilmäßig Nähe zur Heidelandschaft gesucht und durchweg auch gefunden haben. Konkret seien die den Heidekaten nachempfundenen Wohnhäuser herausgehoben. Natürlich könnte sich bei ihnen die Frage stellen, ob man an tradierter Baukultur festhalten oder sich Modernem aufschließen sollte. Sei's drum – mit ihnen verbindet sich ein deutliches Bekenntnis zur umgebenden Wahner Heide bzw. der lobenswerte Versuch, Altenrath und seine spezifische Umgebung ganzheitlich zu sehen.

Die den Bauherren in Altenrath zugestandenen Baufreiheiten haben die meisten recht solide, einige ein wenig extensiv und viele erstaunlich einfühlsam zu nutzen vermocht. Die Behörden hätten insoweit engere Grenzen setzen können. Die Folge wäre aber dann womöglich gewesen, dass Altenrath – insgesamt gesehen – an Attraktivität verloren hätte, weil Uniformität und Monokulturen sich hätten verbreiten können. Am Ende wäre vielleicht eine weitere Satellitenstadt mit der üblichen Gesichts- und Seelenlosigkeit entstanden, weil enge bauliche Vorgaben erfahrungsgemäß sehr schnell zu einer Gegenwelt führen bzw. zu einem geschlossenen Milieu mit eigener Ausstrahlung.

Häuser aus alter Zeit

Einer Heidekarte nachempfundener Neubau

Der Gefahr der Gettoisierung ist man also erfolgreich begegnet, so dass sich Außenstehenden nun ein lebendiges Bau-Ensemble bietet, das auch als Beweis mutvollen Wiedererstandenseins zu würdigen sein dürfte. Vielleicht steht es sogar für eine vielgesichtige Gesellschaft, die sich bewusst kollektivistischen Architekturvorstellungen versagen will.

Altenrath hätte auf dem Hintergrund der weltpolitischen Geschehnisse nach 1945 in Vergessenheit geraten können. Glückliche Umstände brachten es jedoch in fürsorgliche Hände, die retteten, was (noch) zu retten war. Diese betrieben bald mutvollen Wiederaufbau und realisierten mit ihren Vorstellungen über „aktive Lebensgestaltung" das heutige Altenrath. Würden die Chronisten mit Blick hierauf es dabei belassen, weiterhin nur „herkömmliche Dorfkultur" auszumalen, drohte heutigen Altenrathern, irgendwann heruntergestuft zu werden zu Nachfolgern vormaliger Besenbinder. Zu Unrecht würde ihnen das Testat versagt, als „zivile Pioniere" gewirkt zu haben. Wäre dies nicht ein Beitrag zur Geschichtsverfälschung?! So dürfte – zumindest irgendwann mal – zu fragen sein, ob die uns heute begegnenden „Sergejs" nicht auch in die Nähe derjenigen zu rücken sind, die nach 1945 aus der Fremde in alle Regionen Deutschlands kamen, von unbändigem Lebenswillen getragen waren, das Leben meisterten und schließlich generellen Wohlstand mitschufen?! Sind diese lediglich befähigt, „sich durchbeißen zu können" – oder zeigen sie bereits, nicht Amboss, sondern auch Hammer sein zu wollen?!

WELCHE WEGE UND/ ODER BRÜCKEN KÖNNTEN SICH ZUR WEITERENTWICKLUNG ALTENRATHS ANBIETEN?

Viele Führungskräfte und Verantwortungsträger unserer Gesellschaft reden dem so genannten „Subsidiaritätsprinzip" das Wort, womit sie dafür plädieren, dass der Staat sich aus denjenigen Aktionsfeldern heraushalten oder gar zurückziehen soll, wo die dortigen Aufgaben auch ohne sein Zutun erledigt werden können. Seinem Ursprunge nach ist unser Staat nämlich darauf angelegt, seinen Bürgern möglichst große Freiräume zuzugestehen und nur dort regelnd einzugreifen, wo dies aus sachlich gerechtfertigten Gründen angezeigt ist.

Beim Wiederaufbau Altenraths haben die zuständigen Gebietskörperschaften die notwendigen Vorgaben gemacht und es im Übrigen den Bürgern überlassen, ihre gestaltenden Ideen auch umzusetzen. Damit haben sie nicht nur korrekt gehandelt, sondern auch die Effizienz „neubürgerlichen Schaffens" auf hohes Niveau gebracht. Mit welchem Wert der konkret erzielte Output – also rein äußerlich betrachtet – in Form von neuen Häusern zu sehen ist, würde sich zeigen, wenn beispielsweise die öffentliche Hand mit derselben Finanzausstattung, mit der in Altenrath die dort befindlichen Wohnhäuser errichtet bzw. modernisiert wurden, ein weiteres und vergleichbares Projekt realisieren sollte.

Die in Altenrath angesiedelten Potenziale sind zweifellos höchst respektabel und sollten daher unter Ausnutzung ihrer Einzigartigkeit noch ein Stück weiter „als Feuer entfacht" bleiben – und zwar mit Konzentration auf ein zu kreierendes Ambiente, bei dem Altes sich mit Neuem vereinigt, wo Natur und Kultur mit ihren

Neubaugebiet

Verzahnungen gezeigt werden, und wo Menschen aus nah und fern, junge und alte sich mitteilen bzw. wechselseitig bereichernd begegnen können.

Zur Versöhnung mit vielen und mit vielem böte sich konkret an, die erwähnte Kirche St. Georg – unter Beibehaltung ihrer Nutzung zu gottesdienstlichen Anlässen – einer breiter angelegten Verwendung zuzuführen – etwa in Anlehnung an die evangelische Kirche in Troisdorf - Mitte. Mein Vorschlag kann wegen seiner zu unterstellenden Komplexität hier nur skizziert werden, soll aber gleichwohl von ein paar erklärenden Überlegungen begleitet werden:

Stadtplanungen und insbesondere deren Ausführung haben in den letzten Jahrzehnten viel zu oft uniforme Architektur hervorgebracht, deren signifikanten Merkmale etwa lauten könnten: Austauschbarkeit, Beliebigkeit und Langeweile. Das Sehnen der Menschen nach vertrauten Räumen ist „außen vor" geblieben und droht immer mehr in Sphären der Irrealität abzudriften. Diese Entwicklung ist umso bedenklicher, als in einer Zeit zunehmender Anonymisierung, sei es durch Globalisierung, sei es durch Flexibilisierung von Raum und Zeit, gegenzusteuern sein dürfte, indem beispielsweise Architektur verstärkt ihre vornehmste Aufgabe darin erblickt, vormals Vertrautes wieder so weit wie möglich emotional zu binden, also verbindende Wege anzulegen oder begehbare Brücken zu schlagen zwischen gestern und heute, Jung und Alt usw.

Die Altenrather Kirche böte sich in meinen Augen an, den in ihrem unmittelbaren Umfeld wohnenden 2 600 Menschen und auch denen in der weiteren Umgebung eine neue geistige Mitte zu schaffen. Gestalt und Material arrondierender Gebäude und Pavillons könnten sich an den dort befindlichen historischen Relikten orientieren. Ein solches Gebäude-Ensemble sollte in der Endfassung gleichermaßen all jenen ein kultur- und naturausgerichtes Zentrum sein, für die „Heimat" Ergebnis eines aktiven Prozesses der Herstellung von „Verortung" ist, „denn wenn Heimat nicht mehr auf Herkunft basiert, sondern auf selbst gewählter Zuordnung, wird Beheimatung als aktiver Gestaltungsprozess in die Hand des Einzelnen gelegt. Heimat wird zur Wahlheimat … In dieser vielfältigen Welt zu leben, bedeutet, die Freiheit als andauernde Oszillation zwischen Zugehörigkeit und Un-Heimlichkeikeit zu erfahren". (J. Schiedeck, M. Stahlmann: Heimatlos im Global Village, in: Brückenschlag, Bd. 15, 1999, S. 84 f.)

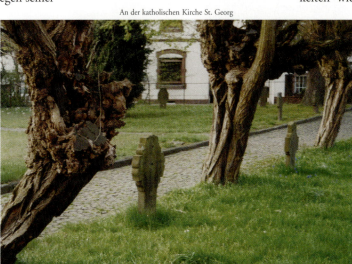

An der katholischen Kirche St. Georg

Die Altenrather Kirche als ein über Jahrhunderte erhalten gebliebenes Juwel in der Wahner Heide sollte mit ihrer traditionsreichen Geschichte und ihrer bis heute demonstrierten Überlebenskraft versöhnend Platz bieten all denen, die sich schon immer für Altenrath und Wahner Heide mit den vielen dazugehörenden Facetten eingesetzt haben. – Zur Diskussion gestellt werden sollte die zeitgleiche Einbindung von Instituten der umliegenden Hochschulen, soweit historische oder ökologische Themen zu ihrer Aufgabenstellung gehören. – Für Schulen jedweder Art sollte es sich immer lohnen, Tage in dem gedachten Ambiente zu verbringen, um Bezüge zur Natur und deren Bedeutung für das Leben vermittelt zu bekommen. – Wenn zu alledem junge Menschen im Innern der Kirche oder unter den weit ausladenden Bäumen davor Musikalisches zum Besten gäben, dann sollten es wirkliche Events werden, die sich vielleicht mal als „Altenrather Frühling" oder als „Altenrather Herbst" herauskristallisieren mögen.

Beim Durchdenken solcher Projekte zeichnen sich üblicherweise viele Hindernisse ab. Über diese zu reden wird unvermeidbar sein. Es aber beim Herausstellen von Problemen zu belassen, um am Ende womöglich noch ihre Unüberwindbarkeit zu behaupten, könnte sich mal als unverzeihbar herausstellen und als Beweis dafür herangezogen werden, das auch insoweit zu Beginn des 21. Jahrhunderts sich Lustlosigkeit und Lethargie flächendeckend verbreitet hatten – und dies mit der bedauernswerten Konsequenz, „Altenrather Pioniere" mit ihren ausgeprägten Fähigkeiten wie Engagement, Eigeninitiative und Freude am Gestalten quasi links liegen gelassen zu haben.

In Dantes *Göttlicher Komödie* heißt es „Der eine wartet, bis die Zeit sich wandelt, der andere packt sie kräftig an und handelt". In dieser Sentenz sind zwei menschliche Grundeinstellungen aufgezeigt. Eingangs erwähnter Sergej hat sich entschieden: Er hat sich „durchgebissen", weil er einen Beruf erlernen will, um diesen dann auszuüben und damit Beiträge zum Gelingen einer auf Zukunft ausgerichteten Gesellschaft zu leisten. Seine Lebenseinstellung begründet Wege und Brücken zu neuartiger Lebenskultur, womit er wiederum Formen einer lebens- und liebenswerteren Bürgergesellschaft mitschaffen könnte. Menschen gleicher oder ähnlicher Denk- und Handlungskultur muss es viele in Altenrath geben, denn sonst ließe sich nicht hinreichend erklären, was dort in den letzten Jahren „aus dem Boden gestampft" worden ist.

Gemeinnützige Wohnungsbaugesellschaft für den Rhein-Sieg-Kreis mbH

Die gemeinnützige Wohnungsbaugesellschaft für den Rhein-Sieg-Kreis mbH (GWG)

- baut und verwaltet Mietwohnungen für einkommensschwache Bevölkerungskreise

- plant und baut für Sie Mietwohnungen, Eigentumswohnungen und Eigenheime

- wir bauen für Sie auf eigenen Grundstücken, die wir z.T. auch in Erbpacht anbieten

GWG
WOHNUNGSBAUGESELLSCHAFT UNSERES KREISES UND SEINER GEMEINDEN

.... unsere Bauabteilung plant und baut für Sie

.... für Ihr Bauvorhaben beraten wir Sie in allen technischen und finanziellen Fragen

Gestaltungsbeispiel unserer Eigenheime in Massivbauweise

aktuelles Bauvorhaben:
Eitorf Harmonie, Sankt-Martins-Weg

Entwurf - Änderungen vorbehalten

Unsere Anschrift:
GWG Rhein-Sieg-Kreis
Gartenstraße 47-49
53757 Sankt Augustin

Tel.: 0 22 41 - 93 45 - 0
Fax 0 22 41 - 93 45 99
www.gwg-rhein-sieg.de
e-mail: gwg@gwg-rhein-sieg.de

LYRIKWEG MUCH

GEDICHTE IN NATUR UND LANDSCHAFT

VON
RAINER LAND

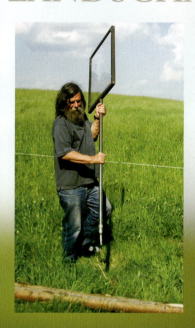

Manche Wege erklären sich von selbst. Der Mucher *Panorama-Rundweg* zum Beispiel: Er heißt so, weil er rund um Much führt und immer neue Blicke auf den Ort und die Landschaft bietet – gleichwohl vertraute An- und Aussichten für viele. Wie wäre es, diesen Weg mit anderen Augen zu betrachten, den Blickwinkel zu verändern, neue Perspektiven an gewohnten Orten zu eröffnen?

Seit Herbst 2004 lädt dieser Weg in besonderer Weise dazu ein. Der *Panorama-Rundweg* bleibt, was er seit langem ist, und lässt sich dennoch als *Lyrikweg Much* neu begehen und erleben.

Wer am Wanderparkplatz *Walmwiese* nördlich von Much, an der Kreisstraße 46 nach Gibbinghausen, startet und dem mit einem weißen Kreissymbol sowie durch grüne Holzstelen markierten Weg im Uhrzeigersinn folgt, trifft nach 300 Metern auf eine Gedichttafel: in einem rechteckigen Metallrahmen eine durchsichtige Scheibe, darauf in dunkler Schrift ein Gedicht von Arnold Leifert.

Die Installation springt nicht ins Auge, sie erschließt sich nicht *en passant*, sondern verlangt den genauen Blick. So entspricht das Äußere der Tafel ihrem Inhalt. Der Text will aufmerksam gelesen sein, mitunter mehrmals. Auch Arnold Leiferts Gedichte erschließen sich nicht unbedingt beim ersten Lesen oder Hören, sie sind keine Objekte der flüchtigen Lektüre.

Insgesamt zwölfmal auf dem knapp zehn Kilometer langen Wanderweg fordern so die Tafeln mit Leiferts Gedichten zum Stehenbleiben und Hinschauen auf. Sie schaffen auf diese Weise einen eigenen Rhythmus des Gehens und Verweilens. Als Versuch, Lyrik in den öffentlichen Raum zu stellen und den Menschen auf ihren gewohnten Wegen zu begegnen, versteht Arnold Leifert das Projekt, das er auf Initiative von *Much Marketing e.V.* zusammen mit dem Grafiker Niklas Schütte realisierte.

Seine Gedichte befassen sich mit der Natur und dem Verhältnis zwischen den Menschen und ihrer Umwelt. Der Gedanke, sie dann auch „an Ort und Stelle" erlebbar zu machen, liegt nahe. Naturlyrik erhält auf diese Weise in der Natur eine ureigene Perspektive und Dimension.

„Sich verbünden mit dem was noch ist", so umschreibt Leifert sein Anliegen (siehe auch den Beitrag im Jahrbuch des Rhein-Sieg-Kreises 2004, ab Seite 126). „Bin ich noch wach genug?" fragt er sich – und will mit seinen Gedichten auch andere anregen, sich diese Frage zu stellen. Auf seine Weise findet Arnold Leifert eine Antwort:

Was mich immer wieder wach macht hier draußen

hier brandet das Leben
der Tiere

die Wiesen-Maus-
Lust-Jagd
des Hundes

die Sonnen-
meditation
der Pferde

das chemo-
korrekte Leben
der Gräser und
Blumen

das subversive
Leben der Mäuse

hier brandet
das Leben
gegen mein Leben

unser Leben
der Konstruktion
des Wollens
des Schaffenwollens
des Müssens

der chaotischen Übersicht
der Ordnung
die jede Ordnung zerstört

hier brandet
das Leben
gegen unser
Leben

des Zugriffs
auf alles was ist

sein lassen
es sein lassen

Sein lassen

Zwölf seiner Gedichte, aus denen die nachfolgenden ausgewählt sind, stehen nun am Weg; jedes, wie Arnold Leifert sagt „an seinem eigenen Ort, mal im Einklang mit ihm, mal im Gegensatz zu ihm: mal im Winter vom Sommer, mal im Sommer vom Winter sprechend." Seiner Einladung, „draußen in der Natur Gedichten zu begegnen, die ihrerseits wiederum von Menschen und Natur sprechen", ist eine gute Resonanz zu wünschen.

Herbst

Straßen die
an ihrem Ende
zusammenführen

Gesichter
in der Maserung
des Holzes

in der Welkheit
der Blätter

in den Trittspuren
der Pferde
von gestern

und dennoch
hier

im Sommer hier

hier
können Kinder
Wiesenschaumkraut
pflücken

Hindurchgehen

durchs Astwerk der Bäume
dem Winter zu

kahl
aber vorwärts
auf den Schnee hin

sanft sein
im Überleben

ein karger Zweig
schreibt vor die
Wolken

Tod oder Leben

ich bin

Frühe

der erste Morgen schweigt
mit Vogelstimmen
Holz schläft im Aufwuchs grünt
in Körperstille die eingefrorne
Hand des Augenblicks ich bin
mit gelbem Schneckenhaus
am Bruchstein hier versammelt
höre sehe rieche die Frühe

Wegweiser

das Schild
der Nebel

untauglich
das Foto

nicht festzuhalten

der Weg
wohin

Arnold Leifert, geboren 1940 in Soest in Westfalen, lebt seit über 30 Jahren in Much. Er veröffentlichte bisher fünf eigene Gedichtbände, Hörspiele, Erzählungen und Essays. Seit 1995 Lesungen *Lyrik und Akkordeon* mit der Akkordeonistin Cathrin Pfeifer.

Die Texte des *Lyrikwegs Much* sind veröffentlicht in *Damit der Stein wächst* (Horlemann Verlag 1994), *wenn wach genug wir sind* (Horlemann Verlag 1997), *Bleibt zu hoffen der Schnee* (Edition Wort und Bild 2002).

Weitere Informationen sind erhältlich im Tourismusbüro Much, Hauptstraße 12, 53804 Much, Tel. 02245/6 10 88

GESCHICHTE EINES HAUSES

DIE GESCHICHTE DES HAUSES RINGSTRASSE 21 IN SIEGBURG

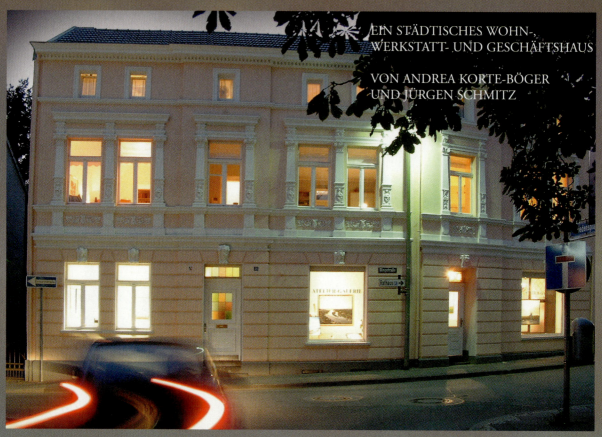

EIN STÄDTISCHES WOHN-, WERKSTATT- UND GESCHÄFTSHAUS

VON ANDREA KORTE-BÖGER UND JÜRGEN SCHMITZ

Siegburg den 3ten April 1889. Baugesuch. Euer Wohlgeboren erlaube ich mir in der Anlage 2 Situationszeichnungen zum Zwecke Neubau eines Wohnhauses nebst Werkstätte auf der Parzelle No. 1294/121 der Flur 5 der Gemeinde Siegburg mit der Bitte gehorsamst einzureichen mir zu diesem Neubau die Concession geneigtest ertheilen zu wollen. ... Wilhelm Hackelbusch

Mit diesem Gesuch beginnt die Geschichte eines Hauses in der Ringstraße in Siegburg, ein Haus, das 1988 unter Denkmalschutz gestellt wurde, da es den heute inzwischen nur noch selten vorhandenen Haustyp eines städtischen Wohn-, Werkstatt- und Geschäftshauses repräsentiert.

Die Ansiedlung der *Königlich Preußischen Geschoßfabrik*, einer Munitionsfabrik, in Siegburg in der Mitte der siebziger Jahre des neunzehnten Jahrhunderts brachte für die Stadt einen bisher nicht gekannten Aufbruch:

Es entstanden neue Arbeitsplätze, der Bedarf an Wohnraum stieg und die Bautätigkeit setzte sich außerhalb der seit 1862 geschleiften Stadtmauern um die Stadt herum fort.

Die Ringstraße, ehedem als Weg außerhalb der Stadtmauer verlaufend und das Kölntor mit dem Grimmelstor verbindend, lag zwar nunmehr in einem halbindustriellen Gebiet zwischen dem Gaswerk in der Bachstraße (in Betrieb genommen 1863) und dem neu erbauten städtischen Krankenhaus (1881), doch zeigen die auch heute noch vorhandenen reichen Gründerzeithäuser in der sich anschließenden Humperdinck-Straße, dass es eine gute Wohngegend war.

Hier siedelte sich der Anstreichermeister Wilhelm Hackelbusch mit seiner Frau Gertrud und ihren sieben gemeinsamen Kindern an. Als Handwerker erbaute er sich – zeittypisch – kein reines Wohnhaus, sondern ein Haus, in dem er auch seine Werkstatt unterbringen konnte, eben ein „Wohnhaus nebst Werkstätte".

Der Neubau wies aber noch nicht die Größe des heute vorhandenen Gebäudes

Façade

auf. Schaut man heute auf das Haus, so wurde als erstes 1889 der linke Hausteil erbaut, dann, abknickend und damit den Straßenverlauf nachzeichnend, wurde der zweite Teil als Anbau nach rechts 1898, neun Jahre später, angefügt.

Im Stammhaus wurde für den Geschäftsbetrieb ein Ladenlokal, rechts neben der Treppe liegend, eingerichtet. Die Werkstatt befand sich in einem separaten Hofgebäude. Das Gebäude erhielt die Hausnummer 20 (heute 21). Die ersten Jahre stand das Haus unverputzt; dann, 1895, wurde die Fassade mit den auch heute noch vorhandenen Stuckelementen von dem Siegburger Stuckateur Anton Petry angelegt.

Im Juni 1898 stellte Wilhelm Hackelbusch den zweiten Bauantrag zur Errichtung des Anbaus, von dem im Oktober desselben Jahres der städtische Baurat Eschweiler bei der Rohbauabnahme berichtete: „Es fand sich hierbei, daß der Neubau ganz planmäßig ausgeführt worden ist und auch nirgends Bedenken oder Verstöße gegen die Bauordnung vorkommen."

Auch im Anbau wurde der erste Stock privat genutzt, im Erdgeschoss ein weiteres Ladenlokal ausgewiesen und der Hofraum neu überdacht: „... und dient teilweise zur Unterbringung der zu meinem Geschäft erforderlichen Leitern, welche stets im Trocknen aufbewahrt werden müssen," wie Wilhelm Hackelbusch schreibt.

Die Fassadengestaltung wurde der des ersten Bauteils angepasst. Alle auch heute noch vorhandenen Stuckelemente finden sich in beiden Baugesuchen, bereits im zeichnerischen Entwurf festgehalten, doch erst ein Hinweis des Urenkels Wilhelm Hackelbuschs 1986 führte zu einer besonderen Würdigung eines der sechs mittig über den Fenstern und den beiden Eingangstüren angebrachten Köpfe:

Der Kopf über dem linken Eingang trägt die Züge des Erbauers. Nicht nur durch den Bau an sich, sondern gerade auch durch das Hinzufügen des eigenen Porträts an der Hausfassade stellt sich Wilhelm Hackelbusch in die Reihe der für das ausgehende neunzehnte Jahrhundert typischen selbstbewussten Handwerker, die mit stolzem Selbstverständnis auf ihre Leistungen blickten.

1952 waren die Fachwerkanbauten im Hofbereich so vermorscht, dass sie abgerissen und durch moderne Anbauten ersetzt wurden, die das Haus in seiner jetzigen Form vervollständigen.

Durch die Überbauung des Hofraums konnte der Werkstattraum nochmals ausgedehnt werden. Nunmehr war es möglich, auch eine eigene Bleiverglasungswerkstatt einzurichten.

Als Eigenwerbung wurden in der Werkstatt und im Hintergrund eines der beiden Schaufenster Bleiverglasungen eingebaut, die heute auch die Werkstatträume des neuen Besitzers schmücken.

Für drei Generationen waren Haus und Geschäft in der Familie Hackelbusch verblieben. Nach dem Tod Wilhelm Hackelbuschs 1929 hatte dessen Sohn Peter, ebenfalls Glaser- und

Blick aus dem Rathaus auf das Haus Ringstraße 21 während der Sanierungsarbeiten, Frühjahr 2003

Anstreichermeister, beides übernommen, der seinerseits von seinem Sohn Wilhelm beerbt wurde, der ebenfalls dort nicht nur wohnte, sondern auch arbeitete.

1986, 75-jährig, verkaufte er das „Hackelbusche´sche Haus", wie es allgemein hieß, an die Stadt.

Nach einer knapp zwanzig Jahre dauernden Unterbrechung ist nunmehr ein „Maler" in das „Haus des Anstreichers" gezogen, wie eine Zeitungsüberschrift vom 3. Mai 2003 titelt.

Der Künstler Jürgen Schmitz und seine Frau Heide Tomuschat haben sich der nicht nur schwierigen, sondern auch kostspieligen Aufgabe gestellt, das denkmalgeschützte Haus zu sanieren und zu der Nutzung zurückzuführen, die es immer inne hatte: als Wohn- und Geschäftshaus.

JÜRGEN SCHMITZ:

Als meine Frau und ich im Sommer 2002 begannen, uns nach einem neuen Domizil umzusehen, in dem wir leben können und ich arbeiten kann, kam ich auf die Idee, meinen Schulkameraden, Vizebürgermeister Franz Huhn, zu fragen, ob er nicht ein entsprechendes Objekt wisse, das sich im Besitz der Stadt Siegburg befinde. Keine drei Wochen später rief mich Bürgermeister Rolf Krieger an und teilte mir mit, dass sie eventuell etwas für uns hätten, bei dem ich allerdings „die Ärmel hochkrempeln müsse" – da sei einiges dran zu tun!

Wir sahen uns das Haus an und waren sofort begeistert! Allerdings ging es zunächst nicht so schnell, wie wir gedacht hatten: Es gab noch ein paar Mitbewerber, deren Interesse aber nach einigen Wochen nachzulassen schien – nicht zuletzt wegen der bevorstehenden Renovierungs-Arbeiten.

Kurz: Ende Oktober 2002 bekamen wir grünes Licht, und wir konnten mit dem Ausbau beginnen.

Manche Projekte würde man wohl gar nicht erst angehen, wüsste man im Voraus, was alles auf einen zukommt! Der Zustand des Hauses erwies sich als marode,

Bahnhof Siegburg, 2001, Öl auf Leinwand, 50 × 70 cm

als es bei den Vorbesichtigungen den Anschein hatte. In sämtlichen Räumen musste der Putz bis aufs Mauerwerk abgeschlagen werden – zehn Container zu je 5,5 Kubikmetern wurden gefüllt und entsorgt. Elektro- und Sanitär-Installationen mussten erheblich erneuert bzw. erweitert werden. Das Dach und die Flachdächer waren komplett zu erneuern. Neue Parkettböden ersetzten die alten morschen Holzdielen. Vorder- und Rückseite des Hauses mussten zum Teil vom alten Putz befreit, gereinigt und neu gestrichen werden. Umfangreiche Malerarbeiten, bei denen ich selbst über Monate kräftig mitgearbeitet habe, waren erforderlich, um das Haus in den Zustand zu versetzen, in dem es sich jetzt dem Betrachter darbietet.

Dabei wirkte sich die Tatsache, dass die Auflagen der Denkmalschutz-Behörde berücksichtigt werden mussten, auch nicht als arbeits- oder kostensparend aus. Aber nicht zuletzt diesem Umstand verdankt das Haus seinen Charme und seinen Charakter sowie die Anerkennung und das Lob vieler Betrachter und Besucher. In einem relativ kurzen Zeitraum von fünfeinhalb Monaten gelang uns die komplette Renovierung des Gebäudes (was uns auch ein wenig mit Stolz erfüllt!)

Es wurde schon darauf hingewiesen, dass der Charakter des Hauses als Wohn- und Geschäfts- bzw. Handwerkerhaus erhalten bleiben sollte. Mein Beruf als Künstler erfordert eine Menge Platz für Atelier, Werkstatt und Material- bzw. Bilderlager, den ich im Erdgeschoss des Hauses nun reichlich zur Verfügung habe. Dass sich mir durch die Ladenräume mit zwei Schaufenstern zusätzlich die Möglichkeit bietet, meine Bilder auch auszustellen, ist für mich geradezu ideal! So habe ich vor, meine Arbeiten in regelmäßigen zeitlichen Abständen der Öffentlichkeit zu zeigen. Zusätzlich möchte ich zweimal im Jahr andere Künstler ausstellen. Dabei möchte ich im weitesten Sinne im Bereich der realistischen Malerei bleiben – der Bereich, in dem ich selber als Landschaftsmaler arbeite. Auch themenbezogene Gruppenausstellungen möchte ich arrangieren. So hoffe ich, mit meiner Arbeit in Zukunft auch einen Beitrag zum Kulturleben der Stadt Siegburg zu leisten, um mich auf diese Weise „revanchieren" zu können.

Bahnhof Siegburg, 2002, Öl auf Leinwand, 50 × 70 cm

Unterführung, 2001, Öl auf Leinwand, 50 × 70 cm

Unterführung/Ladestraße, 2001,
Öl auf Leinwand, 30 × 40 cm

Jürgen Schmitz, 1952 in Siegburg geboren, war nach seinem Studium an der Staatlichen Kunstakademie Düsseldorf zunächst Kunsterzieher. Seit 1982 ist er freischaffender Maler mit zahlreichen Einzelausstellungen und Ausstellungsteilnahmen.

Wir zeigen eine Auswahl seiner jüngeren Ölbilder, die die Veränderungen im Stadtbild Siegburgs, insbesondere im Bereich des Bahnhofs, zeigen. Sie dokumentieren das frühere Erscheinungsbild des Bahnhofs und seines Umfelds, aber auch den Beginn der durch den ICE-Anschluss bedingten Wandlung. „Aus einer nüchternen Bestandsaufnahme", so Jürgen Schmitz, „wurde so auch ein wenig ein melancholischer Abschied von meinem früheren Lebensumfeld."

Bahnhof Siegburg, 2001,
Öl auf Leinwand, 50 × 70 cm

Landschaft bei Siegburg/Blick von Seligenthal, 2003, Öl auf Leinwand, 40 × 60 cm

Flußlandschaft mit Hochspannungsmasten, 1999, Öl auf Leinwand, 90 × 120 cm

An der Siegmündung

Wirtschaft und Industrie

VON DER AUTOFALLE ZUR FLANIERMEILE
DER UMBAU DER LOHMARER HAUPTSTRASSE MACHT STÄDTISCHES LEBEN MÖGLICH

VON GABRIELE WILLSCHEID

Stellen Sie sich vor, mitten durch Ihren Ort führt eine Autobahn. Unvorstellbar? Sie haben Recht, doch die Lohmarerinnen und Lohmarer wissen, wie das ist, wenn ein Stadtzentrum vom Strom der Blechkarawanen regelrecht zweigeteilt wird. Natürlich war die Lohmarer Hauptstraße keine Autobahn, sondern „nur" eine Bundesstraße. Doch zumindest entsprach die Verkehrsbelastung der eines Highways. Über 20 000 Kraftfahrzeuge wurden pro Tag in der Hauptstraße gezählt und der weitaus größte Anteil war Durchgangsverkehr. Das einzige, was die Lohmarer Hauptstraße von einer Autobahn unterschied, war allenfalls das Tempo. Denn *stop and go* geht's auf den bundesdeutschen Autobahnen glücklicherweise nur selten. Hingegen gehörte in Lohmar Schritttempo zum Alltag und stellte sowohl die Anlieger als auch die Pendler auf die Geduldsprobe.

Unaufhörlich, und nicht nur in der *Rushhour*, quälten sich die Autos, Stoßstange an Stoßstange, durch das Zentrum, bliesen ihre Abgase in die Nasen der Passanten, hinterließen Staub- und vor allem Lärmwolken. Und das nicht erst seit dem sprichwörtlichen Wirtschaftswunder in den 50er Jahren des letzten Jahrhunderts, als die Deutschen die Freiheit auf vier Rädern entdeckten.

Doch jetzt kann Lohmar aufatmen – im wahrsten Sinne des Wortes. Mit Fertigstellung der Ortsumgehung im Juni 2004 waren endlich die Voraussetzungen geschaffen, um die Hauptstraße im Ortskern völlig neu zu gestalten und dem Stadtzentrum ein neues Gesicht zu geben. Zwar müssen die Anwohner und Passanten einstweilen noch mit dem Lärm und dem Staub leben, den nunmehr die Bagger und Baukolonnen aufwirbeln, doch ein Ende ist absehbar. Voraussichtlich im Spätherbst 2005 werden die Bauarbeiten beendet sein und die einstige Durchgangsstraße wird sich als Flaniermeile präsentieren.

Damit geht nach rund 150 Jahren eine Epoche zu Ende. Geplant und gebaut wurde die Hauptstraße, die später unter Bundesstraße B 484 in den Straßenkarten zu finden war, wie Heimatforscher Peter Kemmerich in *Meine Heimatgemeinde*

Lohmar um und nach 1900 ausführt, zwischen 1845 und 1850 als neue Verkehrsachse zwischen Siegburg und Overath, zwischen Süd und Nord und parallel zu der früheren Verbindungsstraße. Die führte vom Siegburger Nordfriedhof aus durch den früheren Lohmarer Gemarkenwald, am Johannesweiher vorbei durch die Pützerau nach Lohmar und ist als *Alte Lohmarer Straße* immer noch vorhanden. Allerdings nur noch als reine Wohnstraße und auf einer Teilstrecke als Forst- und Wanderweg.

Vergleichsweise idyllisch haben wir uns auch die erste Lohmarer Hauptstraße vorzustellen, ausgeführt mit einem Schotterbelag und der für heutige Verhältnisse bescheidenen Breite von sechs Metern einschließlich der Seitenstreifen. Links und rechts waren Seitengräben, die nicht nur das Regenwasser aufnahmen, sondern zum Teil auch die Abwässer aus den Häusern. Was zumindest in der Anfangszeit nicht weniger unangenehm gewesen sein dürfte als die Hinterlassenschaften des damals noch recht bescheidenen Kraftverkehrs. Allenfalls über das Herbstlaub, das von den Obstbäumen und den späteren Lindenbäumen fiel, murrten die Lohmarerinnen und Lohmarer zuweilen, bis nach dem Ersten Weltkrieg die ersten Automobile durch den Ort knatterten und Staub aufwirbelten, den dann keine Bäume mehr filtern konnten.

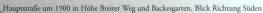

Polizeisergeant Adam Schug

Die Nussbäume nämlich, die beispielsweise zwischen Kirch- und Gartenstraße die Hauptstraße gesäumt hatten, waren im Ersten Weltkrieg gefällt worden, um die Stämme zu Gewehrschäften zu verarbeiten.

Um die Staubbelästigung zu reduzieren wurde eine Geschwindigkeitsbegrenzung eingeführt. Lohmar war mithin wohl eine der ersten Tempo-30-Zonen in Deutschland, und dass sich die Verkehrsteilnehmer daran hielten, darüber wachte Polizeisergeant Adam Schug. Tag für Tag lag der eifrige Schutzmann mit seiner Stoppuhr auf der Lauer, um allen, die schneller als 30 fuhren, ein Knöllchen zu verpassen. Schon damals machte Lohmar Schlagzeilen – als „Autofalle", vor der sogar in Automobilzeitschriften immer wieder gewarnt wurde.

Die Staubbelästigung konnte zwar nicht der Schutzmann, jedoch der spätere Neuausbau mit Basaltsteinpflasterung reduzieren. Doch dann folgte 1962 bis 1964 der Totalausbau! Das hört sich schlimm an, und die Folgen waren es auch. Die Fahrbahn wurde auf zehn Meter verbreitert und erhielt eine winterfeste Asphaltdecke: eine Rennstrecke? Mag sein, vielleicht in den ersten Jahren noch, doch dann wuchs und wuchs der Verkehr, und wiederum schnappte die Autofalle zu. Alsbald war mit 20 900 Kraftfahrzeugen pro Tag das Ende der Fahnenstange und die Schmerzgrenze erreicht. Dass der Verkehr nicht noch weiter angestiegen war, liegt nur daran, dass die Stadt einfach nicht mehr aufnehmen konnte: Lohmar war dicht. Mehr war nicht drin auf der Hauptstraße mit ihrer für diese Massen wiederum geringen Breite, die je nach Abschnitt zwischen 13 und maximal 17 Metern betrug. Bis zum Ortseingang von Siegburg auf der einen, und weit über die Donrather Kreuzung

Hauptstraße um 1900 in Höhe Breiter Weg und Backesgarten, Blick Richtung Süden

Die Autofalle hat zugeschnappt.

auf der anderen Seite staute sich in den Spitzenzeiten der Verkehr vor dem Nadelöhr und zwängte sich langsam hindurch. Die Belastung hatte – vor allem für die Menschen in Lohmar – ein unerträgliches Ausmaß angenommen. Ganz abgesehen davon, dass auch der Personennahverkehr seine Fahrpläne nicht mehr einhalten konnte; ganz abgesehen davon, dass sich auch die Geschäftsleute entlang der Hauptstraße nur verärgert die Augen reiben konnten, wenn sie sahen, wie mit der Blechkarawane auch die so genannte Kaufkraft an ihren Läden vorbeifuhr. Schließlich: Wer will schon auf einer Autobahn einen Einkaufsbummel unternehmen?

Mit „mangelhaft" bewerteten die Gutachter daher die so genannte Aufenthaltsqualität.

Es musste etwas geschehen, dies konnte es aber erst nach Vollendung der Ortsumgehung, um dessen Realisierung die Stadt Jahrzehnte gekämpft hat. Mit ihrer Fertigstellung rückten die Bagger im Sommer 2004 nun endlich auch in der Hauptstraße an. Die Hauptstraße wird zur Stadtstraße und es bietet sich die Chance, die Wohn- und Aufenthaltsqualität deutlich zu verbessern, mehr noch: Lohmar zu einem konkurrenzfähigen, attraktiven Einkaufszentrum zu machen.

Vom Umbau der Hauptstraße erhoffen sich die Planer nahezu eine Halbierung des Verkehrs von 20 900 auf 12 300 Kraftfahrzeuge am Tag. Das geht freilich nicht mit der Umgehung allein. Der Mensch ist ein Gewohnheitstier und muss auch als Autofahrer/-fahrerin zu seinem Glück wenn schon nicht gezwungen, so doch geleitet werden. An der Donrather Kreuzung besorgt das der neue großräumige Schwenk, der die Einfahrt in die Hauptstraße

oben: Hauptstraße um 2000 in Höhe Breiter Weg und Backesgarten, Blick Richtung Süden

unten: Hauptstraße – Planung

bewusst erschwert und den Durchgangsverkehr gezielt auf die Autobahn lenkt. Ähnliches erwarten die Fachleute von der baulichen Umgestaltung des Autobahnschlusses Siegburg/Lohmar, der von dem Verkehr aus Süden eine bewusste Entscheidung fordert: Will ich nach Lohmar rein fahren, oder daran vorbei?

Wer reinfährt ins Zentrum, wird auch künftig kaum mehr als Tempo 30 fahren können. Denn bewusst wird die Hauptstraße so umgebaut, dass sie für den Durchgangsverkehr nicht mehr attraktiv ist und dieser gleich auf die leistungsfähige Autobahn ausweicht. Die Fahrbahnbreite wird fast auf das Maß, das sie zu Beginn des 20. Jahrhunderts hatte, reduziert: auf insgesamt sieben Meter einschließlich eines beidseitigen Radweges und einer Allee mit großkronigen Bäumen wie Hainbuche, Linde, Hasel, Ahorn und Zierbirne. Für die ebenfalls vorgesehenen Mittelinseln haben sich die Planer indes für schlanke Bäume in Säulenform entschieden. Während die Fahrbahn eine Asphaltdecke bekommt, werden die Gehwege mit Betonsteinpflaster belegt und mit Natursteinbändern gegliedert.

Mittelinseln, Fahrbahnverengungen, Radwege und deutlich mehr Parkplätze entlang der Straße tragen zu einer Geschwindigkeitsreduzierung bei und mithin zu mehr Sicherheit für Fußgänger und Radfahrer, während die vielen Bäume das Straßenbild aufwerten und nicht zuletzt zu einer Klimaverbesserung in der Hauptstraße sorgen. Alle Maßnahmen zusammen werden zu einer deutlichen Steigerung der Aufenthalts- und Lebensqualität für die Anwohner und die Kundschaft der Einzelhändler führen. Bummeln wird bald wieder Spaß machen entlang der Lohmarer Hauptstraße. Zumal ihr Kernstück besonders hervorgehoben wird: Zwischen Kirchstraße und Rathausstraße wird sie mit abgesenkten Bordsteinen und hochwertigen Materialien, zum Beispiel Betonplatten mit Natursteinoberflächen, einer engeren Gliederung mit Natursteinbändern in Grau bis Anthrazit, wiederum mit Bäumen und modernen Leuchten sowie hochwertigen Bänken und Fahrradabstell-Möglichkeiten gestaltet und nur noch als Einbahnstraße ausgewiesen. Vor allem, um dieses Teilstück als Einbahnstraße (Richtung Donrath) realisieren zu können, waren neben den schon angesprochenen verkehrslenkenden Maßnahmen größere Umgestaltungen des Straßenraumes erforderlich. So wurden als wichtige Verkehrsachse parallel zur Hauptstraße die Raiffeisen- und die Vila-Verde-Straße ausgebaut, die mit der Kirchstraße über einen Kreisverkehr verbunden sind. Nicht zuletzt der Kreisel stellt zugleich einen weiteren städtebaulichen Akzent dar, der optisch das alte Dorf Lohmar mit seiner dominierenden katholischen Kirche hervorhebt. Ebenso wird auch das Zentrum mit seiner Hauptstraße, nennen wir sie ruhig schon Flaniermeile, deutlich markiert. Lohmar bekommt seine „Stadttore", in Gestalt eines üppigen „Baumtores" vor der Einmündung Wiesenpfad im Norden und dem Kreisverkehrsplatz am Einmündungsbereich Hauptstraße/Auelsweg/Bachstraße, dem die Städteplaner ebenfalls eine Torfunktion für die Innenstadt zuschreiben. Dazwischen erstreckt sich künftig die Bühne für neues städtisches Leben, worauf freilich die Stadt nur bedingt Einfluss hat. Das Stadtmarketingkonzept, an dem Kommunalpolitiker und Planer gemeinsam mit den Bürgerinnen und Bürgern sowie den Einzelhändlern seit 1998 gearbeitet haben, kann nur Anregungen geben, Empfehlungen aussprechen.

Dazu zählt beispielsweise die Anregung an die Eigentümer zum „Durchbruch" ihrer Geschäfte, um Hauptstraße und parallel laufende Vila-Verde-Straße sowie den Frouardplatz mit Geschäftseingängen zu beiden Seiten zu verbinden.

Hauptstraße – Planung

Ein Beispiel für die Belebung der Innenstadt ist das Projekt *Lohmarer Höfe*, das zwischen Hauptstraße, Kirchstraße und Vila-Verde-Straße entstehen soll.

Auf dem Lohmarer Filetstück plant ein Hamburger Investor ein architektonisch ansprechendes Ensemble aus dreigeschossigen Wohn- und Geschäftshäusern mit Gastronomie, die sich auf dem Platz davor ausdehnen kann. Unter das Objekt kommt eine Tiefgarage mit 100 Stellplätzen. Der Investor hat zudem Textil- und Schuhhandel, eine Bank, Drogerie, Büros, Praxen und 24 Wohnungen mit drei grünen Dachgärten vorgesehen. Bereits zum Weihnachtsgeschäft 2005, gleichzeitig mit der Umgestaltung der Hauptstraße, soll das Projekt mit einem Investitionsvolumen von 11 Millionen Euro fertig sein. Ein weiterer städtebaulicher Akzent, der zeigt, dass die Umgestaltung der Hauptstraße zur Flaniermeile schon jetzt der Stadt neuen Aufschwung bringt.

NACH JAHRZEHNTEN ERREICHT: EINE ORTSUMGEHUNG FÜR LOHMAR

VON JÜRGEN MORICH

Schon Ende der siebziger Jahre hatte man im Planungsausschuss des Lohmarer Gemeinderates überlegt, mit welchen Verkehrslösungen man die übervolle Lohmarer Hauptstraße entlasten könne. Für eine Umgehungsstraße gab es kaum Platz, denn der Ort Lohmar füllte mit seiner Bebauung bereits das Tal zwischen den bewaldeten Hügeln im Osten und der Autobahn sowie der Agger im Westen völlig aus. Damals legte ein Troisdorfer Ingenieurbüro die innere und die äußere Umgehungslösung vor. Das waren Trassen, die vom Lohmarer Zentrum gesehen dicht vor bzw. hinter der Autobahn A 3 lagen. Schon zu der Zeit wurde von anderen der Gedanke geäußert, mit dem Umgehungsverkehr nicht neben, sondern auf die Autobahn zu gehen. Doch die inzwischen Wirklichkeit gewordene Idee hatte damals keine Chance. Die Bundesbehörden hätten keinen Kurzstreckenverkehr auf Autobahnen geduldet, die ja als Fernstraßen gedacht waren.

Ende 1978 beschloss der Lohmarer Rat, die innere Lösung nicht weiter zu verfolgen, weil dafür zehn dicht an der Autobahn gebaute Häuser hätten abgerissen werden müssen. Nun wurde eine äußere Lösung diskutiert, die jedoch wegen der zweimaligen Querung der Autobahn als besonders aufwändig galt. Im Februar 1982 stellte das Bonner Landesstraßenbauamt im Lohmarer Rat erneut innere Lösungen vor, auch in Kombination mit der so genannten Austauschlösung. Bei ihr wäre die ortsseitige Fahrbahnhälfte der A 3 zur Lohmarer Umgehungsstraße umfunktioniert worden. Und als Ersatz hätte man zwischen Autobahn und Agger eine neue Fahrbahn für die A 3 bauen müssen. Die hohen Kosten, der Hochwasserschutz an der Agger, der Platzmangel an der Burg Lohmar und das unterschiedliche Fahrbahnniveau gehörten zu den Problemen der schließlich gescheiterten Austauschlösung.

1984 beschloss der Lohmarer Gemeinderat einstimmig eine Resolution an den Bundesverkehrsminister, mit der die Aufnahme einer Ortsumgehung in die Bundesstraßen-Bedarfsplanung gefordert wurde. Im selben Jahr kam im Lohmarer Rat der Gedanke auf, die A 3 an der Polizeistation Aggerbrücke nördlich von Lohmar-Ort mit einer Auf- und Abfahrt zu versehen, um zumindest kurzfristig die Lage im Ort zu entschärfen.

Doch die Ratsmehrheit wollte nicht, dass durch ein Provisorium eine richtige Umgehungsstraße verhindert würde. Wegen des notwendigen Umweges über die Polizeistation wäre diese Autobahnlösung bei den Autofahrern wohl auch nicht sehr gut angenommen worden. Verkehrsplaner hatten errechnet, dass diese Lösung die Hauptstraße nur wenig entlasten würde. Im Jahre 1986 wurde die Ortsumgehung Lohmar als *vordringlicher Bedarf* in das Bauprogramm des Bundes übernommen.

1989 gab der Landschaftsverband Rheinland eine Umweltverträglichkeitsprüfung (UVS) in Auftrag, als ersten Verfahrensschritt zu einer Ortsumgehung. Auch gefördert durch einen Brief des Bundesverkehrsministeriums begann sich im Lohmarer Rat der Gedanke durchzusetzen, eine Autobahnöffnung zumindest als Übergangslösung zu akzeptieren. Am 26. September 1991 beschloss der Stadtrat, dass ein Autobahnanschluss Richtung Frankfurt bei Weiterverfolgung einer Ortsumgehung begrüßt würde. 1993 wurde, vier Jahre nach Beginn, das Ergebnis der UVS vorgelegt. Es besagte, dass eine Autobahnlösung mit einem A-3-Teilanschluss Richtung Frankfurt auf Höhe des Lohmarer Klärwerkes am günstigsten sei. Wegen der kurzen Anbindung an das Donrather Kreuz sei die Entlastungswirkung für die Hauptstraße mit 43 % des Verkehrs recht gut. Nun sollte also die Autobahn selbst als alleinige Umgehung benutzt werden. Sie habe mit ihrem sechsspurigen Querschnitt und einer Verkehrsbelastung von 54 000 Kraftfahrzeugen pro 24 Stunden noch Leistungsreserven, hieß es.

Diese Autobahnlösung mit kurzer Verbindung zum Donrather Kreuz war während der UVS-Erarbeitung von Lohmarer Bürgern eingebracht worden. Neben der schließlich gewählten Autobahnlösung mit der neuen Anschlussstelle Lohmar-Nord waren in der UVS zahlreiche weitere Varianten geprüft worden, mit denkbaren Anschlussstellen Lohmar-Mitte (an der Kirchstraße), Polizeistation und Sülztal (siehe Zeichnung). Untersucht wurden auch Varianten einer Westumgehung, während eine Ostumgehung wegen der Eingriffe in Waldgebiete frühzeitig ausgeschlossen wurde.

Nach der favorisierten Lösung sollte – wie inzwischen tägliche Praxis – der Duchgangsverkehr auf der B 484 von Overath kommend ab dem Donrather Kreuz über ein neues, rund 1 000 Meter langes Stück der B 484 n auf die neue Anschlussstelle Lohmar-Nord der A 3 Richtung Frankfurt gelenkt werden und die Autobahn nach drei Kilometern an der vorhandenen Ausfahrt Lohmar wieder verlassen. Umgekehrt, aus Siegburg kommend, sollte es in Richtung Overath in entsprechender Weise laufen. Um vom Donrather Kreuz die westliche A-3-Fahrbahn Richtung Frankfurt zu erreichen, musste die Autobahn gekreuzt werden. Dafür war zunächst eine Unterführung vorgesehen, die jedoch 1997 auf Weisung des Bundesverkehrsministeriums

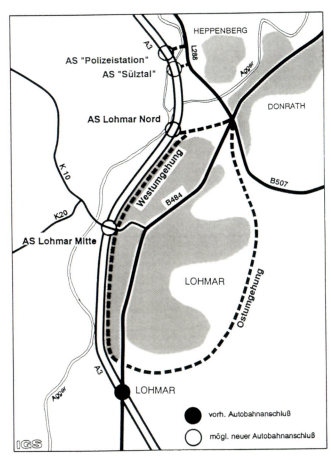

Aus der Umweltverträglichkeitsstudie: die untersuchten Varianten für die Umgehung. Tatsächlich ausgeführt wurde die Autobahnlösung, die von der AS Lohmar über die A 3 zur neuen AS Lohmar-Nord weiter nach Donrath verläuft.

gegen den Wunsch der Lohmarer durch eine billigere Brückenlösung ersetzt wurde.

Zur Vorbereitung des Linienbestimmungsverfahrens für die ausgewählte Lösung gab es Ende 1993 eine Bürgerversammlung. Einige Bürger forderten, die Donrather Kreuzung aus Lärmschutzgründen nach Südwesten zu verlegen bzw. einen Kreisverkehr einzurichten. Lohmarer Geschäftsleute forderten, am Donrather Kreuz die Autofahrer nicht automatisch auf die Autobahn zu lenken und damit vom Einkauf in Lohmar abzuhalten. Doch es blieb bei den vorgelegten Plänen.

Der Verkehr aus Overath Richtung Siegburg sollte geradeaus auf die Autobahn geführt werden. Fahrzeuge mit Ziel Lohmar-Ort sollten am Donrather Kreuz nach links abbiegen und kurz darauf nach rechts über die vorhandene Busschleife auf die alte B 484 und die Hauptstraße geführt werden. Eine von der Stadt Lohmar in Auftrag gegebene Studie hat später errechnet, dass ein Kreisverkehr die hier erwarteten Verkehrsmengen nicht bewältigen könne.

Im Oktober 1998 entschied der Lohmarer Stadtrat, für die Ortsumgehung den Bebauungsplan 110 aufzustellen, weil man damit das Baurecht schneller erlangen konnte als über ein Planfeststellungsverfahren. Auch durch frühzeitige Grundstückskäufe hatte die Stadt das Projekt gefördert. Bereits im Juni 1999 konnte der Stadtrat den B-Plan 110 als Satzung verabschieden. Zugleich wurde ein städtebaulicher Vertrag mit dem Bund abgeschlossen. Trotz positiver Weichenstellungen gab es in Lohmar immer wieder Sorgen wegen Verzögerungen bei der Bauplanung durch die Landesbehörden und wegen der Finanzierung durch den Bund. Für den Bau des Autobahnanschlusses Lohmar-Nord musste die vorhandene Kleingartenanlage verlegt werden; dies wurde von der Stadt Lohmar gefördert. Zum ökologischen Ausgleich für die Beeinträchtigung der Natur durch den Straßenbau wurden zahlreiche Pflanzungen und andere Maßnahmen im Baubereich angeordnet.

Am 8. Mai 2000: erster Spatenstich für die Ortsumgehung

Außerdem musste der Landesbetrieb Straßenbau größere, teilweise entfernt liegende Ausgleichsmaßnahmen durchführen. Dazu gehörten die Beseitigung von alten Brückenköpfen an der Agger bei Donrath und die Renaturierung des ehemaligen *Dornhecken-Campingplatzes*, ebenfalls bei Donrath.

Am 8. Mai 2000 wurde der erste Spatenstich mit Bundesverkehrsminister Reinhard Klimmt begangen. Drei Monate später rollte der erste Bagger an, um den vorhandenen Wirtschaftsweg zum Klärwerk zu verlegen. Anfang 2001 war als erstes Bauwerk die kleine Brücke fertig, als Unterführung des Wirtschaftsweges zwischen Donrath und Lohmar-Ort. Erst im Mai 2002 begann die Kölner Firma *Gebr. von der Wettern* mit dem Bau der 162 Meter langen, geschwungenen Betonbrücke über die A 3. Danach war auch Baubeginn am Donrather Kreuz, durch die Kölner Tiefbaufirma *Oevermann*. Im Rahmen des Umbaues der Kreuzung und der Busschleife wurde die B 507 zwischen Donrath und Hollenberg aus Lärmschutzgründen um bis zu 18 Meter nach Süden verlagert. Schließlich begann das Tiefbauunternehmen *Trapp* aus Wesel im September 2003 mit dem Straßenbau der B 484n, für die zwischen Donrather Kreuz und A 3 zunächst mit 70 000 Kubikmetern Erdmassen

Der Umbau am Donrather Kreuz erfordert mehrmals neue Fahrspur-Markierungen.

ein Damm aufgeschüttet werden musste. Die Erde wurde unweit von der Baustelle im Tal der Sülz nahe dem *Krewelshof* abgebaut. Dort soll der bisher kanalisierte Fluss in einer Renaturierungsmaßnahme des Landes mehr Platz für Hochwasser bekommen. Ebenfalls an die Firma *Trapp* hatte der Landesbetrieb Straßenbau den Auftrag für die Verbreiterung der L 288 zwischen Donrather Kreuz und Abzweig Altenrath vergeben. Auf etwa 12 Millionen Euro wurden jetzt die Kosten für die Ortsumgehung geschätzt.

Neben den Straßenbauarbeiten und den durch sie verursachten Stauungen lag der Schutz vor Verkehrslärm im besonderen Interesse der Öffentlichkeit. Kommunalpolitiker, Kleingärtnerverein und Anwohner konnten erreichen, dass der Lärmschutz an der neuen Autobahnbrücke, an der B 484n, an der B 507 und an der verbreiterten L 288 verbessert wurde.

Nun ist die Lohmarer Ortsumgehung seit dem 21. Juni 2004 in Betrieb. Es bleibt die Hoffnung, dass die Verkehrsentlastung des Ortes als wertvolle Chance zu einer menschenfreundlichen Wandlung im Zentrum genutzt wird. Noch nicht ausgeführt ist bisher der Umbau der Anschlussstelle Lohmar der A 3 als südlicher Beginn der Ortsumgehung. Hier will der Landesbetrieb Straßenbau mit einer Dauergrün-Ampel in der rechten Spur dafür sorgen, dass der Durchgangsverkehr aus Siegburg Richtung Overath auf die Autobahn geht und damit die Umgehung annimmt. Zugleich soll in der Rechtskurve zur Autobahn eine zweite Spur und im weiteren Verlauf eine längere Beschleunigungsstrecke gebaut werden.

Schwungvoll überspannt die neue Brücke die Autobahn.

Einsam steht die fertige Brücke für den Wirtschaftsweg an der Umgehungstrasse.

SIEGBURGER BLÄTTER

KUNST UND HANDWERK
RUND UM DEN MICHAELSBERG
GESCHICHTEN AUS ALTER ZEIT
NEUES AUS DEM MUSEUM
SEHENS- UND ERLEBENSWERTES

Geschichte
und
Geschichten
aus
Siegburg

Nr. 0
AUGUST 2004
Schutzgebühr
1,50

....bisher erschienen:

DIE SIEGBURGER BLÄTTER

Eine neue Publikationsreihe. Die Ausgaben erscheinen in unregelmäßiger Folge, voraussichtlich 4-5 mal im Jahr und sind so angelegt, daß man sie in einem Ordner sammeln kann.

Die Siegburger Blätter geben Informationen zur Stadtgeschichte, zu aktuellen Ereignissen, zu bedeutenden Persönlichkeiten aus Siegburg; sie begleiten Ausstellungen und beschreiben besondere Sehenswürdigkeiten der Stadt.

IN VORBEREITUNG

Die Lachse in der Sieg
Der Siegburger Markt
Siegburg und der Autobahn-Bau
Siegburg und seine Bahnhöfe
Hexenprozesse in Siegburg

Sie erhalten die Siegburger Blätter
beim Stadtarchiv Siegburg,
Rathaus, Nogenter Platz,
beim Stadtmuseum, Markt 48
und bei der Touristinformation,
Europaplatz 3
gegen eine Schutzgebühr oder
können sie im Abo
beim Stadtarchiv bestellen.

Die Gebühr beträgt 1,50€,
wenn wir Ihnen die Siegburger Blätter
zu senden
zuzüglich Versandkosten.

Die Siegburger Blätter werden
herausgegeben von der
Museums- und Archivdienste GmbH
Siegburg,

Dr. Andrea Korte-Böger,
Tel. 02241 10 23 25,
e-mail: andrea.korte-boeger@siegburg.de,

Idee und Gestaltung:
Reinhard Zado, Niederhofen,
www.blattwelt.de

Kambodscha – ein Land im Aufbruch
RHEIN-SIEG-KREIS SCHLÄGT BRÜCKEN NACH KAMBODSCHA
VON THOMAS WAGNER

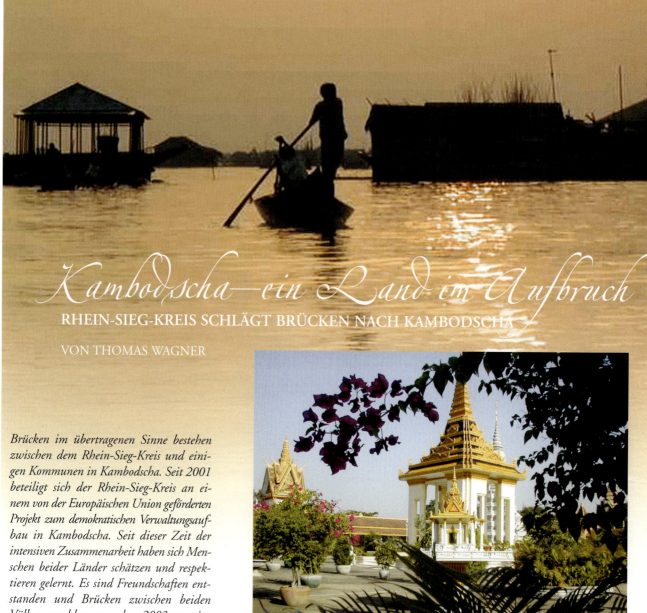

Im Königspalast in Phnom Penh

Brücken im übertragenen Sinne bestehen zwischen dem Rhein-Sieg-Kreis und einigen Kommunen in Kambodscha. Seit 2001 beteiligt sich der Rhein-Sieg-Kreis an einem von der Europäischen Union geförderten Projekt zum demokratischen Verwaltungsaufbau in Kambodscha. Seit dieser Zeit der intensiven Zusammenarbeit haben sich Menschen beider Länder schätzen und respektieren gelernt. Es sind Freundschaften entstanden und Brücken zwischen beiden Völkern geschlagen worden. 2003 war eine Delegation aus dem Rhein-Sieg-Kreis und der italienischen Partnerstadt im Projekt, Spoleto, zu Besuch in Kambodscha, mit dem Ziel den Demokratisierungsprozess weiter voranzubringen und eine kommunale Selbstverwaltung dort aufzubauen.

KAMBODSCHA IM JANUAR 2003

Dass fünf Personen auf ein Mofa passen, ist nicht die einzige Besonderheit Kambodschas. Erstaunlich ist auch, dass der Verkehr – obwohl äußerst chaotisch – in Phnom Penh, der größten Stadt Kambodschas, fließt. Gut, dass wir mit Ros Than San einen einheimischen Fahrer und ein klimatisiertes Auto haben. Wenn ich selbst am Steuer säße, würden mir nicht nur die hohe Luftfeuchtigkeit, sondern auch das unübersichtliche Gewusel und Gewimmel Tausender motorisierter Kambodschaner auf engstem Straßenraum die Schweißperlen auf die Stirn treiben. Es gibt aber keine Pöbeleien oder böse Blicke für falsche Fahrweisen. Ich sehe auch kaum Unfälle und wenig verbeulte Autos. Gelassen, fast ausgeglichen, ja nahezu rücksichtsvoll gehen die Verkehrsteilnehmer miteinander um, was für uns Mitteleuropäer angesichts der chaotischen Fahrweisen kaum nachzuvollziehen ist.

Mir scheint das Verkehrsverhalten ein Spiegelbild der kambodschanischen Lebensweise zu sein.

Die europäische Delegation aus dem Rhein-Sieg-Kreis und aus der italienischen Stadt Spoleto wird im Laufe der vor uns liegenden Besuchswoche feststellen, welche großartigen, gelassenen, ausgeglichenen und rücksichtsvollen Menschen die Kambodschaner sind. Vor allem sind sie dankbar.

Dankbar für unser Engagement und unsere Hilfe, eine junge Demokratie aufzubauen, die nach Frieden dürstet und die die Auswirkungen von despotischen Diktaturen satt ist. Sie sind dankbar für die Brücke, die das demokratische Deutschland und Italien nach Kambodscha schlagen.

HEISSE UND ANSTRENGENDE TAGE LIEGEN VOR UNS

Ros Than San, Dolmetscher und Projektmanager von *Asia Urbs*, hat uns vom schmucken Flughafen Pochentong vor den Toren der Hauptstadt Phnom Penh sicher ins Hotel chauffiert. Es ist später Abend an einem Sonntag im Januar, an dem Landrat Frithjof Kühn, der die deutsche Delegation anführt, seine Frau Rosemarie, WDR-Reporterin Anne Burghard und ich nach dem dreizehnstündigen Flug von Frankfurt über Bangkok in Phnom Penh angekommen sind. Nur die Hauptstraßen sind beleuchtet – und das spärlich. Phnom Penh präsentiert sich im Dunkeln. Eine der vielen Folgen, unter denen Kambodscha auch noch fünf Jahre nach dem offiziellen Ende der Kriege zu leiden hat. Die schlimmen Folgen des grausamen Pol-Pot-Regimes und das Leiden des kambodschanischen Volkes während dieser Zeit werden wir in den nächsten Tagen schonungslos vor Augen geführt bekommen.

Eine mit Terminen gefüllte Woche liegt vor uns. Die deutsch-italienische Delegation möchte das von der Europäischen Union initiierte Asia-Urbs-Projekt voranbringen, das den demokratischen Aufbau in Kambodscha unterstützen soll. Verantwortlich umgesetzt wird das Projekt von der Konrad-Adenauer-Stiftung, die im Königreich Kambodscha einen Sitz hat und vom dortigen Landesbeauftragten der Stiftung, Dr. Peter Köppinger, engagiert geführt wird.

Die Tage in Kambodscha beginnen früh: Obwohl es der Jahreszeit nach Winter ist, sind es morgens um sechs Uhr schon satte 26 Grad Celsius. Freundliche Menschen begrüßen uns zum Frühstück mit südostasiatischen Früchten. Jetlag und das stramme Programm, das vor uns liegt, scheinen fast vergessen. Ich genieße die Temperaturen, das völlig Andere und für mich Neue, ich bin gespannt, auf das, was wir sehen, was wir erfahren und ob das Projekt Erfolg hat. An die Freundlichkeit der Khmer – so heißen die Kambodschaner in ihrer Landessprache – beginne ich mich zu gewöhnen und muss jedes Mal innerlich schmunzeln, wenn ich dabei an uns launenhafte Deutsche denke.

BETTLER UND KRÜPPEL GEHÖREN ZUM ALLTÄGLICHEN BILD

Schnell lernen wir die hässliche Fratze Kambodschas kennen: die Armut der Menschen ist allerorts zu sehen. Bettelnde Kleinkinder – so alt wie meine zu Hause – in Lumpen gekleidet, freuen sich über Kugelschreiber, Aufkleber und Süßigkeiten wie mitteleuropäische Kinder über Weihnachtsgeschenke. Wir sehen viele verstümmelte Menschen, darunter Kinder, die beim Spielen auf eine von immer noch über fünf Millionen in Kambodscha vergrabenen Landminen getreten sind. Die Roten Khmer von Pol Pot sind so täglich noch präsent. Die hygienischen Verhältnisse an einigen Stellen spotten jeder Beschreibung. Trotzdem scheinen die Menschen entschlossen, ihre Vergangenheit hinter sich zu lassen und nach vorne in eine bessere, demokratische Zukunft zu blicken, die von Frieden, Freiheit und gegenseitiger Achtung geprägt ist. Ich spüre eine Aufbruchsstimmung unter den Khmer, deren Bevölkerung zu etwa 50 Prozent unter 18 Jahre alt ist. Die Zukunft in Kambodscha gehört den jungen Menschen.

WIR KÄMPFEN FÜR DEN ERFOLG DES PROJEKTES

Die Gespräche mit den Verantwortlichen in den Ministerien und den Projektbüros beginnen. Erstaunlich und bewundernswert mit welcher Disziplin und Kondition Landrat Kühn und Spoletos Bürgermeister Brunini die Gespräche führen. Mehrmals täglich werben sie dafür, dass sich eine Demokratie immer nur von unten nach oben erfolgreich aufbaut und dass die selbst verwalteten Kommunen das Herzstück einer funktionierenden Demokratie sind. In Kambodscha herrscht immer noch der Zentralismus, den abzuschaffen sich das Asia-Urbs-Projekt zum Ziel gesetzt hat.

Landrat Frithjof Kühn und Bürgermeister Massimo Brunini im kambodschanischen Innenministerium

Die kambodschanischen Projektverantwortlichen fühlen sich durch unseren Besuch und das Gesagte geehrt. In den Gesprächen spüre ich, wie gut es den Khmer tut, diese Wertschätzung und Aufmerksamkeit zu erhalten. Eine neue und ungewohnte Erfahrung für Kambodschaner, dass man helfen will und seitens des Landrates die Signale bekommt, dass auch für uns aus dem Rhein-Sieg-Kreis ein Gelingen des Projektes wichtig ist. Auch scheinen die Khmer von den übereinstimmenden Aussagen des „roten" Bürgermeisters und des „schwarzen" Landrates beeindruckt zu sein, denen der Grundkonsens in der demokratischen Überzeugung gemein ist – unabhängig von der Parteizugehörigkeit. Kambodscha gehört mit zur demokratischen Staatengemeinschaft in der Welt – eine Tatsache, die den Kambodschanern sichtlich gut tut.

Im Büro der Konrad-Adenauer-Stiftung in Phnom-Penh von links nach rechts: Gilberto Stella, Rosemarie Wiersch-Kühn, Bürgermeister Massimo Brunini, Patrizia Cristofori, Landrat Frithjof Kühn, Dr. Peter Köppinger, Gilberto Giasprini

VORBEI AN BRENNENDEN MÜLLBERGEN IN DIE ELENDSVIERTEL – WIR WERDEN VON TUOLONG SAUMURA ÜBERRASCHT

Deshalb auch die Bitte des Hauptorganisators, Peter Köppinger, für das Projekt bei allen drei großen, maßgeblichen Parteien im Lande zu werben. Vertreter der mehrheitlich regierenden Volkspartei CPP, der auch der amtierende Staatschef Hun Sen angehört, haben wir in den Ministerien ausführlich gesprochen.

Wir treffen einen weltgewandten Parteisekretär, Prinz Norodom Sirivudh (ehemaliger Außenminister Kambodschas), der königlichen, an der Regierung beteiligten FUNCINPEC-Partei, die sich noch immer eine Monarchie unter der Führung des noch lebenden Königs Sihanouk wünscht. Eine zwielichtige Figur, die wankelmütige und wechselnde Rollen in der unrühmlichen kambodschanischen Geschichte gespielt hat. Zum monarchischen Verständnis der Partei und ihres Generalsekretärs passt es dann wohl auch, dass wir den Tee von den Dienerinnen auf den Knien rutschend serviert bekommen.

Spannend wird es in der „Parteizentrale" der Sam Rainsy Party. Wir fahren durch Phnom Penh in ein Elendsviertel. Gott sei Dank findet der Besuch am helllichten Tag statt. Die Menschen in diesem Viertel sind noch ärmer, als wir es uns vorstellen konnten. Die Häuser sind als solche nicht zu beschreiben. Die Geschäftsstelle von „Sam Rainsy" ist ein maroder Lagerschuppen im Hinterhof eines Elendsviertels. Hier scheint Sam Rainsy, der als Populist mit gelegentlich rechts gerichteten Äußerungen auffällt, seine Klientel zu finden. In solchen Gegenden ist der Boden bereitet für eingängige und einfache Botschaften. So auch unter der Landbevölkerung, wo die Zustimmung für Sam Rainsy wächst.

Ich fühle mich an Besuche in Uganda oder andere arme Länder erinnert. Mir geht der „Mord am schwarzen Fluss", ein Buch von Peter Scholl-Latour über den Unabhängigkeitskrieg in Belgisch-Kongo, durch den Kopf.

Mir fallen spontan einige Despoten ein, die aus ärmlichen Verhältnissen kommend ohne jegliche Bildung ganze Länder und Völker unter ihre Herrschaft gebracht haben. Mich beschleicht das Gefühl, dass sich an solchen Orten Geschichte wiederholen kann. Ich ahne, auf welch wackligen Füßen die junge Demokratie Kambodschas steht, welch schwierigen Weg sie noch vor sich hat. Dieser Besuch desillusioniert mich ein wenig, weil wir die Realität Kambodschas kennen lernen. Das Gefühl verstärkt sich, wenn man weiß, dass gerade die jungen Menschen zu Sam Rainsy strömen. In diesem Moment gebe ich unserem Projekt keine große Chance.

Vorbei an Gerümpel, brennenden Müllbergen und mageren Hühnern werden wir in ein Hinterzimmer des stickigen Lagerraums geführt. Der Raum ist schlecht klimatisiert – die Hitze unerträglich, die Möblierung spartanisch. Lediglich das Stechmückenaufkommen ist reichlich, die Menschen sondieren uns sehr genau. Tuolong Saumura, stellvertretende Parteivorsitzende, Ehefrau von Sam Rainsy und gewähltes Parlamentsmitglied, lässt uns warten. Ein schlecht informiertes Parteimitglied versucht uns in schlechtem Englisch die Zeit zu vertreiben – wir sind etwas irritiert. Umso mehr überrascht uns aber dann das Auftreten Saumuras. In bestem Englisch – bis dato in Kambodscha in dieser Perfektion nicht wahrgenommen – erleben wir eine hochintelligente, energiegeladene Frau, die sich auch mit den europäischen Verhältnissen bestens auskennt.

Ein seltenes Einzelbüro in der Distriktverwaltung von Battambang

Mit zahlreichen detaillierten und präzisen Nachfragen bringt sie uns zunächst auf Distanz und schafft sich einen Zeitvorteil, um im weiteren Gespräch politischen Nutzen aus dem Projekt und unserer Anwesenheit zu ziehen. Es ist beruhigend, keine ungebildete Parteisekretärin vor sich zu haben, die das eben ausgemalte Klischee erfüllt. Ob allerdings die messerscharfe Intelligenz und die politische Versiertheit Saumuras weniger gefährlich für Kambodscha sind, bleibt fraglich.

Tuolong Saumura, die mit ihrem Selbstbewusstsein, ihrer Rhetorik und ihrem Intellekt so gar nicht dem archaischen, maskulinen Selbstverständnis der Khmer entspricht, bringt sogar unsere gestandenen kambodschanischen Dolmetscher in

Die europäische Delegation mit Distrikt- und Provinzgouverneuren vor den Tempelanlagen von Angkor Wat

Verunsicherung und zur Verzweiflung. Saumura macht durch ihr Auftreten sicherlich etlichen kambodschanischen Frauen große Hoffnung, dass Gleichberechtigung auch in diesem asiatischen Land ein Thema ist. Landrat Kühn jedenfalls scheint so beeindruckt, dass er Frau Saumura von den mitgebrachten Rhein-Sieg-Kreis-Devotionalien statt eines Damenhalstuches eine Krawatte schenkt. Saumura managt dies mit einer souveränen Gelassenheit und sagt uns erfreulicherweise Unterstützung für unser Projekt zu. Wir sind über den Ausgang froh, aber auch darüber, dass wir die Gegend wieder verlassen können.

DAS DUNKELSTE KAPITEL IN DER GESCHICHTE KAMBODSCHAS

Mit Herrn Nun von der Konrad-Adenauer-Stiftung fahren wir in seine ehemalige Schule in die 103. Straße in Phnom Penh. Irgendwo mitten in einem Wohnviertel. Heute ist die Schule die *Tuol-Sleng-Holocaust-Gedenkstätte*. Hier haben die Roten Khmer schätzungsweise 17000 Menschen auf bestialische Weise zu Tode gequält. Uns wird geraten, genau zu überlegen, ob wir das Museum besichtigen wollen. Später weiß ich warum.

Ich spüre wie Herr Nun innerlich kämpft; seine Geschichte holt ihn ein. Er erinnert sich an seine Zeit in den *killing fields*, die Straflager, die die Roten Khmer eingerichtet haben, um systematisch zu morden.

Der Rundgang durchs Museum wird immer beklemmender – man sieht Touristen, die in Tränen ausbrechen und fassungslos vor der Dokumentation des Schreckens stehen. Ich bekomme schonungslos bestätigt, dass es nichts gibt, was es nicht gibt. Keine andere Kreatur könnte sich jemals solche barbarischen Scheußlichkeiten ausdenken – nur der Mensch.

Nach der zweiten Folterkammer stecke ich den Fotoapparat ein und versuche das Gesehene zu verdrängen und mir einzureden, dass es so etwas gar nicht geben kann.

Der Landrat sagte mir später, dass er gebetet habe. Die Roten Khmer haben die intellektuelle Schicht, die Elite Kambodschas vernichtet; jeder, der im Ausland war oder beispielsweise eine Brille trug, musste sterben. Kaum eine kambodschanische Familie war nicht von der Schreckensherrschaft der Pol-Pot-Schergen bis zur Befreiung durch die Vietnamesen im Jahre 1979 betroffen.

Unser Demokratie-Projekt für Kambodscha bekommt für mich eine tiefere Dimension. Ich bin noch entschlossener, dem Projekt zum Erfolg zu verhelfen. Mir wird klar, wie wenig selbstverständlich Demokratie und die damit verbundenen Werte von Freiheit, Menschen- und Minderheitenrechte sind. Draußen vor Tuol Sleng bin ich wütend, weil ich an unsere demokratieschädlichen Nichtwähler denke, an Jugendliche, die rechte und linke Parolen grölen. Ich denke an unsere selbstverständliche, anspruchsvolle und wenig dankbare Haltung. Ich denke an politische Kräfte in Deutschland, die unser System ändern wollen, also die, die nicht aus der Geschichte gelernt haben. Ich denke daran, wie wenig wir uns im Alltag auf das Wesentliche konzentrieren und uns an Kleinigkeiten aufhalten, die keinen Kambodschaner stören würden. Mir wird verständlich, warum trotz aller Armut und katastrophalen Lebensverhältnisse dennoch stets lächelnde, freundliche und gut gelaunte Khmer anzutreffen sind. Es gibt eben doch Prioritäten in der Werteskala, und da steht Freiheit und Frieden ganz oben. Ich wünsche mir, davon in Deutschland zu erzählen und uns öfters daran zu erinnern, wie gut wir es haben und wie wenig selbstverständlich dies ist, dass man für den Erhalt unserer gut funktionierenden Demokratie kämpfen muss, und dass uns demokratiezersetzende Tendenzen nicht gleichgültig sein dürfen.

SIEM REAP UND BATTAMBANG – EIN BESUCH IN DER PROVINZ

Wir verlassen Phnom Penh mit einer etwas älteren russischen Antonow in Richtung Siem Reap, einer unserer Projektstädte, die durch die größte Tempelanlage der Welt – Angkor Wat – bekannt ist. Hier schießen die Hotels wie Pilze aus dem Boden. Die 120000-Einwohner-Provinz Siem Reap boomt und wird immer mehr zum Anziehungspunkt für Touristen, die Tagesausflüge von Bangkok aus nach Angkor Wat machen.

Angkor Wat führt uns eine andere große Epoche der kambodschanischen Geschichte vor Augen, als die Khmer die beherrschende Macht im südostasiatischen Raum waren. Zeiten, von denen die Khmer heute noch träumen. Heute, wo die Rolle Kambodschas durch die angrenzenden und in der Region marktbestimmenden Länder Vietnam und Thailand sowie Malaysia bestimmt ist.

Beeindruckend ist die Herzlichkeit, mit der wir empfangen werden. Der Besuch der dortigen Kreisverwaltung ist ein echtes Erlebnis, genauso wie in der anderen Projektstadt Battambang, unserem nächsten Ziel. Dort fehlt es nicht so sehr an Personal, sondern an Aufgaben. Aber deswegen sind wir ja hier, um die Verantwortlichen in den Ministerien zu bewegen, die Aufgaben für die Bürger dezentral vor Ort erledigen zu lassen. Eben eine kommunale Selbstverwaltung aufzubauen.

Der landschaftlich schönste Teil erwartet uns am vorletzten Tag schon morgens um vier, als wir den Sonnenaufgang auf dem Tonlé-Sap-See erleben dürfen. Mit einem abenteuerlich anmutenden Schnellboot fahren wir in einer gut fünfstündigen Fahrt von Siem Reap nach Battambang. Die schwimmenden Dörfer auf und an den Flüssen, das Leben der Fischer und Menschen an den Ufern gehört sicherlich zu den nachhaltigsten Eindrücken von Land und Leuten in Kambodscha. In Battambang besuchen wir das Asia-Urbs-Projektbüro und treffen ebenso wie in Siem Reap auf engagierte und tatendurstige Mitarbeiter, die Schritt für Schritt die Projektziele umsetzen und uns bei jeder Gelegenheit danken.

Dass wir am nächsten Tag unverschuldet unseren Flieger nach Deutschland verpassen, trübt unsere positiven Eindrücke von Kambodscha nicht wirklich.

Vielmehr freut uns – zu Hause angekommen – zu hören, dass die kambodschanische Regierung die Projektziele nun rasch umsetzen und Aufgaben auf die Projektkommunen delegieren will. Auch von einer Fortsetzung des Projekts ist die Rede. Wir sind dankbar. Wir werden die aufgebauten Brücken weiterhin nutzen.

Mächtige Wurzeln umklammern die Tempelbauten von Ta Prohm in Angkor Wat

Fördern – statt fordern.

Kreissparkasse Köln

Nicht reden – handeln. Nach dieser Devise unterhält die Kreissparkasse Köln derzeit dreizehn Stiftungen. Das Stiftungskapital beläuft sich auf rund 65 Mio. Euro. Zählt man außerdem die Stiftungen hinzu, an denen die Kreissparkasse Köln beteiligt ist – so steigert sich dieser Betrag auf 90 Mio. Euro. Die Erträge der Stiftungen fließen in die unterschiedlichsten Projekte in der Region. Bis heute wurden 25,5 Mio. Euro Fördermittel bereitgestellt: für Kultur- und Umweltaktivitäten, Jugend- und Breitensport, für soziale Belange, den Bildungsbereich sowie für bekannte Kölner Einrichtungen. Darauf sind wir stolz.

DIE GEMEINSAME KOMMUNALE DATENVERARBEITUNG (GKD) BEZIEHT EIN NEUES GEBÄUDE

VON
ALFRED MEINERZHAGEN

Seit 1968 betreiben der Rhein-Sieg-Kreis und der Oberbergische Kreis gemeinsam Datenverarbeitungssysteme. Am Anfang der Zusammenarbeit auf dem Gebiet Elektronischer Datenverarbeitung (EDV) stand bei den Kreisen und ihren Gemeinden die gemeinsame Beschaffung und der gemeinsame Betrieb der damals äußerst kostspieligen Rechner im Vordergrund. Im alten Kreishaus in Siegburg reichte ein großer klimatisierter Raum als „Maschinenraum" aus, um den einzigen Rechner mit seinen Magnetplatten, Magnetbändern, Druckern, Lochkartenleser und -stanzer unterzubringen.

Nach Fertigstellung des Kreishauses im Jahre 1978 wurde dort ein großzügiges neues Rechenzentrum für das *Amt für Datenverarbeitung* bezogen. Ausgelegt war der Maschinenraum auf zwei voluminöse wassergekühlte Großrechner, umfangreiche Magnetplattenperipherie, Magnetbänder (später Magnetbandkassetten mit Robotersystemen) zur Datensicherung, Hochleistungsdrucker, Netzwerkrechner, Drucker und weitere Geräte.

Mit neuen Aufgaben und dem technologischen Wandel stieg die Zahl der Mitarbeiterinnen und Mitarbeiter ebenso wie die Zahl der Rechner. In den 80er Jahren hielt die Mikrotechnologie Einzug. Was bisher ein einziger Rechner mit „dummen" Terminals erledigte, wurde auf eine Vielzahl vernetzter *Server* verteilt, die teilweise im Rechenzentrum, teilweise im Kreishaus Gummersbach und den 32 Rathäusern oder deren Nebenstellen aufgestellt wurden.

Die Rechner und deren Peripherie wurden zwar deutlich kleiner, dafür stieg aber deren Anzahl gewaltig an, so dass der Platzbedarf insgesamt konstant blieb.

Zuerst muss Platz für das neue Gebäude geschaffen werden.

Neubau in der Mühlenstraße

Im Jahre 1998 wurde die Datenverarbeitung organisatorisch aus den Kreisverwaltungen ausgelagert und in den rechtlich selbstständigen Zweckverband *Gemeinsame kommunale Datenverarbeitung Rhein-Sieg/Oberberg (GKD)* übergeleitet. Die Vielfalt und Komplexität der Systeme und Services stieg weiter rapide an. Die Verwaltungen sind von einer hochverfügbaren Informations- und Kommunikationstechnik, die hohen Sicherheitsanforderungen gewachsen ist, sowohl bei der täglichen Erledigung ihrer Verwaltungsaufgaben als auch bei Dienstleistungen für ihre Bürger und ihre Wirtschaft abhängig und benötigen den ständigen Zugriff auf Informationen. Heute werden etwa 200 Fach- und Büroanwendungen sowie Internetservices für alle Bereiche der Kreis-, Stadt- und Gemeindeverwaltungen sowie deren Betriebe bereitgestellt.

Abriss des alten Gebäudes in der Mühlenstraße

Über das breitbandige Datennetz sind rund 300 Server und 7 000 Arbeitsplätze mit Personalcomputern oder Terminals miteinander vernetzt.

Im Kreishaus konnten die gestiegenen Anforderungen der GKD an Büroflächen, Schulungs- und Sitzungsräumen sowie die Sicherheitstechnik nicht mehr erfüllt werden. Über mehrere Jahre waren die GKD-Mitarbeiter auf drei Gebäude in Siegburg verteilt. Gemeinsam mit der Kreisverwaltung wurde ein Neubau im Kreishausareal an der Mühlenstraße in Siegburg konzipiert, in einem Investoren- und Architektenwettbewerb ausgeschrieben und geplant. Die Bauzeit vom ersten Spatenstich im Oktober 2002 bis zum Bezug der Büros durch die GKD im Juli 2004 dauerte 21 Monate. Der Standort ist optimal, sowohl in Bezug auf die Nähe der GKD zu ihrem größten Kunden, dem Rhein-Sieg-Kreis als auch im Hinblick auf die verkehrstechnische Anbindung. Der ICE-Bahnhof ist nur wenige hundert Meter entfernt.

Bei der Planung mit dem Kreishochbauamt, den Architekten und Ingenieuren standen das Raumangebot, die Funktionalität und die Sicherheit im Vordergrund. Innerhalb des Kreishausareals eingepasst in den Park am Mühlengraben, dem Kreishaus und der Mühlenstraße entstand ein fünfgeschossiges Bürogebäude. Es bietet auf einer Fläche von rund 4 700 Quadratmetern auf 7 Ebenen Platz für die Haustechnik, das Rechenzentrum, Büros für 110 Mitarbeiter und Sitzungsräume. Die gesamte „Gebäudeaußenhaut" ist gesichert. Das Gebäude ist innen in Sicherheitszonen eingeteilt, die nur mit entsprechenden Berechtigungen zugänglich sind. Das technische Gebäudemanagement ist auf dem neuesten Stand. Selbstverständlich gehören zur Sicherheitsausstattung Einbruchmeldeanlagen, Brandmelder und Videoüberwachungen.

Die Rechner sind nicht mehr in einem Großraum untergebracht, sondern verteilt auf vier *Serverräume* mit jeweils eigener Stromzuführung, redundanter Klimatechnik und Brandlöscheinrichtungen, um einem „Totalausfall" vorzubeugen. Hier wird auch nicht mit Wasser gelöscht, sondern bei einer Rauch- oder Feuermeldung strömt ein für Menschen ungefährliches Gas in die Räume und würde einen Brand ersticken. Selbst an ein eventuelles Hochwasser ist gedacht. Im Untergeschoss wurden außen vorsorglich Schienen angebracht, in die Bohlen als Hochwasserschutz eingeschoben werden können. Bereits installierte Pumpen saugen eindringendes Wasser sofort ab. Fällt der Strom aus, werden die wichtigen haustechnischen Einrichtungen, die Rechner und das Netzwerk über eine *Unterbrechungsfreie Stromversorgung* in Betrieb gehalten. Bei längeren Stromausfällen übernimmt ein leistungsfähiges Dieselaggregat vorübergehend die Stromversorgung. Das neue Gebäude ist ein Haus der Kommunikation.

Richtfest am Neubau

Richtkranz

Die neue Fassade an der Mühlenstraße

Der Rechnerbetrieb, die Anwendungssoftware und die Services sind auf die kommunale Praxis zugeschnitten. Die Software wird in enger Abstimmung mit den Nutzern in den Kreis- und Rathäusern entwickelt beziehungsweise ausgewählt, gepflegt, betreut und rund um die Uhr auf den Systemen bereitgestellt. Der ständigen technischen Weiterentwicklung, der Anpassung an gesetzliche Änderungen oder an neue Anforderungen der Räte und Verwaltungen folgt ein hoher Bedarf an Abstimmungen, Schulungen, dem Austausch von Erfahrungen und Wissen. Dazu pflegen die GKD-Mitarbeiter ständig intensive Kontakte mit den Fachleuten in den Ämtern der Verwaltungen und Betriebe, deren Organisatoren und Systemtechniker. Die GKD rechnet an den meisten Werktagen im Jahr mit 20 bis 50 Besuchern. Zu Spitzenzeiten werden sogar über 100 Besucher erwartet. Es sind ausreichend viele Schulungs- und Sitzungsräume sowie ein Multimediaraum vorgesehen, in denen sich die Teilnehmer auch wohl fühlen sollen.

Die GKD zählt mit einem Verbandsgebiet von etwa 2 000 Quadratkilometern und 870 000 Einwohnern in einem ausgedehnten Einzugsbereich mit 32 Städten und Gemeinden, 41 Eigenbetrieben und 16 sonstigen kommunalen Institutionen im Rhein-Sieg-Kreis und Oberbergischen Kreis zu den größten kommunalen Datenverarbeitungszentralen in Nordrhein-Westfalen.

Berücksichtigt ist auch bereits der Ausbau der interkommunalen Zusammenarbeit mit entsprechender Raumkapazität. Seit Anfang 2004 ist die GKD Gründungsmitglied des Zweckverbandes *KDN – Dachverband Kommunaler IT-Dienstleister* in Nordrhein-Westfalen.

Mit dem neuen Gebäude, das speziell auf den Bedarf eines kommunalen Systemhauses hin konzipiert, gebaut und ausgestattet wurde, versteht sich der Zweckverband GKD Rhein-Sieg/Oberberg als innovatives und leistungsfähiges Dienstleistungsunternehmen für seine Mitglieder im Verbandsgebiet und weiteren Kommunen als Kunden in der Region.

GKD

Zweckverband Gemeinsame Kommunale Datenverarbeitung Rhein-Sieg/Oberberg

Motor für IT-Innovationen in den Kreis- und Rathäusern sowie den kommunalen Betrieben

Der Zweckverband GKD ist eine Körperschaft des öffentlichen Rechts. Als kommunales Systemhaus zählt er zu den größten kommunalen Datenverarbeitungszentralen in Nordrhein-Westfalen.

Das Dienstleistungsspektrum ist durch Bürgerfokussierung geprägt und wird nach einem durchgängigen E-Government-Konzept kontinuierlich weiterentwickelt. Es beinhaltet die folgenden Leistungsbereiche:

- Betrieb zentrale Datenverarbeitung (Produktion)
- Bereitstellung Fachanwendungssoftware
- Netzbetrieb
- System- und Benutzerservices
- Fachanwendungsbetreuung
- Schulung, Aus- und Fortbildung
- Beschaffung und Vertrieb von Hard- und Software
- Softwareentwicklung
- Vermittlung von Leistungen zur Sprachkommunikation
- Gemeinsamer behördlicher Datenschutzbeauftragter

Zweckverband Gemeinsame Kommunale Datenverarbeitung Rhein-Sieg/Oberberg
www.gkd-rso.de

KREISSPARKASSE KÖLN

FÖRDERT UNTERNEHMENSGRÜNDUNGEN AN DER FACHHOCHSCHULE BONN-RHEIN-SIEG

VON JOSEF HASTRICH,
STELLVERTRETENDER VORSTANDSVORSITZENDER
DER KREISSPARKASSE KÖLN

Ein Ziel des Zusammenschlusses der Kreissparkasse Köln mit der Kreissparkasse in Siegburg im Jahr 2003 war es, die regionale Wirtschafts- und Strukturförderung für den Rhein-Sieg-Kreis weiter auszubauen. Ein wichtiger Punkt in diesem Zusammenhang ist es, die bewährte Zusammenarbeit zwischen der Kreissparkasse und der Fachhochschule Bonn-Rhein-Sieg, an der die potenziellen Unternehmer von morgen ausgebildet werden, weiter zu intensivieren.

Praktisch umgesetzt wird dieses Ziel mit der Einrichtung einer Professur für Existenzgründungs- und Mittelstandsmanagement sowie der Gründung der BusinessCampus GmbH.

Es ist bekannt, dass Unternehmensgründungen einen überaus positiven Einfluss auf die wirtschaftliche Entwicklung einer Region haben können. Dieser Einfluss äußert sich z. B. darin, dass neue Arbeitsplätze geschaffen und zukunftsträchtige Innovationen umgesetzt werden. Da sich diese Erfolge jedoch in aller Regel erst langfristig einstellen, müssen auch die Konzepte, die die Gründungskultur positiv beeinflussen sollen, langfristig angelegt sein. Im Rahmen unserer Zusammenarbeit mit der Fachhochschule wird dies durch die eingangs erwähnten und zeitlich versetzt wirkenden Säulen „Professur" und „BusinessCampus" erreicht.

Der Neubau an der Fachhochschule Bonn-Rhein-Sieg mit den Flächen für die Business-Campus GmbH in Sankt Augustin im Modell

Business Campus Rhein-Sieg GmbH

PROFESSUR FÜR EXISTENZGRÜNDUNGS- UND MITTELSTANDS-MANAGEMENT

Zunächst finanziert die Kreissparkasse Köln die Professur an der Fachhochschule. Hier werden neben Aufgaben in Lehre und Forschung vor allem die praktischen Aspekte einer Gründung in den Vordergrund rücken. Es werden aktiv Gründungen aus der Hochschule heraus initiiert, indem entsprechend praktische Gründungs- und Entwicklungsprojekte intensive Unterstützung erfahren.

Potenzial ist bei der Vielfalt der Fachbereiche an der Fachhochschule (Wirtschaft, Elektrotechnik, Maschinenbau, Technikjournalismus und Angewandte Naturwissenschaften) ausreichend vorhanden. Dies zeigen auch die in der Vergangenheit bereits umgesetzten Gründungsvorhaben. Erst einmal sensibilisiert für das Thema Gründung, werden die Studenten unter vielfältigen Aspekten dahingehend qualifiziert, die Hürden zu nehmen und einen erfolgreichen Start umzusetzen.

von anforderungsgerechten Betriebsräumen, Serviceeinrichtungen und Management-Leistungen eines Gründerzentrums; die Entwicklung der Gründungen durch eine enge Betreuung in der GmbH und über die Professur; die Einbindung der Unternehmen in die regionale Wirtschaftsstruktur und die Vermittlung von Kontakten zu Wirtschafts- und Forschungsinstitutionen im Rhein-Sieg-Kreis und darüber hinaus.

Nach Abschluss des Studiums wird den jungen Unternehmern so ein strukturierter Start ermöglicht, um langfristig die oben beschriebenen positiven Effekte erreichen zu können. Der Geist der Gründungshochschule wird damit noch intensiver untermauert und ein Brückenschlag zwischen den Jungakademikern und der Wirtschaft hergestellt. Das gesamte Projekt ist deshalb gemeinsam mit den Partnern Fachhochschule und Rhein-Sieg-Kreis auf

Kontinuität und Nachhaltigkeit angelegt. Die Professur ist zeitlich unbefristet eingerichtet und die BusinessCampus GmbH erhält eine Finanzierung, die ihr von Anfang an den langfristigen Betrieb sichert.

Mit ihren Finanzierungsdienstleistungen, auch mit umfangreichen Angeboten im Bereich des Einsatzes öffentlicher Förderkredite in den ersten Jahren des Unternehmensaufbaus und darüber hinaus, und mit entsprechenden Qualifizierungsmaßnahmen unterstützt die Kreissparkasse Köln die Unternehmer zusätzlich. Gemeinsam mit den vielen Angeboten anderer Institutionen wird auf diese Weise den Erfolg versprechenden Gründungsvorhaben ein guter Markteintritt ermöglicht.

BUSINESSCAMPUS GMBH

Zusätzlich kommt die zweite Säule des Projekts zur Wirtschafts- und Strukturförderung zum Tragen. Gemeinsam mit dem Rhein-Sieg-Kreis und der Fachhochschule bietet die Kreissparkasse Köln im so genannten „BusinessCampus" Flächen für Gründungen aus der Hochschule heraus an. In Rheinbach und Sankt Augustin stehen an der Hochschule hierfür ca. 1400 Quadratmeter Büro und Lagerfläche zur Verfügung. Auch Laborflächen können je nach Bedarf eingebunden werden. Die Ziele der BusinessCampus GmbH sind vielfältig: eine frühzeitige Initiierung von Gründungen aus der Hochschule heraus; die Bereitstellung

Frühjar 2004, BusinessCampus im Rohbau

DIE WIRTSCHAFTSFÖRDERUNG DER KREISSPARKASSE KÖLN IM RHEIN-SIEG-KREIS

VON THOMAS BERNSEN

Neues Gewerbegebiet in Lohmar

Die im Laufe des Jahres 2004 erschienenen Berichte in der Presse über eine angeblich nicht mehr adäquate Versorgung des Mittelstandes mit notwendigen Finanzierungsmitteln verunsicherten Existenzgründer, junge und bereits etablierte Unternehmen in Deutschland. Schlagworte wie Basel II, Rating und MAK (Mindestanforderungen für das Kreditgeschäft) tauchten immer häufiger in der Presse auf. Oftmals jedoch wurden diese Begriffe widersprüchlich interpretiert, was dazu führte, dass als Fazit häufig zu lesen war, die Kreditinstitute würden zukünftig dem Mittelstand keine ausreichenden Finanzierungen für notwendige Investitionen oder Betriebsmittel zur Verfügung stellen. Zusätzlich sollte der Einsatz öffentlicher Förderprogramme nur noch sehr restriktiv gehandhabt werden.

Diesen allgemeinen Trend hat die Kreissparkasse Köln durch erhöhte Kreditvergabe antizipiert. Ebenso steigerte die Kreissparkasse Köln ihr Förderkreditgeschäft in 2003 von 182 Mio. auf 220 Mio. Euro. Die Kreissparkasse Köln steht unverändert zum Mittelstand und Existenzgründern und deren Finanzierung. Das klare „Ja" zur uneingeschränkten Förderung mittelständischer Unternehmen unter dem Motto „In der Region – Für die Region" kann anhand mehrerer Beispiele nachvollzogen werden.

Im Zentralbereich *Unternehmens- und Technologieförderung* arbeiten zwei Mitarbeiter für den Bereich Öffentliche Förderprogramme. Sie betreuen die Firmenkunden- und Existenzgründungsberater in Grundsatzfragen und informieren bei neuen oder veränderten Programmen. Die Kreissparkasse Köln wird auch in Zukunft öffentliche Förderprogramme ergänzend zu den eigenen Mitteln für ihre Kunden anbieten. Neben der Betreuung der Kunden bei Förderkrediten sind weitere fünf Beraterinnen und Berater im angegliederten Bereich *Existenzgründungen* tätig, die sich ausschließlich mit der Existenzgründungsberatung und -finanzierung beschäftigen. Zusätzlich zur reinen Finanzierungsberatung führen diese Mitarbeiter ein drei- bis fünfjähriges intensives Coaching für die Existenzgründer durch, in dem die jungen Unternehmen von ihrem jeweiligen Existenzgründungsberater partnerschaftlich begleitet werden.

Ergänzend werden auch öffentliche Informationsveranstaltungen für Existenzgründer, junge und bereits etablierte Unternehmen angeboten. Beispiele dafür waren u.a. das am 16. Juni 2004 veranstaltete InfoForum „Rating für den Mittelstand und öffentliche Förderkredite" in der Fachhochschule Bonn-Rhein-Sieg in Rheinbach und dessen Folgeveranstaltung, das InfoForum „Verbessern Sie Ihr Rating – Instrumente zur Unternehmenssteuerung und neue öffentliche Förderprogramme" am 22. September in der Fachhochschule Bonn-Rhein-Sieg in Sankt Augustin.

Gründer- und Technologiezentrum Rheinbach

Das rege Interesse an den vielfältigen Veranstaltungen der Kreissparkasse Köln im Rhein-Sieg-Kreis hat gezeigt, wie wichtig es ist, unser Engagement als Partner und Financier des Mittelstandes im Rhein-Sieg-Kreis auch in den kommenden Jahre voranzutreiben.

Beide Foren wurden in Kooperation mit der Wirtschaftsförderung des Rhein-Sieg-Kreises und der Fachhochschule Bonn-Rhein-Sieg durchgeführt, die auch in Zukunft unsere Partner bei der Wirtschaftsförderung im Rhein-Sieg-Kreis sind.

Die Kreissparkasse Köln verfügt über ein großes Netzwerkes mit einem vielfältigen Unterstützungsangebot für Existenzgründer in unserer Region. Eine wichtige Institution in der rheinländischen Gründerszene ist der Verein *NUK Neues Unternehmertum Rheinland e. V.* In diesem Verein engagieren sich rund 60 Unternehmen als Mitglieder und Sponsoren, um Gründungsaktivitäten im Rheinland zu fördern und zu unterstützen. Der jährliche Businessplan-Wettbewerb ist der größte Deutschlands. Eine wichtige Anlaufstelle für technologieorientierte Gründer sind die Technologiezentren in der Region, bei denen sich die Kreissparkasse Köln wesentlich finanziell und personell beteiligt. Die Zentren richten sich mit ihrer Leistungspalette speziell an die Bedürfnisse dieser Gründergruppe. Bereits vor vier Jahren wurde gemeinsam mit den drei Zentren Bergisch Gladbach, Gummersbach und Hürth das *S-Management Forum* ins Leben gerufen. Dieses Forum bietet in Form von Starthilfe-Seminaren für Existenzgründer und Informationsforen zu aktuellen Themen Unterstützung bei regionalen Unternehmensvisionen. Seit 2004 ist auch das Gründer- und Technologiezentrum Rheinbach im *S-ManagementForum* in diese Veranstaltungen eingebunden. So waren beispielsweise die beiden Starthilfeseminare in Rheinbach im März 2004 mit jeweils 60 Teilnehmern ausgebucht.

Fachhochschule Bonn-Rhein-Sieg in Rheinbach

Die Sparkassen-Finanzgruppe ist Mittelstands-Financier Nr. 1 in Deutschland

Quelle: Bundesbank, KfW – Daten für das Jahr 2003

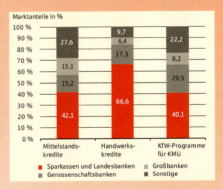

BE SMART DON'T START

DER INTERNATIONALE WETTBEWERB FÜR SMARTE SCHULKLASSEN

VON MATTHIAS BECKER

Wissenschaftliche Untersuchungen belegen, dass Jugendliche, die früh mit dem Rauchen beginnen, auch im Erwachsenenalter häufig rauchen. Inzwischen liegt das Einstiegsalter für den Zigarettenkonsum in Deutschland im Schnitt bei 13,6 Jahren. Bis zum 18. Lebensjahr raucht fast die Hälfte der Jugendlichen. Die Aktion Be Smart – Don't Start (Sei schlau – fang gar nicht erst an), die die AOK Rheinland seit 2003 auch im Rhein-Sieg-Kreis organisiert, hat sich deshalb zum Ziel gesetzt, den Einstieg in das Rauchen so lange wie möglich zu verzögern bzw. ganz zu verhindern. Sie wendet sich an die Schülerinnen und Schüler der Klassenstufen fünf bis acht.

Die Gefahren des Rauchens – wie Lungenkrebs, Herzinfarkt und Schlaganfall – kennen viele Schülerinnen und Schüler. Dennoch brauchen sie Hilfestellungen, um sich den Werbeversprechungen der Tabakindustrie und dem sozialen Druck von Gleichaltrigen zu entziehen. *Be Smart – Don't Start* setzt deshalb auf die Motivation durch die Klassengemeinschaft.

Unter der Schirmherrschaft von Landrat Frithjof Kühn beteiligen sich seit dem Schuljahr 2002/2003 auch Schulen aus unserer Region an dem Wettbewerb. Die jüngste Runde fand zwischen dem 10. November 2003 und dem 30. April 2004 zeitgleich in Belgien, Dänemark, Deutschland, Finnland, Frankreich, Griechenland, Großbritannien, Island, Italien, Luxemburg, den Niederlanden, Österreich, Portugal, der Schweiz, Spanien und in den Vereinigten Arabischen Emiraten statt. Im Rhein-Sieg-Kreis lagen wiederum Vorbereitung und Durchführung in den Händen der AOK Rheinland. Das Institut für Therapie- und Gesundheitsforschung, IFT-Nord, in Kiel betreute die Aktion deutschlandweit und wertete die Daten aus.

163 Schulklassen aus dem Rhein-Sieg-Kreis starteten am 10. November 2003 – gemeinsam mit rund 9 500 Schulklassen in ganz Deutschland und 20 000 Klassen europaweit. Das Klassenziel galt als erreicht, wenn 90 Prozent der Schülerinnen und Schüler einer Klasse ein halbes Jahr nicht geraucht haben. 105 der 163 gestarteten Gruppen aus dem Rhein-Sieg-Kreis, mit 2 837 Mitgliedern, schafften diese Hürde – immerhin so viele Klassen wie in Bremen, Rheinland-Pfalz und dem Saarland zusammen.

Die Klassen mussten ihre erfolgreiche Teilnahme am Wettbewerb selbst kontrollieren und dem Institut für Therapie- und Gesundheitsforschung in Kiel monatlich mit einer Postkarte dokumentieren. Wer dieser Selbstverpflichtung nicht nachkam, schied aus. 42 Schulklassen stellten den Versand der Kontrollkarten kommentarlos ein, während 16 Klassen den Abbruch begründeten.

Unterstützt von vielen Freunden und Förderern, angeführt von der Stiftung *Kreissparkasse – Für uns Pänz*, informierte die AOK Rheinland alle teilnehmenden Klassen regelmäßig über den Verlauf des Wettbewerbs im Rhein-Sieg-Kreis und veranstaltete am 18. Juni 2004 für alle erfolgreichen („smarten") Klassen eine große Abschlussfeier in der Aula der Kopernikus-Realschule in Hennef.

Die AOK und der Rhein-Sieg-Kreis geben den Startschuss zum Wettbewerb *Be Smart – Don't Start* im Rhein-Sieg-Kreis.

Neben 25 smarten Schulklassen, die sich dort jeweils über Zuschüsse der Stiftung *Kreissparkasse – Für uns Pänz* für die Klassenkasse in Höhe von 100 € oder 200 € freuen konnten, zeichnete eine Jury die sieben besten Beiträge eines Kreativwettbewerbs zum Thema „NICHTrauchen" aus. Die Klassenpreise hatten die Freunde und Förderer von *Be Smart – Don´t Start* zur Verfügung gestellt. Bei einem Kletterwettbewerb konnten die an dieser Abschlussveranstaltung teilnehmenden Schülerinnen, Schüler, Eltern und Lehrer einen Kletterkurs für die gesamte Schulklasse gewinnen.

Auch in den folgenden Jahren wird sich die AOK Rheinland dafür einsetzen, diesen Wettbewerb im Rhein-Sieg-Kreis zu etablieren.

oben links: Sieger des Be-Smart-Kletterwettbewerbs: die „Kletterfreaks" (Klasse 6a, Realschule Oberpleis, Königswinter), „On the Rocks" (Klasse 8a, Gymnasium Zum Altenforst, Troisdorf)

oben rechts: Die Klasse 6e des Städtischen Gymnasiums Hennef überzeugte mit ihrer Skulptur *Funny Smokes*. Sie verkörpert die beiden Lebensformen Gesundheit und Krankheit. Während die bunten Farben für Leben und Gesundheit stehen, weist die schwarze Farbe auf Erkrankungen hin, die durch das Rauchen verursacht werden können.

unten rechts: Große Freude über die Klassenpreise

Das Logo „Be Smart – Don´t Start" ist im Besitz des *Transport for London* und ein eingetragenes Warenzeichen

BRANDHEISS
AUS DEM FEUERWEHRJAHR 2003/2004 IM RHEIN-SIEG-KREIS

VON
PETER KERN

FEUERWERKSKÖRPER LÖSTEN GROSSBRAND IN EINER FABRIKHALLE AUS

Meterhohe Flammen schlugen in die Höhe, die riesige Feuersäule am dunklen Himmel war kilometerweit zu sehen. Das Produktions- und Lagergebäude der Kunststoff verarbeitenden Firma Acrylland in Siegburg brannte am Silvesterabend in voller Ausdehnung. Immer wieder waren Explosionen aus der Halle zu hören.

Gegen 20.06 Uhr war zunächst ein Palettenbrand auf dem Firmengelände gemeldet worden. Als die ersten Kräfte am Einsatzort eintrafen, brannten Paletten mit Acrylglas, die in der Nähe einer Außenwand der großen Halle standen. Der Kunststoff strahlte enorme Hitze ab.

Zwischen dem Außenbereich und dem Inneren der Halle entstanden unterschiedliche Luftdrücke, durch die die Wand des Bauwerks nach außen aufbrach. So konnte das Feuer nach innen übergreifen, wo ein Hochregal mit Acrylfertigprodukten in Flammen aufging. Nach kurzer Zeit stand die etwa 50 × 80 Meter große Stahlkonstruktionshalle im Vollbrand. Der stellvertretende Kreisbrandmeister Dietmar Klein löste sofort Großalarm aus. Feuerwehren aus insgesamt neun Kommunen sowie die Werkfeuerwehr des Siegwerks rückten an. Über 200 Einsatzkräfte mühten sich bei Temperaturen um den Gefrierpunkt, dass das Feuer nicht auf die Nachbargebäude übergriff. Letztendlich waren fünf Wasserwerfer und vier B-Rohre im Einsatz. Auch zwei Drehleitern wurden zur Unterstützung eingesetzt. Da die Wasserlieferung aus dem städtischen Rohrnetz nicht ausreichte, wurde über eine 6 000 Meter lange Schlauchleitung Wasser aus dem Mühlengraben geholt.

Gegen 22.30 Uhr entschied die Einsatzleitung, die Halle mit Schaum zu fluten. Bis zum endgültigen Löscherfolg wurden ca. 3 000 Liter Schaummittel eingesetzt.

Weil weitere Explosionen nicht auszuschließen waren, wurden die ICE-Strecke Köln-Frankfurt und die S-Bahnstrecke Köln-Siegen, die an der Einsatzstelle vorbeiführen, vorübergehend gesperrt. Züge mussten umgeleitet werden oder fielen ganz aus.

Bis um vier Uhr am Neujahrsmorgen dauerten die Löscharbeiten an, die Brandwache war noch bis um 16 Uhr immer wieder mit Nachlöscharbeiten beschäftigt. „Die Zusammenarbeit der verschiedenen Einheiten hat gut geklappt", resümierte der Stellvertretende Kreisbrandmeister Dietmar Klein.

Der vorbeugende Brandschutz bewährte sich:

Ein angrenzender Bau und der Verwaltungstrakt der Firma konnten gerettet werden. Auch die gegenüberliegenden Lagerräume eines Möbelhauses wurden nur geringfügig in Mitleidenschaft gezogen. Von der Halle blieb jedoch nur das Stahlgerippe stehen.

Eine große Anzahl von Feuerwerkskörpern rund um den Einsatzort brachten die Spezialisten der Polizei bei der Suche nach der Brandursache auf die Spur: Raketen und Böller, die von bisher unbekannten Personen auf das Firmengelände geworfen wurden, verursachten den Großbrand.

AUSTRITT VON FLÜSSIGGAS AN EINER TANKSTELLE

Ein Funke hätte am 3. März kurz nach sieben Uhr genügt, um an einer Tankstelle im Lohmarer Gewerbegebiet Burg Sülz eine Katastrophe auszulösen. Ein LKW-Fahrer hatte beim Rangieren mit dem Überstand seines Autotransporters die Zapfsäule für Autogas um etwa einen halben Meter zur Seite versetzt. Dadurch war das Rohr vom Gastank zur Zapfsäule frei gelegt. Mit lautem Zischen entwich das Flüssiggas aus dem unterirdischen Tank und spritzte gegen das Dach der Tankstelle.

In unmittelbarer Nähe der Tankstelle befinden sich viele Gewerbebetriebe. In 20 Meter Entfernung verläuft die viel befahrene Sülztalstraße, 400 Meter entfernt ist die Bundesautobahn A 3. Für die Lohmarer Feuerwehr wurde Stadtalarm ausgelöst.

Messgruppen aus Siegburg, Troisdorf und Königswinter unterstützten die Lohmarer.

Flüssiggas ist schwerer als Luft und bildet eine Wolke über dem Boden. Noch in fast 50 Metern Entfernung war das Gemisch hochexplosiv. Die Beschäftigten in den umliegenden Betrieben wurden aufgefordert, die Gebäude zu verlassen. Die Polizei sperrte den Schadensort sowie die Zu- und Durchfahrtstraßen weiträumig ab. Sogar die Sperrung der A 3 stand kurzfristig zur Diskussion. Die Einsatzkräfte brachten einen Wasserwerfer in Stellung, um das austretende Gas zu verwirbeln und ggf. an der Ausströmstelle durch Bildung eines Eispfropfens ein weiteres Ausströmen zu drosseln bzw. zu unterbinden, und nahmen ein Pulverrohr und ein Schaumrohr vor. Um Funkenflug zu vermeiden, wurde im gesamten Gewerbegebiet der Strom abgeschaltet.

Dann erkundeten zwei Feuerwehrleute die im Domschacht vorhandenen Armaturen und suchten nach Abschiebermöglichkeiten. Es gelang, den Gasaustritt durch Umlegen eines Kugelhahnes in der Rücklaufleitung zu unterbinden. Durch Einschlagen eines Kunststoffpfropfens in das offene Ende der abgescherten Leitung an der Zapfsäule wurde dann das Ausströmen eines Gasrestes verhindert. Um 8.30 Uhr war die konkrete Gefahr gebannt und die Absperrungen, die zu erheblichen Verkehrsstörungen geführt hatten, konnten aufgehoben werden.

Nach den derzeit gültigen Sicherheitsvorschriften für Flüssiggastankanlagen muss die Rücklaufleitung nicht durch ein automatisch schließendes Magnetventil gesichert sein. Der Schadensfall in Lohmar wird nun zum Anlass genommen, die bestehenden Vorschriften zu überprüfen.

NEUER EINSATZLEITWAGEN FÜR DIE FEUERWEHREN IM RHEIN-SIEG-KREIS

Ein wichtiges Führungsmittel für die Einsatzleitung der Feuerwehr bei großen Schadenslagen ist der Einsatzleitwagen (ELW). Die Feuerwehrleitung im Rhein-Sieg-Kreis nutzte bis Ende des Jahres 2003 einen ELW Typ 3, einen umgebauten Linienbus, Baujahr 1973, mit der stolzen Laufleistung von 472.000 km. Reparaturen lohnten sich nicht mehr. Zuschüsse des Landes machten nun eine Neuanschaffung möglich.

Der von der Firma Binz in Thüringen ausgebaute neue Einsatzleitwagen Typ 2 erlaubt der Einsatzleitung vor Ort eine der neuesten und modernsten Technik entsprechende Stabsarbeit. So bietet der Aufbau einen Arbeitsraum für acht Stabsmitarbeiter und einen Funkraum mit drei Arbeitsplätzen.

Eine Telefonanlage mit bis zu vier Amtsanschlüssen und der sofortigen Einsatzbereitschaft über Mobilfunkmodule ist ebenso selbstverständlich wie Computervernetzung, Faxmöglichkeit und Internetzugang. Eine Großbildprojektion für aktuelle Computer- oder Satellitenbilder rundet neben einer fest eingebauten unabhängigen Stromversorgung das Bild ab. Stationiert ist dieses moderne Fahrzeug auf der Feuer- und Rettungswache in Troisdorf-Sieglar.

Regionale Trinkwasserversorgung
Wenn Stärken zu

Wasser, die Kostbarkeit vom Wahnbachtalsperrenverband:
Rund eine Million Menschen schöpfen aus dieser natürlichen Quelle.
Als starke Partner in der Region Bonn/Rhein-Sieg sichern wir
nachhaltig die Qualität Ihres Trinkwassers.

mmenfließen.

www.stadtwerke-bonn.de

BLICK ZURÜCK

DAS NEUESTE AUS DEM RHEIN-SIEG-KREIS 2003-2004

CHRONIK VOM 1. JULI 2003 BIS 30. JUNI 2004

von Susanne Werner

Juli 2003

Die Siegburger Polizeibeamten können aufatmen: Nach zähen Verhandlungen stellt das Land 22 Millionen Euro für den Bau der neuen Polizeiwache bereit. Das derzeitige 30 Jahre alte Dienstgebäude ist schon seit langem marode. Die Fertigstellung der neuen Wache ist für 2005 geplant.

Im Siegburger Kreishaus findet der zweite Pflegetag im Rhein-Sieg-Kreis statt. Auf der kleinen Fachmesse „Gepflegt und betreut im Rhein-Sieg-Kreis" stellen Alten- und Pflegeheime, Sonderschulen, Selbsthilfegruppen, das Kreisgesundheitsamt, Wohlfahrtsverbände und viele andere ihre Arbeit den zahlreichen Besuchern vor.

Das sechste Jugendhilfezentrum des Rhein-Sieg-Kreises öffnet in der Aachener Straße in Rheinbach seine Pforten (Bild unten).

So gibt es nun auch für die Bürgerinnen und Bürger aus Rheinbach und Swisttal Rat und Hilfe vor Ort.

„Siegtal Pur" heißt es zum achten Mal auf der Siegtalstraße (L 333). Auf Grund der späten Sommerferien findet die Veranstaltung diesmal nicht im September, sondern bereits im Juli statt. Die Strecke, die an diesem Sonntag von Siegburg aus nur für Radler, Inline-Skater und andere nicht motorisierte Erholungssuchende geöffnet ist, wurde erstmalig in ihrer Länge verdoppelt und reicht nun bis ins Siegerland.

„Siegburg" ist schnell! Bürgermeister Rolf Krieger und der nordrhein-westfälische Bahnchef Wolfgang Maurer taufen mit Siegburger Obergärigem einen Intercity-Express auf den Namen der Kreisstadt. Im Anschluss wurde die neue Zanger Zeile, das Entree der Bahnhof-Ostseite (Bild oben) eingeweiht.

Die Frauenzentren Troisdorf und Bad Honnef/Königswinter schließen eine Leistungsvereinbarung mit dem Rhein-Sieg-Kreis. Demnach erhalten die beiden Einrichtungen einen Förderbetrag von 71000 Euro; im Gegenzug übernehmen sie die Beratung für das linksrheinische Kreisgebiet mit.

Der Umwelt-Technik-Preis des Rhein-Sieg-Kreises geht in diesem Jahr an die Ingenieure Kirmse und Partner aus Sankt Augustin für ein reststofffreies Krematorium sowie an die GEP Umwelttechnik GmbH aus Eitorf für ihre Anlagen zur Regenwassernutzung und zum Grauwasserrecycling.

330 Teilnehmerinnen und Teilnehmer gehen auf dem „Langen Tag der Region" im Bonner Uni-Club der Frage nach, wie die Region den Sprung an die Spitze der europäischen Metropolen schaffen kann. Auf dieser dritten Projektbörse werden fast 50 Ideen vorgestellt, die um die Teilnahme an der „Regionale 2010" wetteifern. Die Regionale 2010 hat „Brückenschläge" zum Thema; mit ihrer Durchführung bündelt das Land Nordrhein-Westfalen als Hauptgeldgeber die Entwicklungsbestrebungen der Kommunen.

Zur Modellregion für die Kampagne „Gut drauf: bewegen, entspannen, essen – aber wie?" hat die Bundeszentrale für gesundheitliche Aufklärung (BzgA) den Rhein-Sieg-Kreis ausgewählt. Zahlreiche Schulen, Sportvereine sowie Einrichtungen der Jugendarbeit schließen sich zusammen und erarbeiten vernetzt kreisweite Aktionen, die Kindern und Jugendlichen gesunde Ernährung, ausreichende Bewegung und ausgleichende Entspannung näher bringen wollen. Finanziell ermöglicht wird das Projekt durch die BzgA sowie die Stiftung „Für uns Pänz" der Kreissparkasse Köln.

50 Jahre Wahnbachtalsperrenverband – mit einer kleinen Ausstellung zum Thema „Wasser" wird dieses Jubiläum im Siegburger Kreishaus gewürdigt. Aus diesem Anlass wird im Kreishaus ein Trinkwasserspender aufgestellt, der von nun an den Durst der Besucher der Kreisverwaltung stillen soll.

Auch das Diakonische Werk im Rhein-Sieg-Kreis erhält eine Förderung vom Kreis. In der Fördervereinbarung wird festgelegt, dass der Kreis die neue Freiwilligenagentur in Siegburg mit jährlich 32800 Euro unterstützt, um die ehrenamtliche Arbeit zu stärken.

Blick über die Wahnbachtalsperre

Juli 2003, Namen und Personen

Der Königswinterer Bernd-Josef („Jopa") Vedders wird vom Stadtrat in Bad Honnef zum neuen Technischen Beigeordneten gewählt. Er löst Gerhard Bense ab, der dieses Amt 28 Jahre lang inne hatte.

Juli 2003, Kunst und Kultur

Landrat Kühn ehrt die Sieger des Fotowettbewerbs des Rhein-Sieg-Kreises 2003 zum Thema „Zuhause im Rhein-Sieg-Kreis". Den ersten Preis erhält Dr. Hanns G. Noppeney aus Troisdorf für seine Bildfolge „Ecce homo", der zweite Preis geht an Helmut Richter aus Niederkassel für sein Foto „Schuster Karp" und die Landschaftsaufnahme „Hartenberg" von Klaus Schidniogrotzki aus Königswinter wird mit dem dritten Preis ausgezeichnet. Die Arbeiten der drei Preisträger sind bereits im Jahrbuch des Rhein-Sieg-Kreises 2004 vorgestellt worden.

Die Stadt Siegburg und ihre Musikschule zeichnen die Preisträger des 15. Komponistenwettbewerbs und des dritten Vokalpreises aus. 17 Komponisten aus Deutschland beteiligten sich mit 42 Werken. Im Rahmen eines Liederabends am Humperdinck-Flügel im Siegburger Stadtmuseum werden der erste und dritte Preis an Franz Surges aus Eschweiler, der zweite Preis an Egor Wirz aus Paderborn, Theodor Köhler aus London und Rudolf Suthoff-Gross aus Braunschweig verliehen. Die Gewinnerin des Vokalpreises ist die 18-jährige Anna Hofmann.

Vom 17. bis 27. Juli geht das erste Schultheater-Festival Bonn/Rhein-Sieg über die Bühnen des Jungen Theaters Bonn und der Brotfabrik. Dieser neue Wettbewerb löst unter dem Namen „spotlights" den bekannten Schultheaterwettbewerb ab.

Humperdinck-Flügel im Siegburger Stadtmuseum

Der neu gegründete Belgische Kultur- und Freundeskreis eröffnet in Troisdorf ein Museum, das auch als Vereinslokal dient. Nach Abzug der belgischen Truppen aus Camp Spich und Camp Altenrath erinnern so die 400 in Deutschland bleibenden Familien – und ihre deutschen Freunde – an ein Stück Troisdorfer Geschichte.

Juli 2003, was sonst vor Ort geschah

Als erstes Krankenhaus im Rhein-Sieg-Kreis erkennen die Landesverbände der Krankenkassen die Gynäkologische Klinik am Troisdorfer Sankt-Josef-Hospital als „Zentrum für die Behandlung von Brustkrebs" an. Die vernetzte Therapie und die enge Zusammenarbeit mit unterschiedlichen medizinischen Disziplinen bietet den Patientinnen ortsnahe Versorgung auf hohem Niveau.

Noch enger zusammenarbeiten wollen die Kommunen Eitorf, Hennef, Lohmar, Neunkirchen-Seelscheid, Much und Ruppichteroth. Die Bürgermeister unterzeichnen eine entsprechende Vereinbarung, die Kosten-Einsparungen und eine höhere Qualität der Verwaltungsarbeit durch gemeinsam ausgeführte Verwaltungsabläufe schaffen soll. Auch die sechs linksrheinischen Kommunen des Rhein-Sieg-Kreises bereiten eine intensivere Kooperation vor. Sie wollen ein gemeinsames Fremdenverkehrskonzept erarbeiten und den Verein „Rhein-Ville-Voreifel-Tourismus" gründen.

„Spiel mit – mach mit" lautet das Motto des Festes, das die Richard-Schirrmann-Schule für Erziehungshilfe des Rhein-Sieg-Kreises in Hennef-Bröl anlässlich ihres 25-jährigen Bestehens feiert. In Bröl werden derzeit 104, in der Außenstelle der Schule in Siegburg 25 Schülerinnen und Schüler unterrichtet.

Ihren hundertsten Geburtstag feiern die Stadtwerke Troisdorf mit 250 geladenen Gästen im Nachbau eines historischen Spiegelzeltes auf den Wiesen vor Burg Wissem. Auch Bürgermeister Manfred Uedelhoven, sein Vorgänger Uwe Göllner, GEW-Vorstandschef Helmut Haumann, Stadtwerke-Chef Peter Blatzheim und Vizelandrätin Uta Gräfin Strachwitz ließen sich vom bunten Programm in diesem einzigartigen Ambiente beeindrucken.

Nach vielen Jahren der Vorbereitung beginnt im Rheinbacher Südosten die Erschließung eines der wichtigsten Baugebiete der Stadt. Der Spatenstich zum Wohnpark Weilerfeld wird von Bürgermeister Stefan Raetz und anderen am Bau Beteiligten ausgeführt. Zunächst entstehen hier 14 Reihenhäuser; in den nächsten Jahren könnten insgesamt 800 Wohneinheiten für 2000 Menschen entstehen.

Auch in diesem Jahr gibt die nordrhein-westfälische Umweltministerin Bärbel Höhn die Ergebnisse im Landeswettbewerb „Unser Dorf soll schöner werden" bekannt. Altwindeck und Stadt Blankenberg werden in der Endrunde von über 1000 Bewerbern mit Bronzemedaillen sowie Sonderpreisen ausgezeichnet.

Über 2000 Jugendliche im ganzen Kreisgebiet beteiligen sich an der Aktion „R(h)ein-Power". Für den guten Zweck wurden im Rahmen der erstmalig von der katholischen Kirche durchgeführten Aktion innerhalb von 48 Stunden zahlreiche gemeinnützige Projekte erfolgreich in die Tat umgesetzt.

Der Korruptionsprozess gegen den Müllmanager und ehemaligen CDU-Kommunalpolitiker Karl-Heinz Meys aus Sankt Augustin beginnt vor dem Bonner Landgericht.

Die 30 größten privaten Arbeitgeber in der Region

Unternehmen	Beschäftigte im Kammerbezirk Bonn/Rhein-Sieg	Beschäftigte Deutschland	Beschäftigte Weltweit
Deutsche Telekom	11 634	177 826	256 969
Deutsche Post-World Net	7 000	249 000	372 000
Bonner Stadtwerke	2 119	–	–
Deutsche Postbank	1 900	10 000	10 300
Sparkasse Bonn	1 533	–	–
Moeller GmbH	1 465	4 283	11 142
Kreissparkasse Siegburg	1 397	–	–
Haribo	1 350	3 000	6 000
Deutscher Herold AG	1 343	1 771	–
HT Troplast AG	1 233	3 218	4 632
Mannstaedt-Werke GmbH&Co.KG	1 019	–	–
Siegwerk Druckfarben AG	1 000	–	1 100
Degussa AG	974	26 936	47 623
Serco GmbH&Co.KG	850	–	–
interschutz-nord mbH	850	–	–
Reifenhäuser GmbH&Co.KG	819	–	–
Hayes Lemmerz Werke GmbH	791	–	–
GKN Walterscheid GmbH	701	896	1 062
SGL Carbon GmbH	700	3 165	7 360
Volksbank Bonn/Rhein-Sieg e.G.	687	–	–
ZF Boge GmbH	602	1 184	1 943
United Parcel Service Deutschland	583	15 000	360 000
DB 24 direkt	546	875	–
bonndata mbH	500	527	–
TNT Express GmbH	500	4 200	40 000
Corus Aluminium Profiltechnik Bonn	492	–	–
VR-Bank Rhein-Sieg e.G.	484	–	–
Bonner Zeitungsdruckerei GmbH	470	–	–
Deutsche Steinzeug Cremer&Breuer AG	459	2 197	2 583
Knauber Freizeit GmbH&Co.KG	429	998	–

Quelle: General-Anzeiger Bonn auf Basis von Daten der IHK Bonn/Rhein-Sieg

KUSCHELHASE FELIX & JUNGE "SISTERS IN ACTION"

Das 2. Schultheaterfestival „spotlights" ließ die Bonner Bühnen beben

VON ELISABETH EINECKE-KLÖVEKORN

Wenn ein Kuschelhase in den Bad Godesberger Kammerspielen mit hundert Kindern auf eine musikalische Weltreise geht und sogar ein Papst auf der Bühne der Brotfabrik auftaucht, dann können nur die *spotlights* dahinter stecken. 2003 wurde aus dem Schultheater-Wettbewerb der Jungen Theatergemeinde Bonn die Idee eines großen Schultheaterfestivals für die Schulen aus Bonn und dem Rhein-Sieg-Kreis geboren. Die Kreissparkasse in Siegburg hat damals die ersten *spotlights* durch ihre großzügige Unterstützung möglich gemacht und blieb auch unter ihrem neuen Dach als Kreissparkasse Köln Hauptsponsor der zweiten *spotlights*, die vom 10. bis 17. Juli 2004 über die Bonner Bühnen tobten. Eine Projektförderung vom Kulturamt der Stadt Bonn und weitere Sponsoren füllten die Lücken im schmalen Budget. Zum ursprünglichen Veranstalterteam, der Jungen Theatergemeinde Bonn, deren Jugendreferat für die gesamte Organisation verantwortlich war, dem Jungen Theater Bonn und dem Kulturzentrum Brotfabrik war zum ersten Mal das städtische Theater Bonn als Partner hinzu gekommen. Der neue Generalintendant Klaus Weise stellte an drei Abenden mit den Kammerspielen eine prominente Spielstätte zur Verfügung, in der jetzt auch große Produktionen mit vielen Mitwirkenden gezeigt werden konnten.

Nach acht spannenden Tagen und zwölf gelungenen Aufführungen gab es beim *spotlights*-Team und bei den vielen Schülern und Spielleitern, die mitgemacht hatten, glückliche Gesichter. Auch Heinz-Jürgen Land, Direktor bei der Kreissparkasse und zuständig für deren Stiftungen, sah man an, dass es ihm großen Spaß machte, bei der Abschlussveranstaltung im Jungen Theater die Teilnahmeurkunden zu überreichen und die jungen Künstler zu ihren großartigen Leistungen zu beglückwünschen. Die Bilanz der zweiten *spotlights* konnte sich sehen lassen und übertraf noch das erste erfolgreiche Festival: Mehr als 500 Kinder und Jugendliche hatten als Darsteller, Autoren, Regisseure, Bühnen- und Kostümbildner, Beleuchter oder Requisiteure auf und hinter der Bühne agiert; etwa 2300 Zuschauer waren zu ihren Aufführungen geströmt; die Platzauslastung lag mit ca. 80 Prozent über dem, wovon viele professionelle Theater träumen. Professionell war allerdings die Betreuung der Schultheatergruppen in den jeweiligen Theatern, deren Personal den jungen Kollegen geduldig und sachkundig mit Rat und Tat zur Seite stand, beim Transport der Kulissen und beim Auf- und Abbau half, bei den Proben gute Tipps gab, oft ganz spontan noch ein tolles Licht herbeizauberte und für den richtigen Ton sorgte.

Gemeinschaftsgrundschule Mühleip/ Eitorf, „Peterchens Mondfahrt"

Alle Schulgruppen waren begeistert von dem Engagement der Theaterleute und natürlich auch davon, einmal auf richtigen Bühnen mit all ihren technischen Möglichkeiten auftreten zu dürfen. Allein das war für die meisten schon ein Erlebnis, das alle Mühen und all die Aufregung zuvor belohnte.

Dreißig Theatergruppen von allgemeinbildenden Schulen aus Bonn und dem Rhein-Sieg-Kreis hatten sich um die Teilnahme an den zweiten *spotlights* beworben. Zwölf wurden nach gründlicher Sichtung durch die Fachjury für das Festival ausgewählt, sechs aus Bonn, sechs aus dem Rhein-Sieg-Kreis. Die Mitwirkenden waren diesmal ungewöhnlich jung: Vier Produktionen stammten von Grundschulen, vier aus der Sekundarstufe I, vier aus der Oberstufe, eine Arbeit war Stufen übergreifend. Mehr als die Hälfte aller Stücke waren selbstständige Eigenproduktionen. Eine große ästhetische und kreative Vielfalt wollten die *spotlights* präsentieren und zeigen, wie junge Menschen ihre Lebenswirklichkeit auf der Bühne spielerisch reflektieren. Wichtig waren außerdem der Dialog zwischen Schülern und Theaterprofis in den vielen Inszenierungsgesprächen im Anschluss an die Aufführungen und die Weiterbildung in theaterpraktischen Workshops.

Bei der Eröffnung des Festivals im Jungen Theater begrüßte die Bonner Bürgermeisterin Dr. Pia Heckes die Teilnehmer, freute sich über ein solch großes Potenzial an junger künstlerischer Kreativität in der Region und dankte dem *spotlights*-Team, das mit seinem überwiegend ehrenamtlichen Engagement ein spannendes Programm auf die Beine gebracht hatte. Die Bertolt-Brecht-Gesamtschule Bonn gab danach gleich ein Beispiel für das, was den Reiz der 2. *spotlights* ausmachte: Ihr Stück *Aicha*, eine bei allem spielerischen Witz traurig endende Liebesgeschichte zwischen einem deutschen Jungen und einem islamischen Mädchen, hatte die Gruppe ohne inhaltliche Vorgaben aus den eigenen Erfahrungen in Familie und Schule selbst entwickelt und damit eine sehr berührende authentische Geschichte auf die Bühne gebracht. Eine ganz eigenständige Geschichte aus der unmittelbaren Erfahrungswelt war auch das zum Abschluss gezeigte Stück *Klischee* vom Clara-Schumann-Gymnasium Bonn. Zwei Schülerinnen hatten es in den Ferien geschrieben und ohne Lehrerhilfe mit ihren Mitschülern in ihrer Freizeit einstudiert. Da tauchten all die Typen aus dem Schulalltag mit ihren kleinen und großen Konflikten auf, pfiffig verfremdet durch die Klischees der Daily Soaps. Schräge Typen in einem reichlich verrückten Sanatorium, einen rätselhaften Krimi und ein paar Fragmente aus berühmten literarischen Werken montierten die jüngeren Schüler der Otto-Kühne-Schule Bonn zu ihrer amüsanten vielschichtigen Groteske *Die erlesene Leiche*.

In der restlos ausverkauften Brotfabrik-Werkstatt reiste die Gemeinschaftsgrundschule Mühleip/Eitorf am Sonntagnachmittag mit Peterchen auf den Mond, um Sumsemanns verlorenes Beinchen zurückzuholen – die Zuschauer konnten sich kaum satt sehen an den liebevoll gemalten Kulissen, dem Fest der Elemente und den tanzenden Wolkenschäfchen. Gleich danach ging's im großen Theatersaal der Brotfabrik ins *Vier-Farben-Land* der Gemeinschaftsgrundschule Asselbachstraße aus Troisdorf-Spich. Unter der Leitung ihrer Lehrerin Annette Wilczopolski hatten die Kinder sich ausgedacht, was man im grünen, roten, blauen oder gelben Land wohl spielen könnte: Tomaten werfen, Melonen rollen oder Kaktus springen zum Beispiel. Ein wunderbarer Erzähldrache und ein mitreißend singender Chor begleiteten ihren Weg über die Grenzen in eine bunte Welt, die viel interessanter ist als jede einfarbige.

Gemeinschaftsgrundschule Asselbachstraße, Troisdorf-Spich, „Das Vier-Farben-Land"

Berühmte Klassiker hatten mehrere Oberstufengruppen einstudiert: Im Jungen Theater ließ das Heinrich-Böll-Gymnasium Troisdorf das kaiserliche Wien in Schnitzlers *Reigen* mit einer flotten Conferencière wieder auferstehen und stellte sich mutig dem immer gleichen erotischen Spiel von Verführung und Liebesverlust. Die Otto-Kühne-Schule Bonn zeigte in Arthur Millers amerikanischer *Hexenjagd* die – politisch aktuelle – Entstehung von irrationalem Verfolgungswahn mit seinen grausamen Folgen. Die Freie Waldorfschule St. Augustin hatte Dürrenmatts schweizerisch universales Güllen mitgebracht, in dem *Der Besuch der alten Dame* für Aufruhr sorgt und ein grotesker Rachefeldzug zum mörderischen Finale führt.

Wie man mit Musik und engagierter Mitmenschlichkeit selbst Mafiabosse außer Gefecht setzen kann, bewiesen die *Sisters in Action* der Realschule Oberpleis. Regisseur Markus Ennenbach hatte nicht nur mit seinen Schülern einen Text zum bekannten Film erarbeitet, sondern leitete auch die fulminante Band, die ein ganzes Nonnenkloster zum Abrocken brachte. Wenn eine Nachtclubsängerin sich in einem strengen Konvent unter der Kutte verstecken muss, sind Konflikte vorprogrammiert. Aber wenn sie den Nonnenchor zum Show-Ereignis macht und zudem noch zu wohltätiger Arbeit aus den Mauern jagt, swingt selbst der Papst irgendwann mit. Klar, dass sich dahinter der Schulleiter persönlich versteckte, der es sich nicht nehmen ließ, in dieser stummen Rolle kurz mitzuspielen. Klar, dass bei *spotlights* auch Rektoren mal Bühnenluft schnuppern dürfen.

Heinrich-Böll-Gymnasium Troisdorf, Arthur Schnitzler, „Der Reigen" (Probefoto)

Die Zuschauer in der Brotfabrik waren hingerissen und hätten am liebsten mit den cleveren Nonnen noch den ganzen Rest des Tages gesungen und getanzt, wenn nicht *Harry und der geheimnisvolle Stein* in die Kammerspiele gelockt hätten, wo die Youngster Theater-AG des Helmholtz-Gymnasiums Bonn ihre Zauberschule aufgebaut hatte. Ein Jahr lang hatten die Schüler zu der bekannten Romanvorlage Dialoge erarbeitet und dann noch ein Jahr lang an der Ausstattung und der Inszenierung gebastelt. Hexenbesen, dampfende Zaubertränke, ein magisches Schachspiel, ein wüster Troll – nichts fehlte in dieser gelungenen Adaption einer spannenden Geschichte, die die Kinder im Saal als Life-Erlebnis mindestens so aufregend fanden wie im Kino.

Zum Hexenkessel wurden die Kammerspiele bei den beiden großen Musicals im Festivalprogramm. Über hundert junge Mädchen des Clara-Fey-Gymnasiums wirbelten in dem Tanzstück *Un Voleur à Paris* über die Bühne. Der klaut die Mona Lisa aus dem Louvre, um sie nach einer langen Flucht durch die Hauptstadt der Liebe seiner Angebeteten zu überreichen. Die Choreographin Beate Heuermann hatte mit Schülerinnen aller Altersgruppen eine Tanzrevue vom Dschungelbuch bis zum frechen Cancan einstudiert, bei der es die Zuschauer fast von den Sitzen fegte. Man konnte nur staunen über die vielen raffinierten Kostüme und die professionelle Präzision des riesigen Ensembles. Wenn ein katholisches Mädchengymnasium zur Brutstätte von brillanten Tanztalenten wird, verdreht das selbst den abgebrühtesten Theaterfreaks den Kopf. Alle Herzen erobert haben die *Musikbriefe von Felix* von der Gemeinschaftsgrundschule Witterschlick. Kuschelhase Felix reißt aus, um seiner kleinen Freundin aus aller Welt Briefe mit Tänzen und Liedern zu schicken. Wie da über hundert Kinder als Indianer, Cowboys, Japaner, Russen, Griechen und Türken durch die Kontinente sausten und eine sympathische Familie auf Trab hielten – das war sicher ein Höhepunkt der *spotlights*. Musiklehrerin Stefanie Kunze war zu Recht stolz auf ihre Compagnie.

Realschule Oberpleis, Sisters in Action

Gemeinschaftsgrundschule Asselbachstraße, Troisdorf-Spich, „Das Vier-Farben-Land"

„Vor zwei Jahren bekamen wir einen ersten Preis, vor einem Jahr durften wir das erste Festival eröffnen, jetzt waren wir zu Gast auf einer großen Bühne." Auch die Kinder erlebten das als tolle Steigerung. „Autsch, als wir zur Probe auf die Bühne kamen und sahen, wie groß der Zuschauerraum ist, haben wir fast Angst gekriegt und richtig vor Lampenfieber geschwitzt", meinte hinterher einer der kleinen Darsteller. „Als uns dann die supernetten Techniker zeigten, was sie alles machen können, haben wir nur noch gestaunt und fast unsere Texte vergessen." Haben sie am Abend nicht – sie waren ganz konzentriert bei der Sache, hatten immer im richtigen Moment ihre Mikros zur Hand und konnten den Erwachsenen locker mal zeigen, wie kleine Profis mit solchen Instrumenten umgehen. Voll cool.

Standing Ovations!

„Nein, Stars wollen wir nicht züchten, sondern Spaß am Theater vermitteln und beweisen, wie wichtig aktives kulturelles Engagement für die intellektuelle und soziale Entwicklung von Schülern ist", meinten am Ende die glücklichen Veranstalter.

Gemeinschaftsgrundschule Witterschlick, „Musikbriefe von Felix"

Moritz Seibert, Intendant des Jungen Theaters Bonn, brachte es auf den Punkt: „Wir wollen mit den *spotlights* jungen Menschen ein Forum öffnen für ihre Kreativität, mit ihnen ins Gespräch kommen, gemeinsam voneinander lernen."

Einig waren sich alle: Die dritten *spotlights* müssen nach dem großen Erfolg einfach sein. Die ersten Bewerbungen dafür liegen schon vor.

Gemeinschaftsgrundschule Witterschlick, „Musikbriefe von Felix"

August 2003

Die Kassenärztliche Bundesvereinigung (KBV) darf von Köln nach Berlin umziehen. Ein Eilantrag, mit dem der Rhein-Sieg-Kreis das Verwaltungsgericht Köln angerufen hat, ist zu spät eingegangen; das zuständige Ministerium hat bereits den Umzug beschlossen. Der Kreis beruft sich auf das Bonn-Berlin-Gesetz; jetzt wird befürchtet, dass nunmehr weitere Verbände der Region den Rücken kehren könnten.

Zum ersten Mal zu Besuch im Rhein-Sieg-Kreis ist der kürzlich gewählte Landrat des polnischen Kreises Bunzlau/Boleslawiec Krzysztof Konopka. Zusammen mit seiner Delegation informiert er sich über die Arbeit des deutschen Partnerkreises sowie die Städte und Gemeinden im Kreisgebiet.

Der Landrat des polnischen Partnerkreises Boleslawiec/Bunzlau, Krzysztof Konopka, rechts, die polnische Delegation und Mitarbeiter des Kreises

Landrat Frithjof Kühn und Kreiswirtschaftsförderer Dr. Hermann Tengler ziehen eine positive Zwischenbilanz zum Strukturwandel in der Region. Es wurden trotz des Bonn/Berlin-Umzuges 1999 und der Krise beim produzierenden Gewerbe 14000 neue Arbeitsplätze geschaffen; das bedeutet einen Zuwachs von 12,2 Prozent.

Die Gewerbeanmeldungen überstiegen in den letzten Jahren stets die Abmeldungen. Im Juli wies der Rhein-Sieg-Kreis mit 7,1 Prozent die niedrigste Arbeitslosenquote in ganz Nordrhein-Westfalen auf. Die positiven wirtschaflichen Daten gehen mit einem enormen Bevölkerungszuwachs einher.

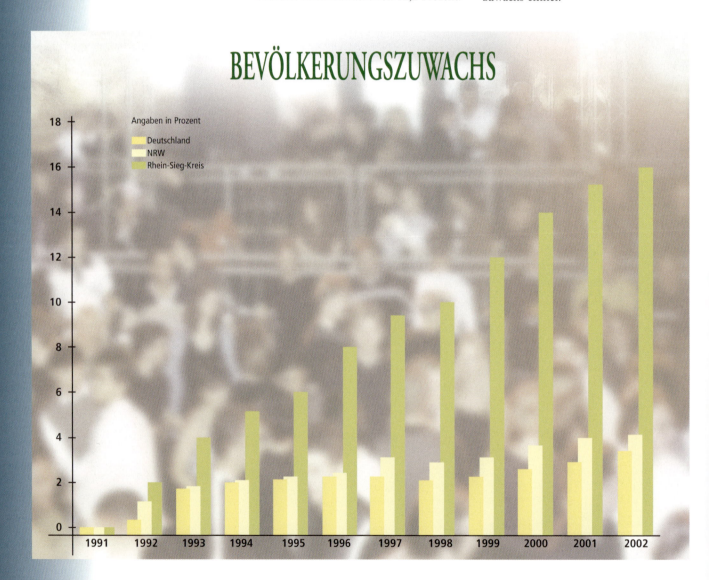

August 2003,
Kunst und Kultur

Mit großen Schritten geht der Umbau des 180 Jahre alten Zeughauses in Siegburg voran. Bis Mitte nächsten Jahres sollen dort Studios und Stipendiaten-Wohnungen der Siegburger Engelbert-Humperdinck-Musikwerkstatt entstehen. Einstweilen erinnert das geschichtsträchtige Haus jedoch mehr an ein Werk des Verpackungskünstlers Christo.

Bereits kurz vor der Vollendung stehen die Bauarbeiten an der Pfarrkirche Sankt Martinus in Sankt Augustin-Niederpleis. Fachleute beseitigen dort Risse im Mauerwerk, die durch den Bau der ICE-Trasse, die im Tunnel unmittelbar unter der Kirche verläuft, entstanden sind.

IHRE WERBUNG IM JAHRBUCH 2006
INFO: TEL 0 22 41/13 33 65

St. Martinus in Sankt Augustin-Niederpleis

Zeughaus in Siegburg

„Naturstücke – Impressionen" heißt die Ausstellung, die im Foyer des Siegburger Kreishauses zu sehen ist. Die drei Künstler Andrea Brinkhoff, Maria Dierker und Leif-Erik Voss leben in der Region und sind Mitglieder der „Fördergemeinschaft Junger Kunst" (FJK). Das Thema „Natur" bildet die Klammer, die die Arbeiten der Künstler umfasst.

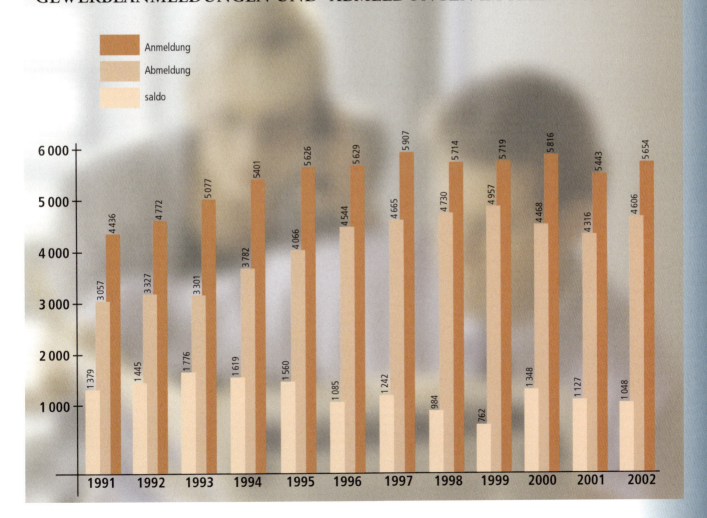

August 2003, Namen und Personen

Der frühere Kreisdirektor und stellvertretende Oberkreisdirektor des Rhein-Sieg-Kreises Norbert Bestgen ist tot. Er stirbt nach kurzer schwerer Krankheit im Alter von 78 Jahren. Bestgen war von 1959 bis 1977 Stellvertreter des damaligen Oberkreisdirektors Paul Kieras und gehörte später 15 Jahre lang für die SPD dem Windecker Gemeinderat an.

Zwei Tage nach Vollendung seines 82. Lebensjahres verstirbt der frühere CDU-Kommunalpolitiker Gerd Degener aus Hennef-Niederhalberg. Er war bis 1989 Gemeinde- bzw. Stadtratsmitglied in Hennef und von 1975 bis 1994 Kreistagsabgeordneter.

August 2003, was sonst vor Ort geschah

Im Rhein-Sieg-Kreis nimmt die Zahl der tödlich verunglückten Motorradfahrer drastisch zu. Im ersten Halbjahr 2003 starben hier bei Unfällen so viele Biker wie in 2001 und 2002 zusammen. Vor diesem Hintergrund verstärkt die Polizei im Rhein-Sieg-Kreis die Kontrollen auf den als „Raserstrecken" bekannten Straßen im Kreisgebiet.

Gute Nachricht für Bonn: Die Vereinten Nationen (UN) haben das Angebot der Bundesregierung angenommen, in Bonn einen „Campus" einzurichten. Die rund 630 Beschäftigten werden zukünftig zentral im „Langen Eugen" in Bonn untergebracht. Die bisherige Unterkunft der UN in Haus Carstanjen am Bonner Rheinufer ist längst zu klein geworden.

Die Phosphateliminierungsanlage am Vorstaubecken der Wahnbachtalsperre in Neunkirchen-Seelscheid ist weltweit einzigartig. Nun gibt´s ein Jubiläum zu feiern: Seit 25 Jahren filtert die Anlage mittels eines speziellen Verfahrens überflüssige Nährstoffe und Phosphat aus dem Trinkwasser heraus.

Der Papst wird erwartet! Der Päpstliche Rat im Vatikan hat entschieden, dass der Abschlussgottesdienst des Weltjugendtages 2005 auf dem Gelände des Flugplatzes in Sankt Augustin-Hangelar (Bild oben) stattfinden wird. Rund 800.000 junge Gläubige werden nun zu dem Ereignis am 21. August 2005 erwartet – eine logistische Herausforderung für die Stadt, den Kreis und die gesamte Region.

Die Auswirkungen der anhaltenden Hitze und Trockenheit werden auch im Rhein-Sieg-Kreis immer gravierender: Angesichts akuter Waldbrandgefahr überwachen Feuerwehrleute die Wälder der Region in Kleinflugzeugen von der Luft aus. Auch die diesjährige Ernte ist in Gefahr.

Die Landwirte müssen ihre Felder stark bewässern und dennoch Ernteeinbußen hinnehmen. Die Kommunen gießen täglich die wertvollen Bäume in ihren Parks und Alleen. Im Rotter See in Troisdorf-Sieglar ist das Baden auf Grund hoher Fäkalverkeimung zeitweilig verboten.

Feldlandschaft im Pleiser Ländchen

September 2003

Zum 1. September wird auf dem Petersberg in Königswinter nun auch formell die im Juni 2003 bereits beschlossene Fusion der Kreissparkassen Köln und Siegburg rückwirkend zum 1. Januar 2003 vollzogen. Für die Kunden aus dem Rhein-Sieg-Kreis bleibt zunächst alles beim Alten. Der Zweckverband umfasst nunmehr 41 Kommunen; aus dem Rhein-Sieg-Kreis gehören 17 Kommunen dazu. Hennef und Bad Honnef behalten ihre unabhängigen Sparkassen.

Die Kreissparkasse Köln feiert zudem ihren 150. Geburtstag. Sie entwickelte sich durch insgesamt 21 Fusionen zu ihrer heutigen Größe. Die älteste Wurzel des Kreditinstitutes bildet die ehemalige Sparkasse der Stadt Wipperfürth, deren Gründung am 20. September 1853 erfolgte.

Trotz angespannter Haushaltslage bildet der Rhein-Sieg-Kreis auch in diesem Jahr wieder aus. Insgesamt elf junge Leute – vier Frauen und sieben Männer – treten ihren Dienst bei der Kreisverwaltung an.

Nach zwölfmonatigen Bauarbeiten auf dem Areal an der Mühlenstraße in Siegburg wird Richtfest gefeiert.

Der Neubau in der Mühlenstraße kurz vor der Fertigstellung

Im Frühjahr 2004 soll das Gebäude neben dem Kreishaus fertig sein und zukünftig die Gemeinsame Kommunale Datenverarbeitung Rhein-Sieg/Oberberg, das Kreisgesundheitsamt, den Schulpsychologischen Dienst sowie weitere Geschäfts- und Privatleute beherbergen.

Der Rhein-Sieg-Kreis bewirbt sich zusammen mit der Troisdorfer TroiKomm (Kommunale Verwaltungs- und Beteiligungsgesellschaft der Stadt Troisdorf) um ausgeschriebene Anteile an der Bonner Energie und Wasser GmbH (EnW), einer Tochter der Stadtwerke Bonn (SWB). Möglichkeiten der regionalen Zusammenarbeit sieht Landrat Frithjof Kühn in vielen Bereichen, zum Beispiel bei der Strom- und Wasserversorgung oder dem öffentlichen Nahverkehr.

Die Quadratmeterpreise auf dem Grundstücksmarkt im Rhein-Sieg-Kreis weisen je nach Kommune erhebliche Unterschiede auf (siehe Grafik). Das neue Bodenrichtwertinformationssystem „Boris" steht nun offiziell im Internet. Unter www.boris.nrw.de halten die 83 Gutachterausschüsse für Grundstückswerte in NRW Auskünfte über den Immobilienmarkt bereit.

Im Foyer des Siegburger Kreishauses gastiert der Volksbund Deutsche Kriegsgräberfürsorge mit seiner Wanderausstellung „Aus der Geschichte lernen". An zahlreichen Infowänden sind mehr als 300 ausgewählte Fotos von den Schlachtfeldern der Weltkriege, aber auch von Kriegsgräbern und der Arbeit des Volksbundes heute zu sehen.

GRUNDSTÜCKSPREISE IM RHEIN-SIEG-KREIS

Durchschnittliche Bodenrichtwerte in €/m² (erschließungsbeitragsfrei) Gemeinde/Stadt	Wohnbauflächen für individuellen Wohnungsbau			Baugrundstücke für Gewerbe und Industrie		
	gute Lage	mittlere Lage	mäßige Lage	gute Lage	mittlere Lage	mäßige Lage
Alfter	220	195	160	130	75	–
Bad Honnef	290	215	105	80	34	–
Bornheim	245	210	175	180	85	–
Eitorf	155	100	55	50	26	–
Hennef	240	155	65	110	85	–
Königswinter	235	170	110	110	50	–
Lohmar	190	160	100	105	90	–
Meckenheim	240	190	135	46	38	–
Much	135	90	44	46	–	–
Neunk.-Seelsch.	155	120	100	60	50	–
Niederkassel	265	225	170	90	65	–
Rheinbach	260	180	110	90	46	–
Ruppichteroth	120	70	50	–	30	–
Sankt Augustin	255	235	200	130	110	90
Siegburg	310	235	195	110	105	–
Swisttal	200	165	85	44	–	–
Troisdorf	220	205	190	90	–	–
Wachtberg*	240	195	110	49	–	–
Windeck	60	50	28	24	20	–

Für Wohnbaugrundstücke in unmittelbarer Rheinnähe werden z. T. wesentlich höhere Kaufpreise erzielt. *Bodenrichtwerte für gewerbliche Bauflächen sind als Neuordnungswerte im Entwicklungsgebiet zu einem anderen Stichtag ermittelt worden.

An der Neuen Poststraße in Siegburg, dort wo früher die Hauptpost stand, beginnen die Aushubarbeiten zum Bau des neuen Büro- und Geschäftskomplexes „S-Carré". Bauherrin ist die Rubidium Grundstücksverwaltungs GmbH, eine Tochter der Kreissparkasse Köln und der Deutschen Anlagen-Leasing GmbH. Ab Frühjahr 2005 soll das moderne Gebäude, das zu großen Teilen von der Sparkasse selbst genutzt werden wird, auch mit Schaufensterauslagen und Bistros locken.

september 2003, Namen und Personen

Bad Honnefs langjähriger Bürgermeister Franz Josef Kayser feiert seinen 75. Geburtstag. Er leitete in dieser Funktion zwanzig Jahre lang die Geschicke der Stadt und war dienstältester ehrenamtlicher Bürgermeister der Stadt. Über 40 Jahre gehörte Kayser dem Bad Honnefer Stadtrat und zehn Jahre dem Kreistag an, seit 45 Jahren ist er Mitglied der CDU.

Grabfeld „Sonnenhügel":

Nicht immer ist Leben laut.
Still bist Du gegangen,
bevor Du zu uns gekommen bist.
Für uns hast Du dennoch gelebt.

september 2003, Was sonst vor Ort geschah

Für 7695 i-Dötzchen beginnt ein neuer Lebensabschnitt: sie werden an einer der 104 Grundschulen im Kreisgebiet eingeschult. Somit gibt es kreisweit insgesamt 27500 Grundschülerinnen und -schüler. Zu Beginn des neuen Schuljahres kommen zwei wichtige Neuerungen auf Schüler, Eltern und Lehrer zu. Ab der dritten Klasse wird das Fach Englisch eingeführt und fünf Grundschulen im Kreisgebiet beteiligen sich zudem am Landesprojekt der offenen Ganztagsgrundschule (Drachenfelsschule Wachtberg-Niederbachem, Grundschule Pauluskirchenstraße Sankt Augustin, Regenbogenschule Hennef, Grundschulen Rathausstraße und Wenigerbachstraße Neunkirchen-Seelscheid).

Auf dem Troisdorfer Waldfriedhof wird eine Begräbnisstätte für Fehl- und Totgeburten eingerichtet. Mit einem kleinen Festakt übergibt das Troisdorfer Sankt-Josef-Hospital den so genannten „Sonnenhügel" seiner Bestimmung. Damit wird dem zum Monatsanfang in Kraft getretenen NRW-Bestattungsgesetz Rechnung getragen, wonach Eltern das Recht auf eine Beerdigung ihrer tot- und fehlgeborenen Kinder haben.

Im Vorfeld mussten erhebliche Bedenken der Bevölkerung ausgeräumt werden, doch jetzt kann die neue Anlaufstelle für Süchtige und Drogenabhängige an der Siegstraße in Eitorf ihre Arbeit aufnehmen. Getragen wird die Einrichtung von der Drogenhilfe im Diakonischen Werk des Evangelischen Kirchenkreises an Sieg und Rhein und der Suchtberatung des Kreis-Caritas-Verbandes. Finanziell gefördert wird die Beratungsstelle auch vom Rhein-Sieg-Kreis, in dessen Auftrag sie arbeitet.

Auch der Rhein-Sieg-Kreis wird von der Konjunkturflaute nicht verschont. Mit einer Steigerung im ersten Halbjahr 2003 um 50 Prozent gegenüber dem Vorjahreszeitraum habe die Zahl der Insolvenzen in der Region einen Rekordstand erreicht, wie die Industrie- und Handelskammer Bonn/Rhein-Sieg mitteilt. In diesem Zeitraum waren in Bonn und dem Rhein-Sieg-Kreis 599 Pleiten zu verzeichnen: 271 Unternehmensinsolvenzen und 328 Verbraucherinsolvenzen.

Ihr Studentenwohnheim an der Hauptstraße in Bad Honnef weiht die Internationale Fachhochschule Bad Honnef-Bonn offiziell ein. 42 der 125 Studierenden, die zum Wintersemester ihr Studium an der FH aufnehmen, beziehen die neuen Appartements.

Die Krankenkassen lassen Überlegungen verlauten, nach denen das Sankt-Johannes-Krankenhaus in Bonn sowie das Rheinbacher Malteser-Krankenhaus und das Krankenhaus „Zur Heiligen Familie" in Bornheim-Merten zukünftig geschlossen werden sollen. Grund für die anstehenden Veränderungen ist unter anderem die Tatsache, dass sich das Versorgungsangebot nach Angaben des NRW-Gesundheitsministeriums in den letzten Jahren verändert bzw. verbessert habe. Immer noch gebe es einen „Bettenüberhang". Letztlich wird das Land über die angedachte Schließung, die bei den Betroffenen Empörung auslöst, entscheiden müssen.

Offiziell eröffnet wird das Besucher-Bergwerk Grube Silberhardt in Windeck-Öttershagen. Mit einem Fest auf dem Grubenvorplatz wird dieses Ereignis begangen. Bis ca. 1930 wurde in der Region Bergbau betrieben. Das Besucher-Bergwerk wird ehrenamtlich geführt und wurde in den letzen Jahren durch viele freiwillige Helfer hergerichtet.

Oktober 2003

Mit Beginn der dunklen Jahreszeit steigt die Zahl der Einbrüche auch im Rhein-Sieg-Kreis sprunghaft an. Der „Einsatztrupp Wohnung" der Polizei will daher mit verstärkten Verkehrs- und Personenkontrollen erreichen, dass die Zahl der Einbrüche sinkt, die Aufklärungsquote steigt und mehr Diebesgut wiederbeschafft werden kann.

Neue Medien wie DVD, Internet oder PC werden in den Schulen immer häufiger eingesetzt. Über die Möglichkeiten der Nutzung von Multimedia-Angeboten im Unterricht informieren sich 190 Lehrer aus 118 Schulen des Rhein-Sieg-Kreises beim ersten „e-day" im Kreishaus.

Im Mai 1953 übernahmen die Stadt Siegburg und der damalige Siegkreis die Patenschaft für ihre in Folge des Zweiten Weltkrieges vertriebenen Landsleute aus der Stadt und dem Kreis Bunzlau (heute Boleslawiec) in Niederschlesien. Das 50-jährige Bestehen dieses Bundes begehen rund 100 Siegburger und Bunzlauer im Siegburger Stadtmuseum mit einer Feierstunde, zu der die Stadt Siegburg, der Rhein-Sieg-Kreis sowie die Bundesheimatgruppe Bunzlau in Siegburg geladen hatten.

Einstimmig votieren die Abgeordneten des Kreistages für die Wiederernennung von Kreisbrandmeister Walter Jonas. Damit übernimmt Jonas seit seiner ersten Ernennung 1991 bereits zum dritten Mal dieses Amt, das für jeweils sechs Jahre verliehen wird.

Der Siegburger Konvent auf dem Michaelsberg hat ein neues Oberhaupt: Prior Raphael Bahrs wird zum 50. Abt in der über 900-jährigen Geschichte der Benediktinerabtei gewählt. Bereits seit 1990 war der 42-Jährige Stellvertreter des Alt-Abtes Dr. Placidus Mittler, der im Oktober 2000 sein Amt nach 30 Jahren niederlegte. Abt Albert Altenähr von Kornelimünster führt den jungen Abt in sein neues Amt ein. Im Januar 2004 erfolgt schließlich anlässlich eines Festgottesdienstes die offizielle Weihe.

Abtei auf dem Michaelsberg

Viel Glück für Landrat Kühn zum 60. Geburtstag

Oktober 2003, Namen und Personen

Mit einem Empfang im Siegburger Kreishaus feiert Landrat Frithjof Kühn seinen 60. Geburtstag. Es gratulieren rund 350 Freunde, Weggefährten und Persönlichkeiten aus Politik und öffentlichem Leben. Zudem hält der Landesfeuerwehrverband Nordrhein-Westfalen e.V. wenige Tage nach dem Ehrentag auf seiner Verbandsausschusssitzung die Silberne Ehrennadel für Kühn bereit. Sie wird ihm „in Würdigung besonderer Verdienste um das Feuerwehrwesen" verliehen.

Professor Franz Willnauer wird aus dem Amt als Intendant der Internationalen Beethovenfeste Bonn gGmbH offiziell verabschiedet. Seine Nachfolge tritt Ilona Schmiel an. Willnauer war der erste Intendant der 1999 gegründeten Gesellschaft.

Oktober 2003, Kunst und Kultur

Unter dem Titel „29 + 1" feiert die Alanus Hochschule in Alfter (Bild rechts) ihr 30-jähriges Bestehen mit vielen Gästen. Die Einrichtung, die 1973 in provisorischen Kursräumen begann, erhielt 2002 als erste private Kunsthochschule Deutschlands die staatliche Anerkennung.

Im „Pumpwerk", dem Siegburger Domizil des Kunstvereins für den Rhein-Sieg-Kreis, zeigt der Künstler Det Kraus, Rhein-Sieg-Fotopreisträger des Jahres 2000, seine Ausstellung „introspektiv".

Oktober 2003, Was sonst vor Ort geschah

Nach 74 Jahren auf dem Siegburger Stallberg stellt das Chemie-Unternehmen Kepec seine Produktion ein. Ein Transfer-Sozialplan sichert jedoch 69 von 73 Mitarbeitern eine Weiterbeschäftigung in einem anderen Unternehmen. Über die weitere Nutzung des Geländes ist noch nicht entschieden.

Nachdem sie im vergangenen Jahr ausgefallen war, findet nun wieder die Rheinbacher Herbstmesse statt. „Nix wie hin" lautet das Motto der 32. Ausgabe, mit deren Resonanz der Veranstalter recht zufrieden war. Im Hennefer Messezentrum präsentieren sich 95 Aussteller an 86 Ständen auf dem Rheinischen Herbst. Trotz neuem Konzept ist diese Veranstaltung leider eher schwach besucht.

Wegen Unwirtschaftlichkeit stellt der Bahn-Konkurrent Connex nach nur fünf Monaten seine Verbindung zwischen Köln und Rostock ein. Die Bahnlinie, die über Troisdorf, Siegburg und Hennef verlief, war seit Juni 2003 als Nachfolgeangebot des von der Bahn-AG weitgehend eingestellten Interregio-Systems gedacht.

Bornheims Bürgermeister Wilfried Henseler weiht den neuen Anschluss der Stadt an die Autobahn 555 ein. Durch den Autobahnanschluss soll der Verkehr auf einigen innerörtlichen Straßen in den Bornheimer Orten sowie im Bonner Norden spürbar abnehmen.

Arnold Janssen

Der Papst spricht in Rom vor dem Petersdom den Ordensgründer der Steyler Missionare, Arnold Janssen, sowie zwei weitere Missionare heilig. 20000 Pilger aus der ganzen Welt waren zur Heiligsprechung nach Rom gekommen, darunter auch Wallfahrer aus Sankt Augustin. Im Januar 2004 wird Joachim Kardinal Meisner in der Kirche des Missionspriesterseminars die Verdienste der Steyler-Pater mit einem feierlichen Hochamt würdigen.

Rund 5000 Interessierte dürfen einen Blick auf eine der wohl spektakulärsten Untertagebaustellen in der Region werfen. Auf Schusters Rappen durchqueren sie ein Stück des unter der Wahner Heide verlaufenden ICE-Tunnels auf der Strecke zum Flughafen-Terminal Köln-Bonn. Mitte nächsten Jahres soll der erste ICE durch den Tunnel rollen.

November 2003

2003 ist das Europäische Jahr der Menschen mit Behinderungen, das Gleichstellung und Selbstbestimmung Betroffener ermöglichen soll. Das Kreissozialamt veranstaltet die Fachkonferenz „Leben mit Behinderungen im Rhein-Sieg-Kreis", bei der vor allem behinderte Menschen, deren Angehörige und Betreuer zu Wort kommen und ihre persönlichen Erfahrungen im Rahmen eines Podiumsgesprächs schildern können.

Der Rhein-Sieg-Kreis vergibt zum zweiten Mal seinen Förderpreis für das soziale Ehrenamt. Landrat Frithjof Kühn überreicht Urkunden und Geldpreise an die Fraternitätsgruppe Bad Honnef, das Seniorenbüro Windeck, an Heidi Diwo aus Königswinter für ihr Engagement für Kinder und Jugendliche, an Ute Hünnekens, die an der JVA Siegburg jugendliche Häftlinge betreut sowie an Theodora Karamanli, die sich in Troisdorf für griechische Mitbürger engagiert. Ein Sonderpreis geht zudem an die Hospizgruppen in Bornheim, Rheinbach und Windeck/Eitorf.

Ein Jahr „Selbstständige Schule": Im Siegburger Kreishaus ziehen Vertreter der 17 Schulen, die aus dem Rhein-Sieg-Kreis am Modell des Landes Nordrhein-Westfalen teilnehmen, Zwischenbilanz. Die Schulen demonstrieren ihre einzelnen Projekte und berichten über ihre Erfahrungen. Der Tenor nach einem Jahr „Selbstständige Schule" ist im Allgemeinen positiv. Ziel des Modellversuchs ist es, eine Verbesserung des Unterrichts durch mehr Selbstständigkeit, mehr Eigenverantwortung und mehr Handlungsfreiheit für die einzelnen Schulen zu erzielen.

Rund 400 Gäste finden sich zu den fünften „Petersberger Perspektiven" auf dem Petersberg in Königswinter ein. Über das diesjährige Thema des vom Rhein-Sieg-Kreis veranstalteten historisch-politischen Symposiums „Der Weg zur großen Koalition 1963 – 1966" diskutieren unter anderem Bundesminister a.D. Prof. Horst Ehmke sowie der Vorsitzende der Ludwig-Erhard-Stiftung Dr. Hans D. Barbier.

Die neue Autobahnauffahrt von Bornheim

Vertreter von Kirchen, Vereinen und Initiativen beraten im Siegburger Kreishaus die voraussichtlichen Folgen der zu erwartenden drastischen Kürzungen der Sozialausgaben im Doppelhaushalt 2004/2005 des Landes Nordrhein-Westfalen sowie das gemeinsame Vorgehen.

An vielen Orten im Kreisgebiet gedenken die Menschen der Grausamkeiten der Reichspogromnacht, die am 9. November vor 65 Jahren geschahen. In der Gedenkstätte des Rhein-Sieg-Kreises „Landjuden an der Sieg" in Windeck-Rosbach berichtet aus diesem Anlass der Zeitzeuge Max Hamburger auf eindringliche Weise über seine Erlebnisse in Auschwitz und Buchenwald.

Symposium „Petersberger Perspektiven"

November 2003, Namen und Personen

Placidus Mittler, Alt-Abt der Benediktinermönche auf dem Siegburger Michaelsberg, feiert seinen 75. Geburtstag. Viele Gäste gratulieren dem Siegburger Ehrenbürger zu diesem besonderen Wiegenfest.

Auch einen neuen Ehrenbürger hat Siegburg zu verzeichnen: Für sein soziales Engagement verleiht Bürgermeister Rolf Krieger dem Fußball-Weltmeister von 1974, Wolfgang Overath, vor 250 geladenen Gästen im Stadtmuseum das Ehrenbürgerrecht. Overath, der vor kurzem seinen 60. Geburtstag feierte, ist in Siegburg geboren und lebt auch in der Kreisstadt.

November 2003, Kunst und Kultur

Mit einer Ausstellung im Foyer des Siegburger Kreishauses beginnt der Geschichts- und Altertumsverein für Siegburg und den Rhein-Sieg-Kreis e.V. die Feierlichkeiten anlässlich seines 100-jährigen Bestehens. Am 30. November 1903 schlossen sich Geschichtsbegeisterte zusammen, um die Historie der Region zu erforschen.

Endlich ist es soweit: Das Rheinische Landesmuseum in Bonn öffnet nach dem Umbau mit neuem Konzept wieder seine Pforten. Über 2000 Besucher kommen am Eröffnungstag in die Ausstellung. Die neue Gestaltung des Museums hatte anstatt drei tatsächlich sechs Jahre gedauert.

Und noch eine kleine Ausstellung ist im Kreishaus-Foyer zu sehen: Pünktlich zum Auftakt der fünften Jahreszeit zeigt das Kreisarchiv eine Auswahl von Karnevalsorden aus dem Kreisgebiet und erinnert an den jährlichen Prinzenempfang im Kreishaus, der nun seit fast 30 Jahren ein fester Bestandteil der „tollen Tage" im Rhein-Sieg-Kreis ist. Den Erlös aus dem anlässlich der Ausstellung verkauften Karnevalsorden des Archivs (Bild oben) in Höhe von 1.155,99 Euro kommt der Elterninitiative krebskranker Kinder Sankt Augustin e.V. zugute.

**IHRE WERBUNG IM JAHRBUCH 2006
INFO: TEL 0 22 41 / 13 33 65**

Der Neubau des Rheinischen Landesmuseums in Bonn

November 2003, was sonst vor Ort geschah

Die Vorbereitungen für den Weltjugendtag 2005 in Köln und der Region laufen auch im Rhein-Sieg-Kreis an. Nach einer Auftaktveranstaltung in Siegburg bilden sich in den katholischen Kirchengemeinden so genannte Kernteams aus meist jungen Katholiken, um sich und ihre Gemeinden darauf vorzubereiten, die erwarteten 800.000 Gäste freundlich aufzunehmen.

Vor vier Jahren begannen die Ermittlungen der Staatsanwaltschaft Bonn unter anderem wegen des Verdachts der Untreue im Zusammenhang mit der Errichtung des Herzzentrums am Krankenhaus Siegburg. Die Verfahren gegen den Siegburger Bürgermeister Rolf Krieger und weitere Betroffene werden gegen Zahlung eines Geldbetrages an karitative Einrichtungen eingestellt.

Für die Bonner Rundschau beginnt eine neue Ära: Nach 48 Jahren im Rundschau-Haus in der Bonner Thomas-Mann-Straße bezieht die Redaktion neue Räume in der Kaiserpassage.

Verschiedene Veranstaltungen im Rhein-Sieg-Kreis helfen jungen Menschen bei der Berufswahl: Bereits zum zweiten Mal richtet die Fachhochschule Bonn-Rhein-Sieg ihren Unternehmenstag aus, an dem sich mehr als 60 Firmen den Studierenden vorstellen. Die Koordinationsstelle für Jugendberufshilfe veranstaltet auch in diesem Jahr wieder in Zusammenarbeit mit der Regionalstelle Frau & Beruf des Rhein-Sieg-Kreises und der Jugendwerkstatt die Berufsbörse für Mädchen unter dem Motto „Ich werde was ich will" in Siegburg und Meckenheim sowie entsprechende Berufsfindungsangebote für Jungen. Das Siegburger Berufskolleg organisiert bereits zum dritten Mal gemeinsam mit der Industrie- und Handelskammer (IHK) Bonn/Rhein-Sieg den „Tag des Einzelhandels", an dem sich die Schülerinnen und Schüler über Ausbildungsberufe im kaufmännischen Bereich informieren können. Darüber hinaus informiert die IHK in ihrer Lehrwerkstatt interessierte Schulabgänger über chancenreiche Berufe in der Metall- und Elektrobranche.

Der Flughafen Köln/Bonn ist auch bei den Beschäftigtenzahlen im Aufwind. Zum Ende des ersten Halbjahres 2003 verzeichnet der Flughafen 10949 Mitarbeiter auf dem Rollfeld, an den Sicherheitsschleusen und in der Verwaltung. Das sind 14 Prozent mehr als bei der letzten Erhebung vor zwei Jahren.

Dezember 2003

Erstmals verabschiedet der Rhein-Sieg-Kreis einen gemeinsamen Haushalt für die Jahre 2004 und 2005. Darin wird das erwartete Defizit des Jahres 2004 durch einen Überschuss in 2005 kompensiert. Weil die Erwartungen für 2005, die sich auf die versprochenen Auswirkungen der „Hartz-Gesetze" gründeten, unsicher waren und später korrigiert werden mussten, wird der Doppelhaushalt nicht durch die Bezirksregierung genehmigt, so dass im Juni 2004 ein neuer Haushalt für das laufende Jahr beschlossen werden muss.

Kommunen, Wirtschaft und Sparkassen gründen die Standortmarketing Region Köln/Bonn GmbH. Gesellschafter sind die Region Köln/Bonn und Nachbarn e.V., zu der auch der Rhein-Sieg-Kreis gehört, und die gerade einen Monat alte Wirtschaftsinitiative Region Köln/Bonn e.V. mit einem Anteil von je 40 Prozent sowie die Region Köln/Bonn Sparkassen GbR mit einem Anteil von 20 Prozent. Ziel der neuen Gesellschaft ist eine engere Zusammenarbeit im nationalen und internationalen Standortmarketing sowie bei der Durchführung der „Regionale 2010". Damit ist die Neustrukturierung der Mitte der neunziger Jahre gegründeten „Regio Rheinland" abgeschlossen.

Die Sparkassenstiftung für den Rhein-Sieg-Kreis verleiht ihren diesjährigen Rhein-Sieg-Sportförderpreis an den 17-jährigen Leichtathleten Lars Bühler von der Troisdorfer Leichtathletik-Gemeinschaft für herausragende sportliche Leistungen sowie an den Neunkirchener Verein DJK Antoniuskolleg für sein besonderes soziales Engagement. Die insgesamt 11000 Euro Preisgeld werden vom stellvertretenden Vorstandsvorsitzenden der Kreissparkasse Köln, Josef Hastrich, im Hotel Klosterhof Seligenthal überreicht.

Der Rat der Stadt Bonn stimmt dem Verkauf von 36,2 Prozent der Anteile an der Bonner Stadtwerke-Tochter „Energie- und Wasserversorgung Bonn/Rhein-Sieg GmbH" (EnW) an den Rhein-Sieg-Kreis und die Kommunale Verwaltungs- und Beteiligungsgesellschaft der Stadt Troisdorf zu. Das Geschäft beinhaltet auch die Übernahme der Betriebsführung des Wahnbachtalsperrenverbandes (WTV) in Siegburg durch die Stadtwerke. Deswegen stößt das Vorhaben auf Bedenken und Widerstand bei den Beschäftigten des WTV, die sich um ihre Arbeitsplätze sorgen, ebenso bei der Stadt Siegburg als Mitglied des Wahnbachtalsperrenzweckverbandes. Vorbehalt formuliert auch eine später gegründete Bürgerinitiative, die Wasserqualität und -preis gefährdet sieht.

Im bundesweiten Leistungsvergleich der Wirtschaftsstandorte rangiert der Rhein-Sieg-Kreis auf Platz drei in Nordrhein-Westfalen. Das Magazin „Focus-Money" bewertete die Kriterien Arbeitslosigkeit, Ab- und Zuwanderung, Beschäftigtenzahl, Wertschöpfung und Investitionen im verarbeitenden Gewerbe. Bessere Bedingungen in NRW bieten demzufolge nur noch der Rhein-Erft-Kreis und der Kreis Düren.

Dezember 2003, Was sonst vor Ort geschah

Nach 15 Jahren auf Sendung im Kanalanschlussbereich Meckenheim/Rheinbach muss der „Offene Kanal Meckenheim" (OKM) zum Jahresende seinen Betrieb einstellen. Grund dafür sind finanzielle Probleme sowie die Einstellung der Förderung durch die Landesanstalt Medien NRW.

Zum zehnjährigen Bestehen des „Fördervereins für den östlichen Rhein-Sieg-Kreis" zieht der Vorsitzende und VR-Bank-Vorstand Bernd Demmer eine positive Bilanz. Seit der Gründung der Strukturinitiative zum 1. Dezember 1993 sind ihre Ziele – Imageverbesserung, Strukturförderung und Standortwerbung – intensiv verfolgt worden. Besonders der Tourismussektor konnte bei der Schaffung zusätzlicher Übernachtungskapazitäten und der Entwicklung neuer Projekte gefördert werden; im östlichen Kreisgebiet sind 1855 neue Arbeitsplätze geschaffen worden.

Der Corus-Konzern schließt zum 31. Dezember das Röhrenwerk von Mannstaedt in Troisdorf. 139 Mitarbeiter erhalten ihre Kündigung. Zumindest enthält der ausgehandelte Sozialplan für die Betroffenen Abfindungen und Zusagen für eine Beschäftigung von maximal 24 Monaten in der Auffanggesellschaft Targos. Im Januar 2004 wird weiteren 65 Beschäftigten der Mannstaedt-Werke betriebsbedingt gekündigt. Eine weitere Reduzierung der Belegschaft bis Ende 2005 wird durch Altersteilzeit und Ruhestandsregelungen angestrebt.

Das Gebäude der ehemaligen Autobahnpolizei in Swisttal-Heimerzheim wird abgerissen. Seit Dezember 2001 war die Wache an der A 61 nach einer Neuorganisation nicht mehr besetzt.

Wasseraufbereitungsanlagen des WTV in Siegburg-Siegelsknippen

Im Souterrain des Troisdorfer Rathauses nimmt die Biologische Station im Rhein-Sieg-Kreis e.V. ihre Arbeit auf. Dieses Domizil ist jedoch lediglich ein Provisorium. Die ehemalige Güterhalle der Bahn in Eitorf soll um- und ausgebaut werden, damit die vier hauptamtlichen Mitarbeiter/-innen demnächst dort ihre vielfältigen Aufgaben im Bereich des Natur- und Landschaftsschutzes wahrnehmen können.

Als größtes Haus des Fresenius-Konzerns darf sich das Siegburger Krankenhaus nun offiziell „Akademisches Lehrkrankenhaus" nennen. Ab dem Sommersemester werden hier – quasi als „Filiale" der Bonner Uniklinik – Medizinstudentinnen und -studenten ausgebildet.

Die Sieg bei Windeck-Schladern

Dezember 2003, Namen und Personen

Der CDU-Politiker und frühere Leiter der Berufsbildenden Schulen des Rhein-Sieg-Kreises in Bonn-Duisdorf, Rudolf Alscher, ist tot. Er stirbt nach schwerer Krankheit kurz vor seinem 73. Geburtstag. Alscher saß von 1971 bis 1994 im Alfterer Gemeinderat; erst für die UWG, dann für die CDU. Zwölf Jahre war er deren Fraktionsvorsitzender, bevor er 1994 in den Kreistag wechselte, in dem er bis zu seinem Tod tätig war.

Kreisdirektorin Monika Lohr feiert ihren 60. Geburtstag. Es wird zwar nicht in großer Runde gefeiert, dennoch kommen viele Weggefährten, Freunde und Bekannte zur Gratulation ins Siegburger Kreishaus.

Landrat Frithjof Kühn ist der 23. Ritter des Rheinischen Humors. Der Ritterclub der Siegburger Husaren Schwarz-Weiß nimmt ihn in seine Tafelrunde auf und verleiht ihm auf der Prunksitzung Robe und Ritterschlag.

IHRE WERBUNG IM JAHRBUCH 2006
INFO: TEL 0 22 41/13 33 65

januar 2004

Die Mitarbeiterin des Rhein-Sieg-Kreises Angela Semmelroth wurde im Jahr 2000 für drei Jahre von ihrem Dienst in der Kreisverwaltung freigestellt, um als Entwicklungshelferin des Deutschen Entwicklungsdienstes in Tansania zu arbeiten. Nun ist sie wieder zurückgekehrt und zeigt in einer Ausstellung im Foyer des Siegburger Kreishauses, wie die Arbeit einer Entwicklungshelferin aussieht.

Dr. Jürgen Wilhelm, Geschäftsführer des Deutschen Entwicklungsdienstes (DED) in Bonn, Vizelandrätin Uta Gräfin Strachwitz, Angela Semmelroth und Landrat Kühn bei der Ausstellungseröffnung (v.l.n.r.)

Entgegen aller Befürchtungen fällt die Bilanz der „Regionalen Koordinierungsstelle Bonn" im Ausbildungskonsens Nordrhein-Westfalen für das Jahr 2003 positiv aus. Alle ernsthaften Bewerber um einen Ausbildungsplatz konnten versorgt werden – wenn auch nicht immer in ihrem Traumberuf. Zum Ende des Berichtsjahres am 30. September 2003 gab es bei der Agentur für Arbeit Bonn/Rhein-Sieg lediglich 117 Bewerber ohne Lehrstelle. Das sind nur neun mehr als im Vorjahr. Ihnen standen noch 252 offene Ausbildungsplätze gegenüber – ein Plus von 35 verglichen mit 2002.

Die Agentur für Arbeit Bonn/Rhein-Sieg legt eine Arbeitsmarkt-Bilanz für 2003 vor. Demnach waren 2003 im Jahresdurchschnitt 31923 Menschen aus Bonn und dem Rhein-Sieg-Kreis arbeitslos; das sind 2393 oder acht Prozent mehr als in 2002. Im Laufe des Jahres 2003 haben sich 55475 Männer und Frauen arbeitslos gemeldet; somit 5037 mehr als im Vorjahr. Dem gegenüber standen 54176 Abgänge von Arbeitslosen.

Premiere im Siegburger Rathaus: im Siegburger Bürgeramt wird erstmals ein maschinenlesbarer vorläufiger Reisepass direkt in der Meldebehörde ausgestellt. Die Kreisstadt nimmt an einem Pilotprojekt der Bundesdruckerei teil, in dem die Ausstellung von Ausweisen unmittelbar vor Ort ohne das langwierige Beantragungsverfahren erprobt werden soll.

Rathaus in Siegburg

Blick auf den Michaelsberg

Rheinufer

Januar 2004, Namen und Personen

Der frühere Vizelandrat des Rhein-Sieg-Kreises, Kurt Müller, feiert seinen 75. Geburtstag. Der SPD-Politiker aus Windeck-Schladern saß von 1956 bis 1974 im Dattenfelder bzw. Windecker Gemeinderat, gehörte von 1964 bis 1969 sowie von 1984 bis 1994 dem Siegburger Kreistag an und bekleidete in der Wahlperiode von 1989 bis 1994 das Amt des ersten stellvertretenden Landrats.

Trauer um Heinrich Klein: Der ehemalige Niederkasseler Bürgermeister stirbt im Alter von 74 Jahren. Erstmals 1961 für die CDU in den Rat der damaligen Gemeinde Rheidt gewählt, übernahm er 1965 das Amt des Bürgermeisters und behielt es nach dem Zusammenschluss der selbstständigen Orte zur Gemeinde Niederkassel bis 1984. Anschließend war er bis 1989 erster stellvertretender Bürgermeister.

Johannes Frizen, Landwirt aus Alfter, ist stellvertretender Präsident der zum Jahresbeginn neu gegründeten Landwirtschaftskammer Nordrhein-Westfalen, welche durch die Zusammenlegung der Kammern Rheinland und Westfalen-Lippe entstanden ist. Frizen war bereits von 1999 bis Ende 2003 Vizepräsident der Landwirtschaftskammer Rheinland.

Dieter Joest, Leiter des Amtes für Natur- und Landschaftsschutz beim Rhein-Sieg-Kreis, geht in den Ruhestand. Der Verwaltungsdirektor absolvierte ab 1958 beim damaligen Siegkreis seine Verwaltungslehre und hielt seither der Kreisverwaltung die Treue.

Auch die Leiterin der Schule für sprach- und lernbehinderte Kinder in Alfter-Gielsdorf, Ursula Platz-Dumas, geht in Pension. Sie übernahm 1981 die Leitung der Schule, als diese in Trägerschaft des Rhein-Sieg-Kreises selbstständig wurde. Die Nachfolge tritt Gudrun Beckmann an.

Der Senat der Rheinischen Friedrich-Wilhelm-Universität Bonn wählt den 60-jährigen Geografen Professor Matthias Winiger als Nachfolger von Professor Klaus Borchard zum neuen Rektor der Hochschule. Die Wahl war notwendig geworden, nachdem im vergangenen Sommer der bereits gewählte Rektor Professor Meinhard Heinze vor seinem Amtsantritt unerwartet verstarb.

Markus Küll ist seit dem 1. Januar der neue Kanzler der Internationalen Fachhochschule Bad Honnef-Bonn. Nach Bad Honnefs ehemaligem Stadtdirektor Rolf Junker und Hella Ackermann ist der 40-Jährige der dritte in dieser Position an der noch jungen FH.

Januar 2004, Was sonst vor Ort geschah

Der Bund für Umwelt und Naturschutz (BUND) kritisiert die Auswahl des Hangelarer Flugplatzes für die Abschlussmesse des Weltjugendtages, die der Papst am 21. August 2005 zelebrieren wird. Die Naturschützer sorgen sich um gefährdete Tier- und Pflanzenarten, die auf dem Areal beheimatet sind.

Der Kölner Regierungspräsident Jürgen Roters erteilt den Planfeststellungsbeschluss für das Überflutungsbecken im Langeler Bogen. Seit Jahren wurde das Hochwasserschutz-Projekt im Niederkasseler Norden diskutiert. Besonders freut die Stadt Niederkassel sowie die Konzertierte Bürgerbewegung (KBW), dass im Beschluss wesentliche Forderungen beider Seiten Berücksichtigung finden.

Weil die Überschüsse aus dem operativen Geschäft seit längerem nicht mehr ausreichen, um die erheblichen Belastungen aus der betrieblichen Altersversorgung abzudecken, muss der Schloss- und Beschlägehersteller Huwil in Ruppichteroth Insolvenz anmelden. Das Traditionsunternehmen hatte zu Spitzenzeiten 1100 Mitarbeiter, heute ist es mit 300 Beschäftigten immer noch der größte Arbeitgeber im Bröltal. Der Betrieb wird weitergeführt.

Nach mehr als zweieinhalbjähriger Beratung im Fachausschuss und langer Diskussion im Rat gibt die Stadt Bad Honnef grünes Licht für die Entwicklung des Honnefer-Business-Parks. Somit wird Planungssicherheit für die Errichtung eines hochmodernen Gewerbeparks mit mehreren hundert Arbeitsplätzen auf dem ehemaligen Penaten-Gelände geschaffen.

Zum 1. Januar übernimmt die Rhein-Sieg-Verkehrsgesellschaft (RSVG) alle bisher von der Regionalverkehr Köln GmbH (RVK) erbrachten Fahrleistungen im rechtsrheinischen Kreisgebiet. Der zwischen beiden Verkehrsbetrieben geschlossene Vertrag sieht ferner vor, dass auf der linken Rheinseite alle Buslinien der RVK gebündelt werden. Für die Kunden ändert sich jedoch nichts.

Bundesinnenminister Schily gibt seine Entscheidung bekannt, den Standort des Bundeskriminalamtes (BKA) in Meckenheim aufzulösen. Die dort beschäftigten 1017 Mitarbeiterinnen und Mitarbeiter sollen – wie auch das Personal der BKA-Zentrale in Wiesbaden – bis 2008 nach Berlin ziehen. Schily begründet seine Entscheidung mit organisatorischen und polizeifachlichen Notwendigkeiten. Aus Sorge um die negativen Folgen eines solchen Umzugs sowohl für die betroffenen Regionen als auch für die Einsatzbereitschaft des BKA formiert sich breiter Widerstand in Bürgerschaft und Politik, der sich auf Kundgebungen und in Petitionen Gehör verschafft. In der Folge kommt es zu einem Wechsel an der Spitze des BKA; schließlich sagt Innenminister Schily zu, die Entscheidung „ergebnisoffen" zu überprüfen.

In Meckenheim wird die Tagesklinik für psychisch Kranke offiziell eröffnet. Sie ist eine Außenstelle der Rheinischen Kliniken in Bonn und wurde vom Land NRW, von der Bezirksregierung in Köln und vom Landschaftsverband Rheinland finanziert. Jeweils 18 Betten umfassen der ambulante sowie der stationäre Bereich des Hauses.

Mit Beginn des Jahres nimmt die Rheinland-Tourismus Marketing Gesellschaft (RTMG) ihre Arbeit auf. Sie ist eine Tochter des Landesverkehrsverbandes Rheinland (LVV), dessen Aufgabe es ist, den Tourismus im Rheinland durch die Beratung und Unterstützung der Kommunen zu fördern. Die Gesellschaft verfügt über ein touristisches Netzwerk und bietet nicht nur Werbung, sondern auch Fortbildung oder Planung von Messeauftritten an.

Platz da für Abfall: Die RSAG hat mehr anzubieten als nur Mülltonnen

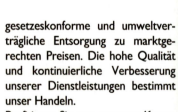

Die erste Wahl, wenn´s um Abfall geht

Schon mehr als 20 Jahre ist die Rhein-Sieg-Abfallwirtschaftsgesellschaft mbH (RSAG) erster Dienstleister und Ansprechpartner im Rhein-Sieg-Kreis, wenn es um die Beseitigung und Verwertung privater und gewerblicher Abfälle geht. Ob im klassischen Hausmüllbereich oder für den gewerblichen Bereich, die Leistungspalette ist vielfältig und orientiert sich an den Bedürfnissen des Marktes. Dabei haben wir uns als kompetenter und verlässlicher Partner für die 600.000 Bewohner des Kreises in seinen 19 Städten und Gemeinden und die zahlreichen gewerblichen Einrichtungen aller Wirtschaftszweige bewährt. Wir garantieren gesetzeskonforme und umweltverträgliche Entsorgung zu marktgerechten Preisen. Die hohe Qualität und kontinuierliche Verbesserung unserer Dienstleistungen bestimmt unser Handeln.
Profitieren Sie von unserem Know-how!

- Fachgerechte Entsorgung von über 100 Abfallarten
- Abfall-Spezialist für Industrie, Gewerbe und Dienstleister
- Containerdienst für private und gewerbliche Abfälle
- Entsorgungskonzepte für Privat- und Geschäftskunden
- Betrieb moderner Abfallanlagen

Rhein-Sieg-Abfallwirtschaftsgesellschaft mbH

Pleiser Hecke 4
53721 Siegburg
Telefon: 0 22 41 – 306 0
Telefax: 0 22 41 – 306 101
Internet: www.rsag.de

Februar 2004

„Eine uneinheitliche Gesamtentwicklung" stellt Kreisdirektorin Monika Lohr bei der aktuell veröffentlichten Unfallstatistik der Polizei 2003 für den rechtsrheinischen Kreis ohne Bad Honnef und Königswinter fest. Während es im Vergleich zum Vorjahr erfreuliche Entwicklungen wie den Rückgang der Unfälle mit Schwerverletzten gab, stiegen die Gesamtzahl der Verkehrsunfälle und die Zahl der Unfälle mit Leichtverletzten und mit Getöteten. Insgesamt starben 23 Menschen (plus 21,5 Prozent) 2003 auf den rechtsrheinischen Straßen; 253 wurden schwer (minus 26,7 Prozent) und 1429 leicht verletzt (plus 8,8 Prozent). Als Ursache für die um 3,96 Prozent auf 7844 gestiegene Zahl der Gesamtunfälle vermutet man die erhöhte Mobilität der Verkehrsteilnehmer durch den schönen Sommer 2003.

Kreisdirektorin Lohr und Landrat Kühn im Karneval

18 Kinder-Prinzenpaare und fünf Kinder-Prinzessinnen aus 16 der 19 Städte und Gemeinden im Kreisgebiet feiern im Casino des Kreishauses den traditionellen Kinderprinzenempfang. Auch die „großen" Tollitäten folgen in diesem Jahr wieder der Einladung von Landrat Kühn zum Prinzenempfang – rund 600 Gäste kommen und damit so viele wie noch nie.

Im Rhein-Sieg-Kreis feierten im Jahr 2003 950 Ehepaare Goldhochzeit (50 Ehejahre) und 115 Paare ihre Diamantene Hochzeit (60 Ehejahre). 22 Paare begingen die Eiserne Hochzeit (65 Ehejahre) und vier Paare waren 70 Jahre miteinander verheiratet, was mit der Gnadenhochzeit gefeiert wurde. Erstmals seit Einführung der Statistik der Altersjubiläen 1980 konnten in 2003 drei Menschen ihren 105. Geburtstag feiern. 22 Personen konnten auf 100 Lebensjahre schauen, sieben feierten ihren 101. und fünf den 102. Geburtstag. Zwei Menschen wurden im vergangenen Jahr 103 und vier 104 Jahre alt.

Februar 2004, Namen und Personen

Nach einem Jahr im Amt wird Gerhard Papke vom Kreisparteitag der FDP Rhein-Sieg als Vorsitzender des Kreisverbandes wiedergewählt.

Frank Winkler leitet das Jugendrotkreuz des Rhein-Sieg-Kreises. Rund 400 Mitglieder werden künftig von dem 36-Jährigen aus Bad Honnef betreut. Er tritt damit die Nachfolge von Josef Heving an, der dieses Ehrenamt 36 Jahre lang ausübte.

Die neue Erste Beigeordnete der Stadt Bad Honnef, Monika Oestreich, tritt als Nachfolgerin von Karl-Heinz Stang ihr Amt an.

Februar 2004, was sonst vor Ort geschah

Bereits zum vierten Mal findet in den Hennefer Messehallen die Motorradmesse statt. Viele Zweirad-Freunde nutzen die Gelegenheit, sich über die neuesten Trends der Szene zu informieren.

Auf dem Berliner Platz in der Königswinterer Altstadt will ein Investor demnächst ein „Sea-Life-Center" bauen. Das Großquarium soll den Tourismus in der Stadt am Rhein wieder beleben. Die Planung findet jedoch nicht nur Befürworter. Bürgerinitiativen lehnen die umfangreiche Baumaßnahme unmittelbar am Rheinufer ab.

Auf Initiative von Landrat Frithjof Kühn treffen sich Verwaltungsspitzen der Region, Abgeordnete sowie Politiker aller Parteien im Bonner Stadthaus zu einem Regionalgespräch über „Anti-Umzugs-Strategien" im Hinblick auf den immer größer werdenden Drang von Institutionen nach Berlin. Nun soll ein Arbeitskreis gebildet werden, in dem Vertreter besonders „umzugsgefährdeter" Bereiche mitarbeiten.

Rund vier Jahre nach Beginn des Lehrbetriebs der Fachhochschule Bonn-Rhein-Sieg wird es zu eng auf dem Campus. Mit prominenter Beteiligung, unter anderen Hannelore Kraft, nordrhein-westfälische Landesministerin für Wirtschaft und Forschung, wird der erste Spatenstich für einen Erweiterungsbau der FH in Rheinbach vollzogen, der im Mai 2005 fertig sein soll. Parallel dazu beginnen auch die Bauarbeiten zur Erweiterung des FH-Standortes in Sankt Augustin.

Rosenstadt Meckenheim: Bürgermeisterin Yvonne Kempen ruft das „Meckenheimer Jahr der Rose" aus. Im Stadtgebiet gibt es 270000 Schnittrosenstöcke. Mit vielen interessanten Veranstaltungen rund um die Rose wird dies im Lauf der nächsten Monate gefeiert.

Der Kreisverband der Arbeiterwohlfahrt (AWO) eröffnet in der Frankfurter Straße in Siegburg ein neues Zentrum für psychisch Kranke. Im Erdgeschoss befindet sich ein Second-Hand-Laden; in den darüber liegenden Stockwerken hat die AWO Beratungsräume sowie drei Wohnungen für Menschen in psychischen Krisensituationen eingerichtet.

Am Bürgerhaus in Troisdorf eröffnet die Kurdische Gemeinschaft Rhein-Sieg/Bonn e.V. ihre neuen Vereinsräume mit einem internationalen Frühstück, an dem Ausländer und Deutsche gemeinsam teilnehmen.

Vergangenen Herbst entschied sich der Rat der Stadt Sankt Augustin dafür, die Kläranlage und das Kanalnetz der Stadt im Rahmen eines so genannten Cross-Border-Leasings an einen amerikanischen Investor zu verleasen und von dort über eine Laufzeit von rund 27 Jahren zurückzumieten. Dieses Geschäft sollte jährliche Erträge in die Stadtkasse spülen. Die komplizierte Transaktion berge jedoch unwägbare Risiken, befanden Gegner des Deals aus Politik und Bürgerschaft und strengten ein Bürgerbegehren an, das aus formalen Gründen nicht erfolgreich war. Nachdem neue Ungewissheiten im Hinblick auf die Rechtslage in den USA den Vertragsabschluss erneut verzögerten, wurden die Verhandlungen abgebrochen. Auch andere Kommunen im Rhein-Sieg-Kreis hatten verhandelt; zu Vertragsabschlüssen kam es jedoch nur in Eitorf und Königswinter.

Wahner Heide

Die Bürgerstiftung Bad Honnef wird als erste Bürgerstiftung im Rhein-Sieg-Kreis mit einem Stiftungskapital von 117300 Euro gegründet. Die 26 Gründungsstifter unterzeichnen bei einer Feierstunde Gründungsurkunde und Satzung. Die Stiftung fördert, initiiert oder unterstützt Projekte, Einrichtungen und Vereine aus verschiedenen gemeinnützigen Bereichen.

Einstimmig ebnet die Kreisbauernschaft Bonn (1262 Mitglieder) den Weg für eine Fusion mit der Kreisbauernschaft Siegburg (958 Mitglieder). Sie soll zum 1. Januar 2008 vollzogen werden, jedoch bereits zum 1. Juli dieses Jahres werden beide Organe unter dem Namen „Kreisbauernschaften Bonn – Rhein-Sieg der Landwirte, Obst- und Gemüsebauern" organisatorisch zusammengeführt.

Die letzten belgischen Soldaten verlassen früher als erwartet die Kaserne in Troisdorf-Altenrath. Damit fällt der Truppenübungsplatz an die Bundesrepublik Deutschland und an die Anliegerkommunen zurück. Das Areal wird jedoch auch nach Abzug der belgischen Streitkräfte militärisch als Standort-Übungsplatz vor allem des Siegburger Wachbataillons genutzt. Unabhängig hiervon werden die Diskussionen und Planungen in den betroffenen Gebietskörperschaften und Fachbehörden über die Zukunft der Wahner Heide intensiv weitergeführt, wobei es vor allem um den Schutz der Natur und der Kulturlandschaft sowie touristische und wirtschaftliche Aspekte, auch im Zusammenhang mit dem Flughafen Köln/Bonn, geht.

Hochschul- und Kreisbibliothek Bonn-Rhein-Sieg
Ihr Partner für Information!

Wir alle erleben es täglich in Schule und Beruf, im Alltagsleben oder auf unserem Spezialgebiet: Es ist immer wichtiger, gut informiert zu sein, aktuelles Wissen zu haben und umfassend Kenntnisse zu erwerben. Die zukünftige Wissensgesellschaft ist nicht nur ein Schlagwort, sondern eine wesentliche Herausforderung für unsere persönliche Zukunft – eine Zukunft, die genau heute beginnt!

Was bietet Ihnen die Hochschul- und Kreisbibliothek in Sankt Augustin und Rheinbach für diesen Weg in die Zukunft?
Natürlich ihr Mediensortiment mit der Möglichkeit, Antworten auf Wissensfragen in den Büchern und Zeitschriften, elektronischen Wissensspeichern und Datenbanken, auf Video- und Audio-Medien zu finden.

Der Zugang zum Internet an den PC-Arbeitsplätzen ergänzt das Informationsangebot.
Doch wir bieten vor allem auch Menschen: Beratung ist eine unserer Kernaufgaben und wir helfen Ihnen gerne, im großen Angebot der Informationen genau das von Ihnen Gewünschte zu finden.

Schulungen zum Thema Internet ermöglichen Ihnen ein „Finden" statt ein „Suchen", die ruhigen Arbeitsplätze in der Bibliothek bieten ein konzentriertes Vertiefen in Ihr Thema und aktuelle Fragestellungen aus Alltag und Wissenschaft präsentieren sich Ihnen oftmals in wechselnden Medienausstellungen.

Ein Schlüsselbegriff des neuen Wissenszeitalters heißt „Open Mind".

Er beschreibt ein für vielfältige Sinneseindrücke offenes Bewusstsein und ist eine der Zukunftsvisionen der Bibliothek. Sie sind daher eingeladen, nicht nur die sachliche Information zu suchen, sondern auch den sinnlichen Eindruck der regelmäßigen Bilderausstellungen zu genießen. Entwickeln Sie mit uns in der neuen Wissensgesellschaft eine Kommunikationskultur, die wir gerne durch unsere Lesungen und Veranstaltungen, durch das Angebot von Gruppenarbeitsplätzen und buchbaren Besprechungsräumen fördern würden.

Lassen Sie die Bibliothek ihr aktiver Partner in der Wissensvermittlung sein –
wir freuen uns sehr auf Ihren Besuch!

Hochschul- und Kreisbibliothek Bonn-Rhein-Sieg

Grantham Allee 20
53757 Sankt Augustin
02241 / 865-680

Von-Liebig-Str. 20
53359 Rheinbach
02241 / 865-480

http://www.bib.fh-brs.de

41. REGIONALWETTBEWERB „JUGEND MUSIZIERT" MIT VIELEN PREISTRÄGERN

Da ist Musik drin....

VON URSULA KEUSEN-NICKEL

Am 24. und 25. Januar 2004 fanden in den Musikschulen Siegburg und Sankt Augustin die Wertungsspiele des Regionalwettbewerbs „Jugend musiziert" für den Rhein-Sieg-Kreis statt. 90 Kinder und Jugendliche im Alter bis zu 21 Jahren nahmen daran teil.

In Sankt Augustin stellten sich zunächst die Harfenensembles, Gitarrenduos, Gruppen für alte Musik und Klavier-Kammermusik der Beurteilung durch die sechsköpfige Jury. Unter den Teilnehmern dieser Gruppen befanden sich auch Gastwertungen aus Bonn, Köln und Neuss, so dass dieser Tag besonders lebendig und abwechslungsreich verlief.

Am nächsten Tag folgten dann die Duos „Klavier und ein Blasinstrument". Hierbei waren die Duos mit Querflöte am häufigsten vertreten. Alle zeigten viel instrumentales Können und vor allem perfektes Zusammenspiel. Es gab viele erste Preise mit Weiterleitung zum Landeswettbewerb in Essen.

In Siegburg gehörte der Samstag ganz den Violinen. 23 Kinder und Jugendliche präsentierten ein Programm höchsten Anspruchs. Die Altersgruppen Ia und Ib (unter 10 Jahre) waren besonders stark vertreten und beeindruckten mit ihren Leistungen. Die höheren Altersgruppen brachten zum Teil bereits professionelle Virtuosität und musikalische Gestaltung zu Gehör.

Beim Preisträgerkonzert im Schloss Birlinghoven übergab Maria Feldhaus den Sonderpreis der Heinz-Munke-Gesellschaft an Karuna Koch und Sonja Schwarz.

Dies setzte sich am Sonntag bei den Wertungen für Viola, Violoncello und Kontrabass fort. Die Juroren belohnten die großartigen Leistungen mit hohen Punktzahlen und den entsprechenden Preisen.

Insgesamt 30 Jugendliche nahmen auf Grund der erzielten Ergebnisse im Regionalwettbewerb am Landeswettbewerb in Essen teil.

Vorher zeigten jedoch alle Gewinner eines ersten Preises im Regionalwettbewerb ihr Können in drei Preisträgerkonzerten: Zunächst im Siegburger Kreishaus, wo Landrat Frithjof Kühn und Ursula Keusen-Nickel als Vorsitzende des Regionalausschusses Rhein-Sieg die Urkunden und Preise überreichten. Dann im Schloss Birlinghoven in Sankt Augustin – dort sorgte ein von der Kreissparkasse Köln gesponsertes Pausenbuffet für Kommunikation und Auflockerung – und schließlich in der Aula der Grundschule Bachstraße in Rheinbach. Überall war das zahlreiche Publikum begeistert und spendete reichlichen Beifall.

Hier die Ergebnisse im Einzelnen:

Ergebnisse des Landeswettbewerbs in Essen
19. bis 23. März 2004

**ERSTE PREISE
MIT WEITERLEITUNG
ZUM LANDESWETTBEWERB
ERHIELTEN:**

Buchsbaum, Melanie; Riemer, Mario (Alfter); Lier, Theresa; Koch, Karuna (Bad Honnef); Schürholt, Luisa; Herzog, Katrin (Bonn); Oden, Christopher (Erftstadt); Bänsch, Bastian; Brüntjen, Berit Saskia; Grünthal, Svenja; Kapitza, Elena-Katharina; Kips, Svenja; Laudan, Isabel; Mühlbach, Hendryk; Neufeld, Sebastian; Schoneberg, Ulrike; Thiele, Antje (Hennef); Dobrunowa, Anna; Yim, Stephanie (Königswinter); Pfisterer, Eva-Maria (Meckenheim); Casleanu, Sebastian (Niederkassel); Lademann, Constanze (Rheinbach); Buchwald, Karina; Christ, Jonas; Raha, Milad; Schwarz, Sonia (Sankt Augustin); Fröhlich, Kilian (Swisttal); Herzog, Christine (Troisdorf); Kratzenberg, Jens (Wachtberg); Ries, Ferdinand (Windeck).

**ERSTE PREISE
WURDEN VERGEBEN AN:**

Buchsbaum, Christina (Alfter); Buelau, Konstantin; Lier, Christoph; Lier, Theresa; Steinschulte, Caecilie (Bad Honnef); Kriele, Clara (Bornheim); Lee, Min-Sung (Düsseldorf); Böhnlein, Anke; Guljamova, Darja; Rauschendorfer, Lisa-Marie; Reuter, Susanne; Rundel, Lukas (Hennef); Hüster Leonard; Gotter, Rebecca (Königswinter); Löllgen, Stefanie; Weber, Falk; Weykopf, Patricia; Winkelmann, Lisa; Zöllner, Christina (Lohmar); Willett, Nikola (Niederkassel); Garbe, Sven; Kindhäuser, Hannes; Park, Jinu; Schaschek, Benjamin; Uelner, Patricia (Sankt Augustin); Cramer, Paul; Deermann, Lida (Siegburg); Hammerschmidt, Viola; Hutzschenreuter, Franz; Kirsch, Kathrin; Krause, Amelie; Krause, Nikola (Troisdorf); Kuhlmann, Charlotte (Unkel); Bartels, Jennifer; Buch, Cordelia; Esfandiari, Sara (Wachtberg).

**ZWEITE PREISE
WURDEN ZUERKANNT:**

Reinhold, Jens; Schöpe, Stefanie (Alfter); Brandenburg, Lisa; Braun, Kerstin; Kühnle, Eva (Bornheim); Neufeld, Belinda (Hennef); Claus, Karina; Löwe, Abigael (Königswinter); Schumacher, Judith (Much); Bohsung, Jelena; Gusakov, Christina; Klingenburg, Elena; Welk, Margarita (Sankt Augustin); Fröhlich, Johanna (Swisttal); Quant, Marina (Troisdorf); Kosmalla, Linda (Windeck).

DRITTE PREIS ERHIELTEN:

Kadlubicki, Jan (Bornheim); Dupre, Lydia (Sankt Augustin).

**ES ERHIELTEN ERSTE PREISE
MIT WEITERLEITUNG
ZUM BUNDESWETTBEWERB:**

Elena-Katharina Kapitza, Hennef
Sebastian Casleanu, Niederkassel
Kilian Fröhlich, Swisttal
Mario Riemer, Alfter
Karuna Koch, Bad Honnef
Sonia Schwarz, Sankt Augustin
Stella Konilis, Troisdorf

**WEITERHIN GAB ES
ERSTE, ZWEITE UND DRITTE
PREISE FÜR:**

Joana Collmer, Much; Melanie Buchsbaum, Alfter; Theresa Lier, Bad Honnef; Berit Saskia Brüntjen, Hennef; Svenja Grünthal, Hennef; Ferdinand Ries, Windeck; Sebastian Neufeld, Hennef; Stephanie Yim, Königswinter; Patricia Uelner, Sankt Augustin; Antje Thiele und Isabel Laudan, Hennef; Jonas Christ und Milad Raha, Sankt Augustin; Alexander Hoffmann und Nikolas Hoffmann, Bornheim; Konstanze Lademann, Rheinbach; Karina Buchwald, Sankt Augustin; Svenja Kips und Hendryk Mühlbach, Hennef; Anna Dobrunowa, Königswinter; Ulrike Schoneberg und Bastian Bänsch, Hennef.

März 2004

244289 Tonnen betrug das Gesamtabfallaufkommen laut der Abfallbilanz der Rhein-Sieg-Abfallwirtschaftsgesellschaft für das Jahr 2003. Im Jahr zuvor waren es noch 250388 Tonnen. Somit hat jeder der rund 593000 Kreisbewohner umgerechnet 14 Kilogramm weniger Abfall produziert.

Landrat Frithjof Kühn legt den Grundstein für die neue Schule für Erziehungshilfe des Rhein-Sieg-Kreises in Troisdorf-Sieglar, die zurzeit neben dem Berufskolleg entsteht. Rund 6 Millionen Euro gibt der Kreis für den Neubau aus; der Bedarf für diesen Schultyp steigt ständig.

Nachdem das Jugendamt des Rhein-Sieg-Kreises in den vergangenen zwei Jahren dezentralisiert und in sieben Jugendhilfezentren vor Ort in den Kommunen untergebracht wurde, fassen nun einige Städte den Plan, aus der Solidargemeinschaft auszusteigen und eigene Jugendämter unter städtischer Regie zu eröffnen. Die Stadt Siegburg wird diesen Schritt bereits zum 1. Juli dieses Jahres vollziehen. Auch die Städte Bornheim und Meckenheim haben die Errichtung von Stadtjugendämtern in naher Zukunft beschlossen.

In weiteren Kommunen im Kreisgebiet wird diese Lösung ernsthaft diskutiert. Die Städte erhoffen sich davon, die Arbeit im Bereich der Kinder- und Jugendhilfe weiter verbessern und die Leistung günstiger – verglichen mit der an das Kreisjugendamt zu zahlenden Umlage – anbieten zu können. Sie nehmen damit eine Option wahr, die der Gesetzgeber den kreisangehörigen Städten, nicht jedoch den Gemeinden, ausdrücklich einräumt.

Auch die Städte und Gemeinden des Rhein-Sieg-Kreises haben mit der allgemein schlechten Finanzlage zu kämpfen. Für das Haushaltsjahr 2004 können 10 der 19 kreisangehörigen Kommunen keinen ausgeglichenen Haushalt vorlegen und müssen daher ein Haushaltssicherungskonzept aufstellen, welches von der Kommunalaufsicht der Kreises genehmigt werden muss.

Die Stadt Meckenheim hatte beim Kölner Verwaltungsgericht Klage gegen den Landrat als Kommunalaufsicht eingereicht, weil dieser die Stadt zwingen wollte, ihren Hebesatz der Grundsteuer B von 360 v.H. auf 381 v.H. zu erhöhen. Das Gericht gibt nun der Klage statt, weil ein „rechtswidriger Eingriff der Kommunalaufsicht in die verfassungsrechtlich garantierte kommunale Selbstverwaltung" vorliege.

Das Ergebnis der fünf Jahre dauernden, 15 Millionen Euro kostenden Studie des Deutschen Zentrums für Luft- und Raumfahrt in Köln-Porz (DLR) über die Auswirkungen des Fluglärms wird in Berlin veröffentlicht. Demnach wirkt sich Fluglärm nicht in dem Maße auf die Gesundheit der Menschen aus, wie bisher angenommen: Die Schlafdauer verkürze sich bei Menschen unter Fluglärmeinwirkung um lediglich zwei Minuten; zu langfristigen gesundheitlichen Folgen könne man keine Aussagen treffen. Jedoch sei eine Halbierung der Lärmbelastung bis 2020 technisch machbar. Bürgerinitiativen und Betroffene sind über dieses Ergebnis empört.

März 2004, Kunst und Kultur

Der Rat der Stadt Troisdorf beschließt die Errichtung der „Heinz Müller-Stiftung" – Stiftung für Illustratorennachlässe. Der 80-jährige Müllekovener Heinz Müller bringt seine umfangreiche Sammlung fotografischer Arbeiten zusammen mit einem Stiftungskapital von 300000 Euro ein. Ziel der Stiftung ist, Nachlässe von Bilderbuchillustratoren für das Bilderbuchmuseum in Burg Wissem anzukaufen und zu erhalten.

Kunstschaffende im Gespräch: Reinhard Zado, Giovanni Vetere und Dr. Wolf-Rüdiger Weisbach (v. l. n. r.)

„Landzeichen – Zu Hause im Rhein-Sieg-Kreis" lautet der Titel einer Fotoausstellung im Foyer des Siegburger Kreishauses. Der Windecker Arzt Dr. Wolf-Rüdiger Weisbach und der Maler und Grafiker Reinhard Zado aus Niederhofen/Westerwald stellen Fotoarbeiten aus. Ergänzt wird die Schau mit Beiträgen der Sieger und Teilnehmer des letztjährigen Fotowettbewerbs des Rhein-Sieg-Kreises.

März 2004, Namen und Personen

Ludgera Decking wird vom Aufsichtsrat der Rhein-Sieg-Abfallwirtschaftsgesellschaft (RSAG) für die nächsten fünf Jahre zur hauptamtlichen Geschäftsführerin gewählt. Die Diplom-Ingenieurin und Juristin hatte im April vergangenen Jahres Kreiskämmerer Karl-Hans Ganseuer kommissarisch abgelöst, der nach dem Bestechungsskandal um RSAG-Chef Karl-Heinz Meys als Interims-Geschäftsführer eingesprungen war.

Wechsel auch in der Geschäftsführung des Klinikums Siegburg Rhein-Sieg: Der bisherige Verwaltungschef, Hansjürgen Meyer, hat sein Amt aus gesundheitlichen Gründen niedergelegt. Sein Nachfolger ist Dr. Peter Kilian, der die Geschäfte zum 1. März übernimmt.

März 2004, was sonst vor Ort geschah

Mit 40000 Gästen an drei Tagen verbuchen die Veranstalter der Hobby-Messe „Mein Steckenpferd" im Messezentrum Hennef einen Besucherrekord. Mehr als 250 Aussteller geben auf rund 15000 Quadratmetern Anregungen für die Freizeitgestaltung.

Beim „1. Windecker Motorsporttag" kommt an der Oberen Sieg Rallye-Atmosphäre auf. 2500 rennbegeisterte Zuschauer sind dabei, als Rallye-Piloten aus zwölf Teams die Herchener Höhe nutzen, um sich auf den Saisonbeginn am 12. März vorzubereiten. Bürgermeister Jürgen Klumpp begrüßt anlässlich des Show-Fahrens zahlreiche Prominente aus Politik und Sport.

Hans-Peter Krämer, Vorstandsvorsitzender der Kreissparkasse Köln (KSK), und sein Stellvertreter, Josef Hastrich, ziehen Bilanz nach einem Jahr der Fusion mit der Kreissparkasse in Siegburg: Die KSK Köln habe das Betriebsergebnis steigern können. Nach Risikovorsorge liege dieses aktuell bei 146 Millionen Euro (plus 59 Millionen Euro).

Viele Kommunen im Kreisgebiet veranstalten einen Stadt-Putz-Tag. Hunderte freiwillige Helferinnen und Helfer packen mit an und befreien die Natur vom achtlos weggeworfenen Müll ihrer Mitmenschen.

Der „Verein gegen die Schnellbahn im Siebengebirge" löst sich nach 13 Jahren auf. Die aus dem Zusammenschluss mehrerer Bürgervereine am 12. November 1991 gegründete Bürgerinitiative hatte es sich zur Aufgabe gemacht, die beim Bau der ICE-Trasse unvermeidlichen Eingriffe in Natur und Landschaft für die Bürger so verträglich wie möglich zu gestalten.

Rund 1700 Läuferinnen und Läufer gehen bei den 28. Deutschen Straßenlaufmeisterschaften in Siegburg an den Start. Ausrichter des bisher größten Siegburger Laufspektakels ist der TV Kaldauen, der freilich tatkräftig unterstützt wird. Vor 2500 Zuschauern benötigt der schnellste Mann im Feld, Carsten Eich von der Leichtathletikgemeinschaft Braunschweig, 1:03:43 Stunden für den Halbmarathon; bei den Frauen gewinnt Luminita Zaituc – ebenfalls von der LG Braunschweig – mit einer Zeit von 1:12:40 Stunden.

Bornheims Bürgermeister Wilfried Henseler und Landrat Frithjof Kühn führen den symbolischen ersten Spatenstich zum Bau der Stadtbahnhaltestelle „Bornheim Rathaus" aus. Die Durchführung dieser Baumaßnahme war in der Vergangenheit durch verschiedene Irritationen und Proteste gekennzeichnet. Nun hoffen die Beteiligten, den Haltepunkt im Sommer in Betrieb nehmen zu können.

Die Bahnkunden aus Sechtem können sich demnächst über einen modernisierten Bahnhof freuen. Bis 2008 soll der Sechtemer Bahnhof eine Unterführung erhalten, die Behinderten, Fahrradfahrern und Eltern mit Kinderwagen den Zugang zum Bahnsteig erleichtern soll.

IHRE WERBUNG
IM JAHRBUCH 2006
INFO: TEL 0 22 41 / 13 33 65

ICE-Tunnel im Siebengebirge

Fußgängerüberweg auf dem Bahnhof in Bornheim Sechtem

April 2004

Die Polizei im Rhein-Sieg-Kreis und in der Stadt Bonn erhält von der Bevölkerung gute Noten für ihre Arbeit. Dies zeigt eine vom Nordrhein-Westfälischen Innenministerium in Auftrag gegebene Umfrage. Fazit der Befragung ist, dass die Ordnungshüter als bürgerfreundlich, unbestechlich und vertrauenswürdig gelten.

Die Betriebsführung des Wahnbachtalsperrenverbandes (WTV) kann auf die Stadtwerke Bonn (SWB) übertragen werden. Die Klage der Stadt Siegburg gegen die Übernahme wird vom Oberverwaltungsgericht Münster in zweiter Instanz abgewiesen. Das OVG bestätigt somit das im Februar ergangene Urteil des Verwaltungsgerichts Köln. Landrat Frithjof Kühn als WTV-Verbandsvorsteher, SWB-Geschäftsführer Hermann Zemlin und SWB-Aufsichtsratsvorsitzender Helmut Hergarten unterzeichnen die Vereinbarung zur Übertragung der Betriebsführung. Die Gegner der Übernahme – so die Bürgerinitiative „Pro Wahnbachtalsperre" – kündigen an, sich weiterhin aktiv für den WTV sowie erstklassige Trinkwasserqualität einzusetzen.

Kriegerdenkmal auf dem Siegburger Markt

Neuesten Prognosen des Landesamtes für Statistik NRW zufolge könnte der Rhein-Sieg-Kreis in den kommenden 15 Jahren mit 12,5 Prozent bundesweit den größten Bevölkerungszuwachs verzeichnen und wäre so im Jahr 2020 mit 655932 Einwohnern der größte Landkreis Deutschlands. Derzeit ist der Rhein-Sieg-Kreis mit rund 593500 Einwohnern (Stand: Dezember 2003) nach dem Kreis Recklinghausen bevölkerungsmäßig der zweitgrößte Landkreis in der Bundesrepublik.

Vor zehn Jahren wurde die Ausgleichsvereinbarung geschlossen, mit deren Hilfe die Region Bonn den Strukturwandel nach dem Umzug von Parlament und Teilen der Regierung nach Berlin meistern sollte. Sie läuft nun in diesem Jahr aus. Staatssekretär Tilo Braune, Bonns Oberbürgermeisterin Bärbel Dieckmann sowie die Landräte Frithjof Kühn und Jürgen Pföhler (Kreis Ahrweiler) ziehen in Bonn eine positive Bilanz dieses Wandels.

Wald an der Siegmündung

April 2004, Umwelt und Natur

Der Kreistag beschließt die Neuaufstellung bzw. erste Änderung von fünf Landschaftsplänen für den Rhein-Sieg-Kreis. Damit ist ein großer Teil der Natur und der besonderen Kulturlandschaft des Kreises erfasst und genießt besonderen Schutz. Betroffen sind die „Villewälder bei Bornheim", die Landschaftspläne Nummer 4 „Meckenheim – Rheinbach – Swisttal", Nummer 6 „Siegmündung", Nummer 7 „Siegburg – Troisdorf – Sankt Augustin" und Nummer 10 „Naafbachtal".

Peer Steinbrück, nordrhein-westfälischer Ministerpräsident, eröffnet das Naturparkhaus des Verschönerungsvereins für das Siebengebirge (VVS) auf der Königswinterer Margarethenhöhe. Rund 150 geladene Gäste, unter ihnen NRW-Finanzminister Jochen Dieckmann, waren anwesend, als Steinbrück das neue Domizil des VVS seiner Bestimmung übergab. Das Naturparkhaus bietet Informationen für alle, die sich nicht nur als Wanderer für das Siebengebirge interessieren.

April 2004, Namen und Personen

Eitorfs Bürgermeister Peter Patt ist tot. Der 65-jährige Christdemokrat erliegt einer kurzen schweren Krankheit. Peter Patt war im Oktober 1995 vom Gemeinderat zum hauptamtlichen Bürgermeister gewählt und in der Urwahl 1999 mit 76,2 Prozent der Stimmen eindrucksvoll im Amt bestätigt worden.

Adelbert Ay bleibt Kreisvorsitzender der Arbeiterwohlfahrt (AWO). Auf der Kreiskonferenz wird er im Amt bestätigt. Der Kreisverband hat mittlerweile 4.500 Mitglieder und 320 Beschäftigte zwischen Swisttal und Windeck.

April 2004, Kunst und Kultur

Fünfzig Jahre Pixi-Bücher! Anlässlich dieses Jubiläums zeigt das Bilderbuchmuseum in Troisdorf eine Ausstellung der kleinen, wohl bekannten Kinderbücher. 1250 Pixi-Bücher sind seit dem 29. April 1954 in Deutschland erschienen.

Das neue Domizil des Verschönerungsvereins für das Siebengebirge auf der Margarethenhöhe

Im Rahmen eines im Siegburger Kreishaus stattfindenden Aussiedlertreffens, zu denen die Neubürgerbeauftragte Maria Weiler regelmäßig einlädt, werden im Foyer künstlerische Arbeiten von Aussiedlern aus Russland ausgestellt. Olga Rann, Erna Wilhelm und Jakob Rempel, die jetzt in Meckenheim ihre Heimat gefunden haben, zeigen unter dem Titel „Unsere neue – alte Heimat" Malereien zum Thema.

April 2004, was sonst vor Ort geschah

Zum 1. April eröffnet in den Räumlichkeiten des Feuerwehrgerätehauses in Ruppichteroth eine neue Rettungswache. Träger der täglich zwölf Stunden mit einem Rettungstransportwagen besetzten Einrichtung ist der Rhein-Sieg-Kreis. Mit der Durchführung der rettungsdienstlichen Aufgaben werden gemeinschaftlich das Deutsche Rote Kreuz und die Johanniter-Unfallhilfe betraut.

Die lang ersehnte Umgehungsstraße K 12n zwischen Alfter und Bonn wird nach 17 Jahren Planung und einem Jahr Bauzeit in Betrieb genommen. Die Ortsdurchfahrten von Oedekoven, Gielsdorf und Alfter sowie von Lessenich, Messdorf und Dransdorf werden durch die neue Straße erheblich entlastet. Der Anschluss an die B 56 in Höhe des Konrad-Adenauer-Damms soll über eine Brücke in Oedekoven erfolgen, die ab Juni diesen Jahres gebaut wird.

Im Rahmen einer kleinen Feierstunde überreicht Landrat Kühn den Beschäftigten der „Villa Laurentius" in Windeck symbolisch einen Scheck über rund 29000 Euro. Dieses Geld bewilligte der Rhein-Sieg-Kreis dem als „Kleine Offene Tür" anerkannten Jugendhaus, damit eine bisherige halbe Fachkraftstelle auf eine ganze aufgestockt werden kann.

Keine Fusion, aber eine enge Zusammenarbeit vereinbaren die Kölner Verkehrsbetriebe (KVB) und die Regionalverkehr Köln (RVK). Vor allem im Bereich Marketing und Vertrieb wollen die beiden in Köln ansässigen Verkehrsunternehmen kooperieren, um Kosten zu sparen. Die RVK bedient als Auftragnehmerin auch etliche Linien in Bonn und dem Rhein-Sieg-Kreis.

Einen Kaufvertrag für die Dynamit Nobel AG in Troisdorf unterzeichnen die mg technologies ag und der Spezialchemie-Hersteller Rockwood Specialities Group Inc. (USA). Für 2,25 Milliarden Euro werden die mg-Anteile an Dynamit Nobel im dritten Quartal 2004 den Besitzer wechseln. Über den Verkauf der Kunststoff-Sparte wird mit anderen Bietern verhandelt.

Am „Girl's Day" informieren sich auch in diesem Jahr wieder zahlreiche Schülerinnen über technische und eher untypische Frauenberufe in vielen Betrieben im Rhein-Sieg-Kreis. Der mittlerweile zur Einrichtung gewordene Tag gibt den Mädchen Gelegenheit, ihr Berufsspektrum zu erweitern, Informationen zu sammeln und Kontakte für ein mögliches Praktikum zu knüpfen.

Trotz der Trauer um den plötzlich verstorbenen Bürgermeister Peter Patt findet die Handwerkermesse „Eitorfer Frühling" wie gewohnt statt. Bereits zum 21. Mal zieht die Leistungsschau des Mittelstandes viele Besucher an.

Gute Noten erhält die Fachhochschule Bonn-Rhein-Sieg in einem Ranking, das das Centrum für Hochschulentwicklung (CHE) gemeinsam mit dem Magazin „Stern" durchgeführt hat. Gelobt wird darin, dass hier „Praktiker" im engen Kontakt zur Arbeitswelt studieren; das Studium sei kurz und nicht zu theorielastig.

Die Stadt Königswinter bekommt nun doch ein Besucherzentrum. Nach jahrelanger erfolgloser Suche wird ein Investor gefunden: Die „Bergbahnen im Siebengebirge AG" wird das „Besucherzentrum Siebengebirge" in ihrer Talstation der Drachenfelsbahn realisieren (Bild unten). Das 1,8 Millionen teure Projekt wird zur Hälfte aus Ausgleichsmitteln für den Bonn-Berlin-Umzug finanziert. Mit dem Bau soll noch in diesem Jahr begonnen werden.

Die neue Tourist-Information im Siegburger Bahnhof

Der Rat der Stadt Bornheim beschließt das Integrierte Handlungskonzept Königstraße. In fünf bis zehn Jahren soll das Konzept Realität werden. Die Königstraße wird zur Einbahnstraße. Zudem soll der Peter-Fryns-Platz Fußgängern und der Gastronomie vorbehalten sein. Die Pläne werden jedoch nicht von allen Anwohnern und Gewerbetreibenden befürwortet.

Im Siegburger ICE-Bahnhof eröffnet die neue Touristische Informationszentrale der Stadt Siegburg. Hinter Glasfassaden ist die hochmoderne Service-Station untergebracht. Mit modernster Informationstechnik ausgestattet, beraten und bedienen die Mitarbeiterinnen und Mitarbeiter Besucher und Bürger der Stadt.

Mai 2004

In Berlin befasst sich der Bundesverkehrsausschuss mit dem Bundesverkehrswegeplan (BVP), der bis 2015 gelten und am 30. Juni endgültig vom Bundestag verabschiedet wird. Mit der Mehrheit der rot-grünen Koalition verhindert der Ausschuss eine Diskussion über die Wiederaufnahme der seit mehr als 30 Jahren umstrittenen Südtangente (B 56n) in diesen Plan und spricht sich für den Kabinettsbeschluss aus, der besagt, dass der so genannte Ennertaufstieg im neuen BVP nicht berücksichtigt wird. Während sich die Gegner des Projekts in der Region freuen, stößt diese Vorgabe bei den Befürwortern der Südtangente auf großes Unverständnis.

In Bunzlau/Boleslawiec, der Kreisstadt des gleichnamigen polnischen Partnerkreises des Rhein-Sieg-Kreises, findet eine Gedenkveranstaltung für Pfarrer Paul Sauer statt. Der Geistliche war unter dem Vorwurf, eine gegen Polen gerichtete Geheimorganisation geleitet zu haben, 1946 von der Miliz verhaftet worden und an den Folgen der Haft und der dort erlittenen Misshandlungen verstorben; Mitgefangene wurden teilweise zum Tode bzw. zu langen Haftstrafen verurteilt. Deutsche und polnische Referenten hellen im Rahmen der Konferenz die damaligen Geschehnisse auf. Das von polnischen Stellen in Kooperation mit der Bundesheimatgruppe Bunzlau in Siegburg vorbereitete Zusammentreffen ist der erste und erfolgreiche Versuch dieser Art in Polen, ein trauriges Kapitel der gemeinsamen Vergangenheit auch gemeinsam aufzuarbeiten.

Landrat Frithjof Kühn führt gemeinsam mit Meckenheims Bürgermeisterin Yvonne Kempen den ersten Spatenstich zum Bau der neuen Ortsumgehung der K53 um Lüftelberg herum aus. Das 3,1 Millionen Euro teure Projekt finanziert der Rhein-Sieg-Kreis mit 1 Million, der Rest kommt vom Bund.

Informationen und Hilfen für Existenzgründerinnen und Unternehmerinnen gibt es beim „4. Unternehmerinnentag Bonn/Rhein-Sieg" im Siegburger Kreishaus, der von der Regionalstelle Frau & Beruf Bonn/Rhein-Sieg organisiert wird. Auch auf der sechsten „Wirtschaftsbühne" im Rathaus und auf dem Karl-Gatzweiler-Platz in Sankt Augustin geht es um Informationen. Der Schwerpunkt liegt in diesem Jahr im Bereich der Ausbildung. 33 Ausbildungsbetriebe und eine Ausbildungsbörse geben hilfreiche Tipps; 53 Unternehmen, Institutionen und Behörden der Stadt nutzen die Gelegenheit, sich vorzustellen.

Positive Bilanz nach zehn Jahren Bonn-Berlin-Ausgleichsvertrag ziehen Landrat Frithjof Kühn, Wirtschaftsförderer Dr. Hermann Tengler und Ministerialdirigent Klaus Westkamp: Entgegen dem allgemeinen Abwärtstrend hat der Rhein-Sieg-Kreis eine gute Entwicklung genommen. Der Ausgleichsvertrag endet am 31. Dezember dieses Jahres. Von den dort festgeschriebenen 1,44 Milliarden Euro des Bundes für den Ausgleich des Umzugs von Parlament und Regierung nach Berlin hatte der Kreis rund 427 Millionen Euro erhalten, mit denen unmittelbar etwa 6500 Arbeitsplätze geschaffen wurden.

Auch in diesem Jahr beteiligen sich Schülerinnen und Schüler, Vereine und Institutionen an der Europawoche im Rhein-Sieg-Kreis. Im Rahmen verschiedener Veranstaltungen zu Themen wie Integration oder den EU-Beitrittsländern wird „Europa" mit Leben gefüllt. Die Vorentscheidung des Komponistenwettbewerbs „Eurosong der Regionen 2004", den das französische Département de la Vienne als Partnerregion des Rhein-Sieg-Kreises ausgeschrieben hatte, kann Johannes Weiß aus Bad Honnef für sich entscheiden.

In den Schulen im Rhein-Sieg-Kreis brechen nach den Sommerferien beim Beschaffen von Filmen und audiovisuellen Medien für den Unterricht neue Zeiten an. Landrat Kühn und der Leiter des Kreis-Medienzentrums, Wolfgang Dax-Romswinkel, demonstrieren im Kreishaus das Procedere, mit dem die Schulen zukünftig Medien online herunterladen können. Der bisherige Verleih von Filmen, Videos und sonstigen Medien durch das Medienzentrum im Kreishaus geht aber weiter.

In den vergangenen Jahren hat der Andrang auf die Vollzeitausbildungsgänge der Berufsschulen des Rhein-Sieg-Kreises stark zugenommen. Verzeichnete das Schulamt 1996/97 noch 8178 Berufsschülerinnen und -schüler, so waren es 2003/04 bereits 10296. Der Rhein-Sieg-Kreis begegnet der steigenden Nachfrage mit verstärkten Investitionen in den Um- und Ausbau der Berufskollegs.

Momentaufnahme vom „Europatag" im Kreishaus, an dem viele Schulen teilnahmen

Positive Bilanz: Kreisdirektorin Lohr, Ministerialdirigent Westkamp und Landrat Kühn

Mai 2004, Namen und Personen

Unter neuer Leitung steht nun die Redaktion des „Rhein-Sieg-Anzeigers". Der 48-jährige Jürgen Röhrig tritt auf diesem Posten die Nachfolge von Halvard Langhoff an. Röhrig ist seit 1984 Mitarbeiter der Tageszeitung.

Dem WDR-Wissenschaftsredakteur Ranga Yogeshwar – bekannt durch seine Wissenschaftssendung „Quarks & Co" – wird von der Europaschule Bornheim der „Bornheimer 2004" verliehen. Die Europaschule zeichnet mit dem „Bornheimer" alle zwei Jahre Personen aus, die sich erfolgreich um die Beantwortung pädagogischer Fragen in der Öffentlichkeit bemühen.

Matthias Dederichs aus Troisdorf erhält den Rheinlandtaler, den der Landschaftsverband Rheinland unter anderem für Verdienste um Heimatgeschichte und Volkskunde verleiht. Der 76-Jährige wird vor allem für seine Arbeit in dem und für den Heimat- und Geschichtsverein Troisdorf ausgezeichnet.

Rupert Neudeck, Gründer der Hilfsorganisation „Cap Anamur", feiert seinen 65. Geburtstag. Vor rund 25 Jahren rief er das Komitee ins Leben, das viele tausend Boat-People aus der südchinesischen See rettete. Auch heute leistet Neudeck, der in Troisdorf lebt, humanitäre Hilfe, zurzeit vorwiegend in Afghanistan, wo er gemeinsam mit der Organisation „Grünhelme" den Bau von Schulen vorantreibt.

Der Künstler Victor Bonato mit Kreisdirektorin Monika Lohr

Der in Niederkassel wohnende Künstler Victor Bonato wird 70 Jahre alt. Anlässlich seines runden Geburtstags ist im Siegburger „Pumpwerk" des Kunstvereins für den Rhein-Sieg-Kreis eine Ausstellung einiger seiner Werke zu sehen. Viele seiner Skulpturen, etwa die Troisdorfer Stadttore oder das 2,4 Tonnen schwere Gedenkensemble für die Zwangsarbeiter des Dritten Reiches neben dem Troisdorfer Rathaus, aber auch Werke in New York, Wien oder Lausanne, sind nur an den angestammten Plätzen zu bewundern.

Mai 2004, was sonst vor Ort geschah

Die Planungen, den Abschluss des Weltjugendtages 2005 auf dem Gelände des Hangelarer Flugplatzes zu feiern, stoßen weiterhin nicht nur auf Zustimmung. So formiert sich eine „Schutzgemeinschaft Hangelarer Heide" um die Kreisgruppe des Bundes für Umwelt und Naturschutz Deutschland (BUND), die das Ereignis an dieser Stelle für ökologisch nicht vertretbar hält, und ein Areal bei Bornheim-Sechtem als Alternative zu Hangelar vorschlägt.

Mit dem Ziel, den linksrheinischen Rhein-Sieg-Kreis in Bezug auf den Tourismus besser zu fördern, hat sich nach zweijähriger Vorbereitungszeit der Verein „Rhein-Voreifel-Touristik" gegründet. Zu den 48 Gründungsmitgliedern gehören neben den linksrheinischen Kommunen (Alfter, Bornheim, Meckenheim, Swisttal, Rheinbach und Wachtberg) Vereine, kulturelle Organisationen sowie Vertreter aus der Hotel- und Gaststättenbranche.

Einen wichtigen Etappensieg können die Gegner des Quarzkiesabbaus im Vorgebirge erringen. Der Regionalrat erteilt den Bestrebungen der Bezirksregierung, weitere Abgrabungen im Dobschleiber Tal oberhalb von Bornheim-Merten, Rösberg und Hemmerich zu ermöglichen, einstimmig eine Absage. Dem war eine wochenlange, vom Landschaftsschutzverein Vorgebirge initiierte Kampagne vorausgegangen, in der zahlreiche Bürger sowie die Stadt Bornheim die Regionalratsmitglieder auf die drohende Zerstörung der Landschaft aufmerksam gemacht hatten.

Unter dem Namen „Fladesheimstorp" wurde der Rheinbacher Stadtteil Flerzheim im Jahre 804 erstmals urkundlich erwähnt. Das 1200-jährige Bestehen des Ortes wird mit einem großen Jubiläumsprogramm festlich begangen.

Das Haus der Geschichte in Bonn: Beginn des „Weges der Demokratie"

Im Troisdorfer Café Koko steht ab sofort ein Drogenkonsumraum für Rauschgiftsüchtige zur Verfügung. Dieser Raum ist der zehnte seiner Art in Nordrhein-Westfalen. Ziel des Angebots ist es, einen Beitrag zur Gesundheits-, Lebens-, und Ausstiegshilfe für die Abhängigen zu leisten. Gleichzeitig wird ein Rückgang des Drogenkonsums in der Öffentlichkeit und somit ein höheres subjektives Sicherheitsempfinden der Bevölkerung erwartet.

Der Siegburger SV 04 feiert sein 100-jähriges Bestehen. Das schönste Geschenk zum Geburtstag des am 9. Juli 1904 gegründeten Traditionsclubs ist das von der Kreissparkasse Köln gesponserte Jubiläumsspiel gegen den 1. FC Köln. Das im Siegburger Walter-Mundorf-Stadion stattfindende Fußballspiel, das die Kölner 11:2 für sich entscheiden, schauen sich knapp 9000 Zuschauer an.

Die Vorstände der Raiffeisenbank Grafschaft-Wachtberg und die Volksbank Wachtberg beschließen eine strategische Allianz, an deren Ende die Fusion der beiden Wachtberger Heimatbanken stehen soll. Beide Genossenschaftsbanken werden dann mehr als 250 Millionen Euro in den Bilanzen ihrer Geldinstitute bewegen. Veranlassung zu diesem Schritt ist die Notwendigkeit der Banken, ihre Kräfte zu bündeln und der Wunsch, der Wirtschaft vor Ort neue Impulse zu geben.

Für rund 220000 Euro hat die Asklepios-Kinderklinik in Sankt Augustin ihre alte kardiologische Ambulanz umgebaut. Die neue Station im Erdgeschoss des Gebäudes, die nun offiziell eingeweiht wird, erweitert die ambulanten Kapazitäten der Klinik und bietet mehr Untersuchungsmöglichkeiten.

Bonn ist um eine Attraktion reicher: Der „Weg der Demokratie" wird eröffnet. Der vom Haus der Geschichte konzipierte und im Wesentlichen aus Ausgleichsmitteln finanzierte Weg umfasst rund 58 Schau- und Informationstafeln, die wichtige bauliche Zeugnisse der von Bonn aus gestalteten Nachkriegsgeschichte vorstellen, aber auch Informationen über die aktuelle Funktion der Gebäude liefern.

Weltmeister, Europameister, Deutsche Meister und erfolgreiche Breitensportler aus dem Rhein-Sieg-Kreis in 16 unterschiedlichen Sportarten werden auch in diesem Jahr in der Kreissparkasse in Siegburg von der Kreissparkasse Köln und dem Rhein-Sieg-Kreis für ihre hervorragenden sportlichen Leistungen geehrt.

Flerzheimer Impressionen

„Nikolaus-Stiftung für Kinder und Jugendliche in Siegburg" lautet der Name der Stiftung, die die Siegwerk-Eigentümer und Siegburger Ehrenbürger Veronika und Hans Alfred Keller sowie die Eheleute Alfred und Natascha Keller ins Leben rufen. Mit den Zinsen aus dem gespendeten Grundstock der offenen Stiftung in Höhe von 550000 Euro sollen die Belange von Kindern und Jugendlichen unterstützt werden.

Die Rotunde auf dem Petersberg

Die Sonderschule „An der Wicke" in Alfter-Gielsdorf erhält einen Anbau mit Klassenräumen und einem Gymnastikraum. Den ersten Spatenstich zu der dringend notwendigen Baumaßnahme, die im März nächsten Jahres abgeschlossen sein soll, führt Landrat Kühn zusammen mit Bürgermeisterin Bärbel Steinkämper aus.

Alles Daumendrücken half nichts: Kulturminister Michael Vesper verkündet die Entscheidung der Jury über den Bewerber des Landes Nordrhein-Westfalen zur Europäischen Kulturhauptstadt 2010. Zur großen Enttäuschung der Region ist die Wahl nicht auf Köln, sondern auf Essen gefallen. Die Auswahl Kölns hätte auch für die Region Bonn/Rhein-Sieg wirtschaftliche und touristische Vorteile mit sich gebracht.

Das Gästehaus des Bundes auf dem Petersberg in Königswinter wird auch zukünftig von der Steigenberger Hotels AG geführt. Die Hotelkette, die den Betrieb bereits seit 1989 unterhält, unterzeichnet mit der Petersberg GmbH einen Managementvertrag für die Dauer von zunächst 15 Jahren.

VOM EIN-MANN-KONTOR ZUR DRITTGRÖSSTEN SPARKASSE...

Franz von Wülffing, Landrat des Siegkreises, gründete am 3. Mai 1854 die Spar- und Darlehenskasse des Siegkreises. Diese „Finanzielle Hülfsanstalt", die als Ein-Mann-Betrieb begann, entwickelte sich als Kreissparkasse zu einem kompetenten Finanzdienstleister, der im Jahr 2003 durch den Zusammenschluss mit der Kreissparkasse Köln seine Erfolgsgeschichte fortsetzte.

Das 150-jährige Bestehen der Kreissparkasse im Rhein-Sieg-Kreis wird im Mai 2004 mit einem Jubiläumskonzert auf dem Petersberg gebührend gefeiert.

In ihren Festansprachen weisen Hans-Peter Krämer, Vorstandsvorsitzender der Kreissparkasse Köln, sein Stellvertreter Josef Hastrich und Landrat Frithjof Kühn auf die Bedeutung dieser Institution für die Region hin. Mit dem Zusammenschluss der Kreissparkassen Köln und Siegburg ist die drittgrößte unter den rund 500 Sparkassen in Deutschland entstanden.

Nach wie vor wird die hohe Präsenz vor Ort groß geschrieben, wie die 68 Geschäftsstellen im Kreisgebiet beweisen. Auch das Bekenntnis zum öffentlichen Auftrag der Sparkasse hat sich nicht geändert: Die Sparkasse versorgt breite Bevölkerungsschichten flächendeckend mit Finanzdienstleistungen und fördert die wirtschaftliche Entwicklung vor Ort und in der Region.

Die Stiftungen der Kreissparkasse (die Stiftung „Für uns Pänz" feiert in diesem Jahr ihr 25-jähriges Jubiläum) fördern zudem gemeinnützige Zwecke im Rhein-Sieg-Kreis, besonders in den Bereichen Kultur, Sport, Umwelt und Jugend.

Bereits im Jahrbuch des Rhein-Sieg-Kreises 2004 wurde ausführlich auf das Jubiläum der Kreissparkasse eingegangen. Unter dem Titel „Als der Taler zu rollen begann" wird ihr Werdegang erzählt. In den Jahrbüchern 1990 bis 1999 ist die Geschichte im Detail nachzulesen.

Anlässlich ihres 150-jährigen Bestehens gibt die Kreissparkasse eine illustrierte Chronik heraus.

links: Ein alter Sparkassenschalter
rechts: Das Sparkassengebäude wie es 1900 aussah

RICHTFEST FÜR DAS S–CARRÉ

Über der Großbaustelle in der Stadtmitte von Siegburg schwebt nach nur acht Monaten Bauzeit die Richtkrone. „Rekordverdächtig" nennt Hans-Peter Krämer, Vorsitzender des Vorstands der Kreissparkasse Köln, bei seiner Ansprache anlässlich des Richtfestes im Mai 2004 die Leistung derer, die dazu beigetragen haben, dass innerhalb kürzester Zeit Decken und Wände aus der bis zu 8,37 Meter tiefen Baugrube emporgewachsen sind.

Das Gebäude nach Plänen des Aachener Architekturbüros Heuer & Faust wird zukünftig neben Ladenlokalen und Gastronomie Arbeitsplätze von rund 500 Mitarbeitern der Kreissparkasse Köln beherbergen. Am Standort Siegburg wird die Kredit-Service-Agentur ihre Heimat finden, etwa 400 neue Arbeitsplätze werden geschaffen. Ein wesentlicher Entwurfsgedanke bei der Planung des Objekts ist die Einbeziehung und Verzahnung des vorhandenen Parks an der alten Stadtmauer. Landrat Frithjof Kühn und Bürgermeister Rolf Krieger sehen in der Investition der Kreissparkasse Köln einen Gewinn für die Stadt Siegburg und den Rhein-Sieg-Kreis.

Der bisherigen Verlauf des Projektes „S-Carré": Im Sommer 2000 gab es bei der damaligen Kreissparkasse in Siegburg erste Überlegungen zum Erwerb des 5499 qm großen Grundstücks der Deutschen Bundespost.

FLÄCHENANGABEN ZUM S-CARRÉ

Nettonutzfläche		ca. 13.000 qm
zzgl. Tiefgarage		ca. 11.000 qm
gegliedert in:		
EG	(Läden/Gastronomie/Empfang)	ca. 3.000 qm
1. - 5.OG	(Büronutzung)	ca. 10.000 qm
Außenanlagen		ca. 3.500 qm
Stadtgarten		ca. 2.300 qm
Tiefgaragenparkplätze		ca. 300 Stück

Die Raumsituation des Hauptstellengebäudes der Kreissparkasse an der Stadtmauer war beengt und verschachtelt, ein Ausbau des bestehenden Objektes nicht sinnvoll. Innerhalb weniger Wochen fiel in enger Abstimmung mit der Stadt Siegburg die Entscheidung für den Erwerb des Grundstücks, den Abriss der bestehenden Bebauung und einen Neubau. Bereits im November 2003 war die Baugrube ausgehoben, der Rohbau des Objektes begann.

Ganz im Sinne ihrer Verbundenheit zur Region beauftragte die Kreissparkasse Bauunternehmen aus ihrem Geschäftsgebiet mit den Arbeiten am Bau: die renommierten heimischen Bauunternehmen Josef Klein GmbH, Niederkassel und die Firma DÜX GmbH, Bonn.

Den Abriss des alten Postgebäudes hatte die Firma H.W. Pütz aus Niederkassel übernommen. Bauherrin des S-Carré ist die Rubidium Grundstücksverwaltungsgesellschaft aus Mainz, eine Tochter der Kreissparkasse Köln und der Deutschen Anlagen-Leasing GmbH (DAL).

Das bisherige gute Zusammenspiel aller am Bau Beteiligten stimmt optimistisch für den weiteren Fortgang der Baumaßnahmen: „Einweihung feiern wir im Januar 2005", so Hartmut Georg, stellvertretendes Vorstandsmitglied der Kreissparkasse Köln.

Juni 2004

Der Korruptionsskandal um den ehemaligen Geschäftsführer der Rhein-Sieg-Abfallverwertungsgesellschaft (RSAG), Karl-Heinz Meys, dessen gerichtliches Nachspiel noch immer nicht abgeschlossen ist, hat weitere Konsequenzen. Um solchen Machenschaften zukünftig einen Riegel vorzuschieben, erarbeitet die RSAG als erstes deutsches Unternehmen mit dem Anti-Korruptions-Netzwerk Transparency International (TI) einen Integritätsvertrag. Wie RSAG-Geschäftsführerin Ludgera Decking erklärt, ist dieser Vertrag ab sofort fester Bestandteil künftiger Ausschreibungstexte der RSAG und enthält klare Verhaltensregeln zwischen Auftraggebern und Bietern.

Am 13. Juni findet die Europawahl statt. Auch die 431224 Wahlberechtigten im Rhein-Sieg-Kreis sind aufgerufen, in einem der kreisweit 403 Wahllokale ihre Stimme für eine der 22 zum Europaparlament kandidierenden Parteien abzugeben. In Troisdorf, Siegburg, Sankt Augustin, Königswinter und Bornheim ersetzen elektronische Wahlautomaten das Kreuzchen auf dem Zettel. Das Wahlergebnis zeigt die nachstehende Grafik.

Ein integrationsfreundliches Klima zu schaffen, sieht der Rhein-Sieg-Kreises als eine seiner Aufgaben an. Daher findet im Siegburger Kreishaus der „Tag der Integration" statt. Als Auftaktveranstaltung wird ein Runder Tisch zur Integration von Ausländern und Aussiedlern initiiert. Der Runde Tisch bietet eine Chance zum Erfahrungsaustausch für Betroffene.

51 Prozent der Bürgerinnen und Bürger des Rhein-Sieg-Kreises geben den Lebensbedingungen an ihrem Wohnort die Note „gut". Das ist die Kernaussage einer Umfrage, die das dimap-Institut im Auftrag der Tageszeitung „General-Anzeiger" durchgeführt hat. 49 Prozent der Befragten finden zudem, dass sich die lokalen Lebensbedingungen in den vergangenen Jahren eher zum Positiven verändert haben.

Gute Arbeit leisten trotz knapper Mittel – um dieses Ziel zu erreichen, laden die Mitarbeiterinnen und Mitarbeiter des Kreisjugendamtes zum ersten Jugendhilfetag ins Siegburger Kreishaus ein. Neben einer Ausstellung zum Thema im Foyer stehen verschiedene Workshops zur Zukunft der Jugendhilfe im Mittelpunkt der Veranstaltung, zu der auch Vertreter von Jugendhilfeeinrichtungen und Politiker eingeladen sind.

Juni 2004, Kunst und Kultur

Der Tag der offenen Tür an der Gedenkstätte „Landjuden an der Sieg" steht ganz im Zeichen des Jubiläums: Die Einrichtung des Kreises wurde vor zehn Jahren eingeweiht.

Bei den Bauarbeiten für das neue CVJM-Haus in der Siegburger Ringstraße machen Archäologen einen einzigartigen Fund. Zu Tage treten die Reste eines Halbmauerturms der ehemaligen Siegburger Stadtmauer. Das historische Gemäuer wird nun in die Planung des Neubaus integriert.

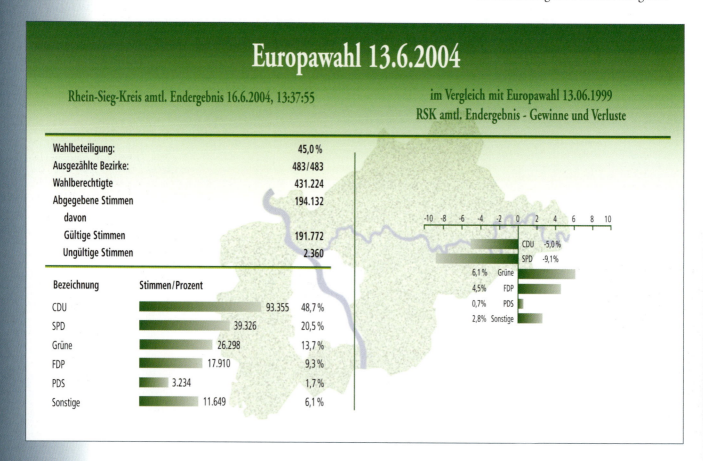

Juni 2004, Namen und Personen

Alfters Ehrenbürgermeister Heinrich Arenz stirbt im Alter von 81 Jahren. Er war nach der Kommunalreform 1969 20 Jahre lang Bürgermeister der Gemeinde Alfter. Zuvor stand er bereits fünf Jahre an der Spitze der damals selbstständigen Gemeinde Oedekoven.

Peter Weckenbrock wird zum zweiten Geschäftsführer der Stadtwerke Bonn-Tochter SWB Energie und Wasser berufen, an der der Rhein-Sieg-Kreis und die Stadtwerke Troisdorf beteiligt sind. Der 47-Jährige war bisher als Geschäftsleiter für den Bereich Siegburg bei der Rheinischen Energie AG (rhenag) tätig. Weckenbrock ist somit in der gemeinsamen Gesellschaft Geschäftsführer neben Prof. Dr. Hermann Zemlin.

Juni 2004, was sonst vor Ort geschah

Aus für die Neurologische Reha-Klinik in Hennef-Allner: Die Betreibergesellschaft stellt beim Amtsgericht Bonn Antrag auf Insolvenz. Das Haus hatte zuletzt nur noch 20 Patienten bei 42 Betten. Der Einstieg einer großen Klinik AG sowie ein Neubau eines interessierten Investors sind gescheitert.

Der engagierte Kampf hat sich gelohnt! Bundesinnenminister Otto Schily verkündet seine Entscheidung, Meckenheim (und auch Wiesbaden) als Standort des Bundeskriminalamtes zu erhalten. Das wird für den Rhein-Sieg-Kreis heißen, dass etwa 250 der gut 1200 Mitarbeiter nach Berlin ins „Zentrum der nationalen Terror- und Kriminalitätsbekämpfung" wechseln; aber rund 1000 BKA-Kollegen können voraussichtlich in Meckenheim bleiben.

Ende des Monats schließt die Katholische Landvolkshochschule in Bad Honnef-Rhöndorf ihre Pforten. Seit 1952 fanden in der Einrichtung des Erzbistums Köln, deren ursprünglicher Auftrag die Heranbildung junger Menschen des Landvolkes zu christlichen Persönlichkeiten war, Lehrgänge und Fortbildungsmaßnahmen statt, die nun in anderen Institutionen des Erzbistums stattfinden.

In Hennef wird die Kinder- und Jugendstiftung gegründet. Stiftungszweck ist laut Satzung „die Förderung der Bildung und Erziehung sowie die Unterstützung bedürftiger Kinder und Jugendlicher". Der sieben Mitglieder zählende Vorstand will das dazu nötige Geld durch Sponsoren und im Rahmen von Benefizveranstaltungen zusammentragen.

Das Gewerbegebiet Witterschlick-Nord in Alfter ist nun an die Bundesstraße 56 angeschlossen. Bürgermeisterin Dr. Bärbel Steinkemper gibt den Straßenabschnitt offiziell für den Verkehr frei.

Bundesverkehrsminister Manfred Stolpe und Bahnchef Hartmut Mehdorn eröffnen den neuen Bahnhof unter dem Flughafen Köln/Bonn „Konrad Adenauer". Die unterirdische „Flughafenschleife" wird ab dem Fahrplanwechsel am 13. Juni täglich von 180 Zügen angefahren. Die S 13 als direkte Linie pendelt im 20-Minuten-Takt zwischen Köln Hauptbahnhof, dem Flughafen und Troisdorf. Auch die RE 8 und mehrere ICE-Verbindungen steuern den Airport an.

Auch ein weiteres Bauprojekt im Rhein-Sieg-Kreis erreicht sein erstes Ziel. Im Januar 2004 begannen umfangreiche Umbau- und Sanierungsarbeiten an der Siegtalstrecke der Deutschen Bahn. Vor allem Bahnsteige und Unterführungen werden neu gebaut bzw. modernisiert, um das Verkehrsangebot mit dem Fahrplanwechsel am 13. Juni verbessern zu können. Die S-Bahnlinie S 12 (jetzt von Düren bis Au) fährt bis Hennef nunmehr im 20-Minuten-Takt. Moderne Triebwagen vom Typ „ET 423" lösen die alten Züge ab. Gleichwohl dauern die Bauarbeiten noch an.

Die Eröffnung des neuen Siegburger Bahnhofs wird erneut verschoben. Jedoch sind ab Ende des Monats bereits zwei Geschäfte im Bahnhofsgebäude für ihre Kunden da.

Unter dem Namen „Nutscheid-Megabike" findet im Waldgebiet zwischen Waldbröl und Windeck der erste Mountainbike-Marathon statt. Die rund 700 teilnehmenden Biker fahren in drei Distanzen: Auf der Kurzstrecke müssen sie 35 Kilometer, auf der Marathonstrecke 85 Kilometer und beim Megabike sogar 110 Kilometer hinter sich bringen.

Die tagtägliche Blechlawine, die sich durch den Ortskern von Lohmar quält, soll ab sofort der Vergangenheit angehören. Bürgermeister Horst Schöpe, Landesverkehrsminister Axel Horstmann, Ministerialdirigent Andreas Krüger und Michael Hinze vom Landesbetrieb Straßenbau geben feierlich die neue Ortsumgehung Lohmar, die über die Autobahn 3 führt, für den Verkehr frei.

Gemeinsam in neuen Räumen: Die Rettungswache des Rhein-Sieg-Kreises in Eitorf sowie der Ortsverein des Deutschen Roten Kreuzes (DRK) haben im neuen Gebäude im Eitorfer Industriegebiet Altebach eine angemessene Unterkunft gefunden, die offiziell eingeweiht wird.

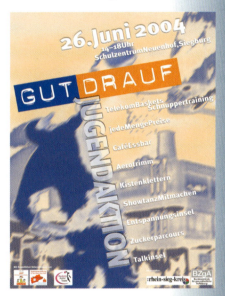

Gesunde Ernährung, ausreichend Bewegung und regelmäßige Entspannung sind die Grundformeln der Jugendaktion GUT DRAUF der Bundeszentrale für gesundheitliche Aufklärung in Köln. Mit dem Rhein-Sieg-Kreis ist erstmals im Bundesgebiet ein ganzer Landkreis als Modellregion angetreten, um das GUT-DRAUF-Konzept in die tägliche Arbeit mit Jugendlichen zu integrieren. 40 verschiedene Institutionen und Vereine aus den Bereichen Sport, Jugendarbeit und Schule wirken dabei mit, in besonderer Weise unterstützt von den Stiftungen „Für uns Pänz" und „Stiftung für Sport, Kunst, Kultur und Umwelt" der Kreissparkasse Köln. Der große, zentrale Aktionstag „GUT DRAUF JUGENDAKTION" in Siegburg verstand sich als umspannende Klammer der vielfältigen GUT-DRAUF-Angebote; hier wurde GUT DRAUF für alle erlebbar gemacht und die Idee und Projekte der Öffentlichkeit präsentiert.

WEGE ZURÜCK IN DIE FREIHEIT

Im April 2004 feierte das Don-Bosco-Haus in der Luisenstraße in Siegburg seinen zehnten Geburtstag. Clemens Bruch, der erste Vorsitzende des SKM – Katholischer Verein für soziale Dienste im Rhein-Sieg-Kreis e.V., der die Einrichtung betreibt, blickt zurück.

Der SKM eröffnete am 13. April 1981 in einem gemieteten Haus in der Bahnhofstraße in Siegburg eine Abteilung für Nichtsesshafte, die dort in der Regel für eine Nacht bzw. ein Wochenende Unterkunft und fachliche Betreuung erhielten. Ihr folgte kurze Zeit später eine Abteilung für aus der Haft entlassene junge Erwachsene mit einem besonderen sozialtherapeutischen Angebot. Gefängnisseelsorger Dr. Gabriel Busch OSB gehörte zu den Initiatoren der neuen Einrichtung, die nicht zuletzt auf Grund der Nähe zur Justizvollzugsanstalt in Siegburg rasch überörtliche Bedeutung erhielt. Das Don-Bosco-Haus wurde nach dem heiligen Johannes Don Bosco benannt. Der Patron der Einrichtung nahm sich als Priester besonders der Gefangenen und Verwahrlosten der Großstadt Turin an. Er hat einmal gesagt: „Das Beste, was wir auf der Welt tun können, ist Gutes tun, fröhlich sein und die Spatzen pfeifen lassen." In der Nacht zum 25. Januar 1992 fiel das erste Don-Bosco-Haus einem Brand zum Opfer, der auch einem Bewohner das Leben kostete. In der Luisenstraße entstand daraufhin das neue Don-Bosco-Haus; einem Altbau wurde ein geräumiger Neubau zur Seite gestellt. Joachim Kardinal Meisner weihte das neue Haus am 19. Mai 1994 ein; in seinem Grußwort wünschte er den hier betreuten Menschen, dass sie „im Don-Bosco-Haus ein neues Zuhause finden und den Mitarbeiterinnen und Mitarbeitern Gottes Segen für ihre Arbeit und eine allzeit glückliche Hand im Umgang mit den jungen Menschen." Die Angebote des Hauses wurden kontinuierlich erweitert und umfassen heute so unterschiedliche Bausteine und Leistungen wie Arbeitsbörse, Arbeitstherapie, Schuldenregulierung, Begleitung bei Behördengängen, Einzel- und Gruppengespräche, Freizeitgestaltung, kostenloses Mittagessen, Verpflegungs- und Tagesgeld, Wohnungsbeschaffung und Starthilfe, „Siegburger Tafel", Fitnessraum und Waschküche. Mit diesem umfassenden Angebot will das Don-Bosco-Haus Menschen helfen, Lebensorientierung, Geborgenheit und Vertrauen zurückzuerlangen.

Literatur zu dem Artikel von Elmar Scheuren
„Die ehemalige Abtei Heisterbach im 19. Jhd."
Seite 14

Burggraaff, Peter, Fischer, Eberhard und Kleefeld, Klaus-Dieter: Klosterlandschaft Heisterbacher Tal, Köln 2001. (= Rheinischer Verein für Denkmalpflege und Landschaftsschutz [Hrsg.]: Rheinische Landschaften, Heft 49).

Hoitz, Markus: Die Aufhebung der Abtei Heisterbach, Königswinter 1987 (= Stadt Königswinter [Hrsg.], Königswinter in Geschichte und Gegenwart, Heft 3).

Hoitz, Markus und Scheuren, Elmar: Das romantische Umfeld – Rolandsbogen und Heisterbach, in: Rheinreise 2002 – Der Drachenfels als romantisches Reiseziel, hrsg. von der Professor-Rhein-Stiftung Königswinter, Bonn 2002 (zur gleichnamigen Ausstellung im Siebengebirgsmuseum der Stadt Königswinter).

Knopp, Gisbert: Ernst Friedrich Zwirners Mausoleum der Grafen zur Lippe in Heisterbach, in: Kölner Domblatt 47, Köln 1982, S. 161-174.

Roessler, Kurt: Der Mönch von Heisterbach zu Zeit und Ewigkeit. Schriften der Stiftung Abtei Heisterbach, Heisterbach 2003, (frühere Fassung in: Roessler, Kurt [Hrsg.], Zeit und Ort im Kosmos, 9. Bad Honnefer Winterseminar zu Grenzproblemen der Kosmischen Evolution, 12.-14. Januar 2003, S. 37-45).

Schmitz, Ferdinand: Urkundenbuch der Abtei Heisterbach, Bonn 1908.

Verbeek, Albert: Alte Ansichten von Heisterbach, in: Beiträge zur rheinischen Kunstgeschichte und Denkmalpflege (= Die Kunstdenkmäler des Rheinlandes, Beiheft 16), Düsseldorf 1970, S. 304-342.

ders.: Heisterbach und Oberdollendorf (= „Rheinische Kunststätten", Heft 218), Hrsg. Rheinischer Verein für Denkmalpflege und Landschaftsschutz, Köln 1982; 2. Aufl. 1990.

Wagner, Fritz: Der Mönch von Heisterbach; in: Cistercienser Chronik, H. 3-4, 98. Jg. 1991.

Weitzel, Werner (Hrsg.): Klosterlandschaft Heisterbacher Tal – Ein integratives Konzept zum Umgang mit einer historischen Kulturlandschaft. Wetzlar (Naturschutzzentrum Hessen) 2002.

Zisterzienser und Heisterbach – Spuren und Erinnerungen, Bonn 1980 (= Schriften des Rheinischen Museumsamtes 15, zur Ausstellung im Siebengebirgsmuseum Königswinter).

Literatur zu dem Aartikel von Otto Paleczek
„Der neue Jakobs-Pilgerweg"
Seite 70

Bursch, Horst: Auf alten Jakobuswegen durch die Eifel, Eifel-Jahrbuch 2000, S. 95-101.

Bursch, Horst und Bursch, Wiltrud: Santiago liegt bei Bonn, Auf den Spuren des Apostels Jakobus im Rheinland, Bonn 2001.

Grewe, Klaus: Der historische Swistübergang bei Lützermiel, Köln: RVDL (Rheinische Kunststätten, Heft 451, 2000).

Grewe, Klaus: Auf Römerspuren rund um Rheinbach, Wasserleitungen und Fernstraßen von der Römerzeit bis zum Mittelalter, Köln: RVDL (Rheinische Kunststätten, Heft 466, 2001).

Hoffmann, Karl Johann: Die Aachen-Frankfurter Straße, eine verschwundene mittelalterliche Straße, Eifeljahrbuch 2002, S. 162-169.

Jakobswege: Wege der Jakobspilger im Rheinland, Band 1: In 8 Etappen von Wuppertal-Beyenburg nach Aachen, hrsg. vom Landschaftsverband Rheinland und deutsche St. Jakobus-Gesellschaft, Köln 2001.

Jakobswege: Wege der Jakobspilger im Rheinland, Band 2: In 13 Etappen von Köln und Bonn über Trier nach Perl/Schengen am Dreiländereck von Deutschland, Luxemburg und Frankreich, hrsg. vom Landschaftsverband Rheinland in Verbindung mit der Deutschen St.-Jakobus-Gesellschaft e.V., der Sankt-Jakobusbruderschaft Düsseldorf e.V. und der Bürgerservice gGmbH sowie dem Rheinischen Verein für Denkmalpflege und Landschaftsschutz. Köln 2002.

Literatur zu dem Artikel von Horst Heidermann
„Louis Zierckes – Wiederentdeckung"
Seite 78

Heidermann, Horst: Louis Ziercke (1887-1945) – Maler am Rhein, Siegburg, Rheinlandia Verlag Klaus Walterscheid 2004.

Schütz, Daniel: Rath, Walther – Die Wiederentdeckung eines Godesberger Malers, in: Godesberger Heimatblätter, Heft 40, 2002, S. 29-47.

Wolf, Irmgard: Die Generation der Vergessenen, in: Godesberger Heimatblätter, Heft 22, 1984, S. 24-44.

Zimmermann, Rainer: Expressiver Realismus – Malerei der verschollenen Generation. 2. Aufl., München 1994.

Literatur zu dem Artikel von Frieder Berres
„Die Dampfbetriebene Personenschifffahrt auf dem Rhein"
Seite 50

Böcking, Werner: Die Geschichte der Rheinschiffahrt, Moers 1981

Diesler, Rolf: Geschichte der Goethe, in: Beiträge zur Rheinkunde, Heft 50/1998, Koblenz 1998

Ley, Anne: Museum der Deutschen Binnenschiffahrt Duisburg-Ruhrort, Führer durch die Ausstellung, 1. Auflage, Duisburg 2000

Renker, Hans: Raddampfer auf dem Rhein nach 1945, in: Beiträge zur Rheinkunde, Heft 45/1993, Koblenz 1993

ders.: Die Personenschiffahrt auf dem Rhein, in: Beiträge zur Rheinkunde, Heft 49/1997, Koblenz 1997

Rindt, Hans: Die Schiffe der Köln-Düsseldorfer einst und jetzt, Stockstadt 1987

Tromnau, Gernot: Museum der Deutschen Binnenschiffahrt Duisburg-Ruhrort, Monatsheft Juli 1889, Braunschweig 1989

Weber, Heinz: Die Anfänge der Motorschiffahrt im Rheingebiet, Kleine Binnenschiffahrtsbibliothek, Band 1, Duisburg-Ruhrort 1978

ders.: Die Vorgeschichte der Dampfschiffahrt und der erste Dampfer auf dem Rhein, in: Beiträge zur Rheinkunde, Heft 33/1981, Koblenz 1981

Winterscheid, Theo: Die Post begab sich aufs Wasser, in: Beiträge zur Rheinkunde, Heft 53/2001, Koblenz 2001

Berres, Frieder: 2000 Jahre Schiffahrt am Siebengebirge, Band 6 der Editionsreihe Königswinter in Geschichte und Gegenwart, Königswinter 1999

Tomburg

NIEDERLAGE, VISION, ERFOLG

VON WALTER KIWIT

Die ehemalige Hauptstadtregion schafft nach zehn Jahren Berlin/Bonn-Gesetz und der Vereinbarung über die Ausgleichsmaßnahmen für die Region Bonn den Schritt zu einer blühenden Wirtschafts- und Dienstleistungsregion

Als ich 1988 an einem Gespräch der Deutschen Industrie- und Handelskammer mit deutschen Unternehmern und der WestLB in Hongkong teilnahm, wurde dort über die Frage diskutiert, ob – und wenn ja wo – man im sich öffnenden China eine Repräsentanz oder eine Niederlassung gründen solle. Zur Auswahl standen die Hauptstadt Peking und die Wirtschaftsmetropole Shanghai. Die Gesprächsteilnehmer waren sich einig, dass nur Shanghai in Frage kommen könne. Zu Peking vertrat ein deutscher Transportunternehmer die Meinung, dass diese Stadt wirtschaftlich genauso leblos, unbeweglich und tot sei wie die Bundeshauptstadt Bonn. Hier wie dort könne man außer Lobbyarbeit keine erfolgreichen und wirkungsvollen wirtschaftlichen Ergebnisse erzielen. Ich habe damals diese Auffassung mit Bestürzung zur Kenntnis genommen. Unter diesem Gesichtspunkt hatte ich bis dahin unsere Region noch nie betrachtet. Ich hielt sie aus sich heraus für bedeutungsvoll, wichtig und unverzichtbar.

Als der Bundestag dann aber im Juni 1991 beschloss, die Stadt Bonn als Bundeshauptstadt aufzugeben und seinen Sitz nach Berlin zu verlegen, stand mir dieses Gespräch wieder vor Augen. Wurde doch durch diese Entscheidung für unsere Region alles oder fast alles, was ihr Ansehen in der Bundesrepublik, in Europa und in der Welt ausmachte, in Frage gestellt. (siehe Bild 1: „Situation vor dem Umzug").

Wenn diese Region nicht untergehen oder zum Armenhaus der Bundesrepublik werden wollte, musste ein stimmiges Konzept zur Umgestaltung der Region auf dem bisherigen hohen Level entwickelt werden und alle „Hinterbliebenen" mussten zusammenstehen und die Ärmel aufkrempeln.

Bevor jedoch auf den Beschluss näher eingegangen wird, müssen zunächst Bestand und Bedeutung des Bundes für die Region vor dem Beschluss festgestellt werden. Die erste Feststellung ist, dass für den Bund, den Bundesrat, die Botschaften, die überregionalen Medien sowie die Lobbyisten 35 500 Personen tätig waren. Diese Zahl zeigt aber bei weitem nicht den gesamten Umfang. Hinzu kamen pro Hauptstadt-Arbeitsplatz weitere 1,3 Arbeitsplätze in Handel, Handwerk, Gewerbe und Dienstleistungen, die aus den Ausgaben der

Bild 1
Situation vor dem Umzug

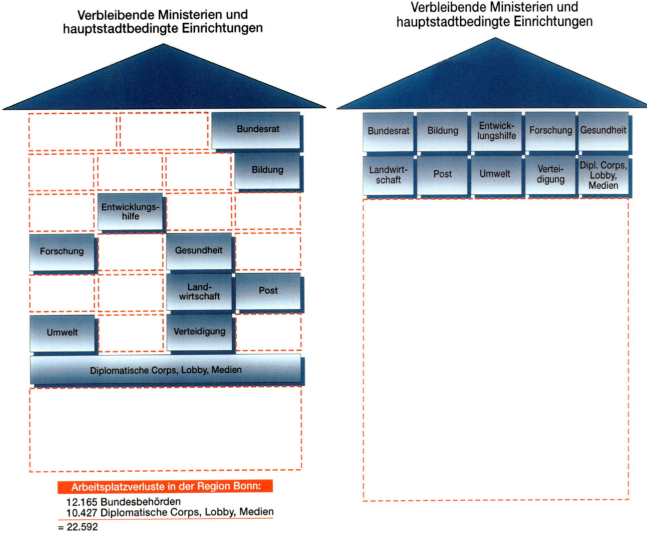

Bild 2

Bild 3

Bundesbediensteten und der Bundeseinrichtungen selbst resultierten. Dies waren weitere 46 000 Arbeitsplätze. Insgesamt hatten wir es also mit gut 80 000 Arbeitsplätzen zu tun, die durch den Beschluss des Bundestages betroffen waren. Diese schon unglaublich große Zahl der Arbeitsplätze allein zeigt jedoch noch keineswegs den ganzen Umfang des Problems. Noch nicht berücksichtigt sind hierbei nämlich die Familienangehörigen; angesichts einer durchschnittlichen Haushaltsgröße von 2,2 Personen handelte es sich also um rund 175 000 Bürger oder ca. 22 % der Bevölkerung in der Region, die nach dem Beschluss persönlich um ihre Zukunft bangen mussten.

Für diese Menschen, aber auch für die übrige Bevölkerung, galt es nun, Alternativen auf einer neuen, angemessenen Basis zu schaffen.

Eine wichtige Grundlage für das zu erarbeitende Zukunftskonzept der Region Bonn war im Bonn/Berlin-Beschluss gelegt worden: *Zwischen Berlin und Bonn soll eine faire Arbeitsteilung vereinbart werden, so dass Bonn auch nach dem Umzug des Parlaments nach Berlin Verwaltungszentrum der Bundesrepublik Deutschland bleibt, indem insbesondere die Bereiche in den Ministerien und die Teile der Regierung, die primär verwaltenden Charakter haben, ihren Sitz in Bonn behalten; dadurch bleibt der größte Teil der Arbeitsplätze in Bonn erhalten.*

Um diesem Auftrag gerecht zu werden, setzte auf allen Seiten – in Berlin, in der Region Bonn und beim Bund – eine intensive Verhandlungsphase ein, die vor gut 10 Jahren, nämlich am 10. März 1994 im Berlin/Bonn-Gesetz und am 29. Juni 1994 in der Vereinbarung über die Ausgleichsmaßnahmen für die Region Bonn ihren Abschluss fand.

An diesen Verhandlungen nahmen in hervorragender überparteilicher Zusammenarbeit Frau Bundestagspräsidentin Rita Süßmuth, die Bundestagsabgeordneten Ingrid Matthäus-Maier, Oberbürgermeister Dr. Hans Daniels, Landrat Dr. Franz Möller, Prof. Dr. Horst Ehmke, Landesminister Wolfgang Clement aus Nordrhein-Westfalen, Staatssekretär Dr. Karl Heinz Klär aus Rheinland-Pfalz und selbstverständlich Oberstadtdirektor Dieter Diekmann aus Bonn, Landrat Joachim Weiler aus dem Kreis Ahrweiler und ich als Oberkreisdirektor des Rhein-Sieg-Kreises teil (vgl. hier die detaillierte Darstellung in dem Buch „Der Beschluß" von Ehrenlandrat Dr. Franz Möller, erschienen im Bouvier Verlag 2002).

Wie aus Bild 2 zu ersehen ist, ist in Bonn nach dem Wegzug vieler Ministerien ein sehr lückenhaftes Gebäude entstanden.

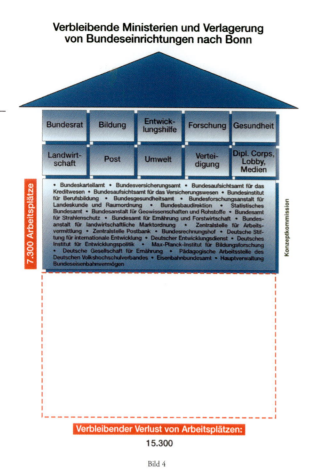

Bild 4

Es erinnert nicht wenig an die vielen nur spärlich bewohnten großen Mietshäuser im Osten unseres Landes. Bild 3 zeigt dann, wie groß der „Leerstand" tatsächlich wurde. Es scheint so, als wenn die Forderung des Gesetzes – dass der größte Teil der Arbeitsplätze der Ministerien in Bonn verbleiben müsste – nicht eingehalten worden sei. Aber dieser Eindruck täuscht, da das Gesetz nur von „Ministerien" spricht, und allein bezogen auf diese ist bis heute tatsächlich der überwiegende Teil der Arbeitsplätze in Bonn geblieben. Der im Vergleich dazu de facto sehr viel größere Arbeitsplatzverlust resultiert aus dem Wegzug der meisten Botschaften, vieler Bundesverbände und überregionaler Medien.

Dieses zunächst noch sehr hohe Defizit ist durch das Berlin/Bonn-Gesetz und der darin enthaltenen Verlagerung von Bundesbehörden (z. B. Bundeskartellamt, Bundesrechnungshof, Bundesaufsichtsamt für das Versicherungswesen) nach Bonn in einer Größenordnung von rund 7 300 Arbeitsplätzen auf einen zunächst verbleibenden Verlust von 15 300 Arbeitsplätzen vermindert worden. Zum Ausgleich dieser 15 300 Arbeitsplatzverluste galt es nun – um die drohenden Sekundäreffekte zusätzlicher Arbeitsplatzverluste um das 1,3fache zu verhindern – eine Vision mit einem dazugehörigen umsetzungsfähigen Konzept zu entwerfen.

Dazu war es zunächst einmal notwendig, die konkrete Situation nach dem Berlin/Bonn-Gesetz und dem Ausgleichsvertrag zu bewerten und die Stärken bzw. Schwächen der Region herauszufinden.

Im Berlin/Bonn-Gesetz sind Erhalt und Förderung folgender Politikbereiche in Bonn festgelegt worden: Bildung und Wissenschaft, Kultur, Forschung und Technologie, Telekommunikation, Umwelt und Gesundheit, Ernährung, Landwirtschaft und Forsten, Entwicklungspolitik, nationale, internationale und supernationale Einrichtungen sowie Verteidigung. Damit wird deutlich, dass die Auswahl der nach Bonn verlagerten Bundeseinrichtungen (siehe Bild 4) nicht zufällig erfolgt ist, sondern dass diese Neuansiedlungen mit den in Bonn verbliebenen Einrichtungen in einem funktionalen Zusammenhang stehen (z. B. Verbleib des Ministeriums für Landwirtschaft und Ansiedlung des Bundesamts für Ernährung und Forstwirtschaft zur Stärkung des Politikfeldes Landwirtschaft).

Als vor allem unter Arbeitsplatz- und Wirtschaftsstrukturaspekten besonders bedeutsam hat sich der Verbleib des Postministeriums mit den daraus entstehenden Großunternehmen Deutsche Telekom AG, Deutsche Post AG und Deutsche Postbank AG erwiesen. All diese Vorgaben bildeten zusammen mit den vorhandenen Stärken der Region, wie der hoch angesehenen Rheinischen Friedrich-Wilhelms-Universität Bonn, in der auch eine sehr bekannte Landwirtschaftliche Fakultät zu Hause ist, der GMD (heute: Fraunhofer Gesellschaft) oder Deutschen Forschungsgesellschaft für Luft- und Raumfahrt (DLR) einen Ansatz, aus dem ein zukunftsfähiges Konzept für unsere Region entwickelt werden konnte.

Ein weiterer wichtiger Vorteil für die Region ist ihre hohe Qualität an Infrastruktur und an „weichen" Standortfaktoren. Dazu gehören vor allem die Zentrallage in Deutschland und Europa, die Verkehrsinfrastruktur in Bezug auf Autobahn-, Schienen- und Flughafenanbindung sowie der hohe Wohnwert inmitten einer der größten Kultur- und Museumslandschaften mit dem Kölner Dom als einem der weltweit bekanntesten Kulturdenkmäler in Sichtweite und dem Siebengebirge als attraktivem Tor zur Rheinromantik. Auf der Basis dieser vorhandenen Standortvorteile, sowohl der harten wie der weichen, musste nach 1994 neben der Entwicklung Bonns zur Bundesstadt ein Konzept für ein wirtschaftsorientiertes Dienstleistungszentrum für Wachstumsbranchen erstellt werden, da nicht damit zu rechnen war, dass weitere administrative Dienstleistungseinrichtungen von hoher Qualität zuziehen würden.

Es galt, die Begabungen der Region sinnvoll zu nutzen. Der Bund hatte seine Pflicht aus dem Berlin/Bonn-Gesetz, „für eine faire Arbeitsteilung zu sorgen", mit großer Zuverlässigkeit erfüllt. Er hatte zukunftsträchtige Politikbereiche in der Region belassen und sie durch „Zuversetzungen" von Behörden und Einrichtungen ergänzt und angereichert.

Deutsche Post AG im Industriegebiet in Spich

Industriegebiet Spich

Dieses alles aber reichte nicht aus, um die fehlenden Arbeitsplätze zu initiieren. Hierfür mussten weitere Investitionen getätigt werden. Dies galt sowohl für die Wissenschafts- und Kulturregion als auch für die Schaffung von angemessenen Büro- und Tagungsflächen für den Bereich der Entwicklungspolitik. Außerdem mussten ausreichend Gewerbeflächen und Gewerbeparks zur Ansiedlung von innovativen Unternehmen zum Beispiel rund um Telekom und Post entstehen. Vor allem aber galt es, für interessierte Unternehmen qualifizierte Kräfte des mittleren Managements auszubilden, denn der Fachkräftemangel war bis dahin der größte Standortnachteil für die im Bonner Raum ansässigen Betriebe.

Da für diese Maßnahmen sehr viel Geld benötigt wurde, stellte der Bund hierfür im Rahmen des Ausgleichsvertrages 2,81 Mrd. DM (rund 1,44 Mrd. €) zur Verfügung, und zwar 500 Mio. DM (256 Mio. €) für Verkehr, 210 Mio. DM (rund 107 Mio. €) für die Soforthilfemaßnahmen, 2 Mrd. DM (rund 1 Mrd. €) für Wissenschaft, Wirtschaft und Kultur sowie 100 Mio. DM (rund 51 Mio. €) als Liegenschaften des Bundes (siehe Bild 5).

Mit dem Geld für den Verkehr wurde der Anschluss des Konrad-Adenauer-Flughafens Köln-Bonn an die ICE-Neubaustrecke Köln-Frankfurt ermöglicht. Mit den Mitteln der Soforthilfe wurden neben der Gründung der *Strukturförderungsgesellschaft (SFG)* und der *Tourismus und Congress GmbH* vor allem Ankauf, Planung und Entwicklung von Gewerbeflächen in 13 Gemeinden des Rhein-Sieg-Kreises gefördert.

Daneben entstand in Rheinbach ein modernes Gründer- und Technologiezentrum für junge, innovationsorientierte Betriebe.

Mit rund 1 Mrd. € wurde der größte Teil der Ausgleichsmittel in die Bereiche Wissenschaft, Wirtschaft und Kultur investiert. Man kann sich leicht vorstellen, dass um die Verteilung dieser Mittel zwischen Bonn und der Region heftige Kämpfe ausgetragen wurden. Alles, was einen klangvollen Namen hatte, beanspruchte die Stadt Bonn für sich. Als Flaggschiff unter den wissenschaftlichen Einrichtungen und mit einem Volumen von rund 385 Mio. € teuerstes Ausgleichsprojekt entstand *CAESAR*, das *Zentrum für Europäische Studien und Forschung*.

Hier erhalten Wissenschaftler für besondere Forschungsvorhaben auf Zeit Gelegenheit zu finanziell abgesicherter Forschung unter optimalen Bedingungen.

Die *Fachhochschule Bonn-Rhein-Sieg* dagegen erfreute sich in Bonn nicht der größten Wertschätzung, ist sie doch sehr praxisorientiert und bildet hauptsächlich Nachwuchskräfte für das mittlere Management aus. Für die strukturpolitische Ausrichtung des Rhein-Sieg-Kreises, in die Wirtschafts- und Mittelstandsförderung im Vordergrund steht, war und ist die Fachhochschule dagegen das wichtigste Ausgleichsprojekt. Von daher war es außerordentlich bedeutsam, dass in den Ausgleichsverhandlungen gleich zwei Fachhochschulstandorte, nämlich rechtsrheinisch in Sankt Augustin und linksrheinisch in Rheinbach, durchgesetzt werden konnten. Dem Bedarf der regionalen Wirtschaft und der Strukturkonzeption des Rhein-Sieg-Kreises entsprechend ist das Fächerspektrum der Fachhochschule wirtschaftlich-technisch ausgelegt mit den Schwerpunkten Betriebswirtschaft, Informatik, Elektrotechnik,

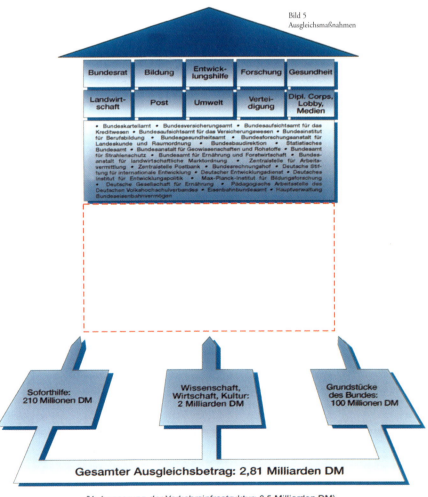

Bild 5
Ausgleichsmaßnahmen

Fachhochschule in Sankt Augustin

Maschinenbau, Biologie, Chemie, Werkstofftechnik und Technikjournalismus. Mit ihren Erfolgen bei der Fachkräfteausbildung, dem Transfer von Wissen in die Wirtschaft der Region und der Ausgründung junger Unternehmen hat sich die Fachhochschule Bonn-Rhein-Sieg inzwischen zum Aushängeschild des gesamten Bonn/Berlin-Ausgleichs entwickelt.

Bei der Kultur galt Ähnliches wie bei der Wissenschaft. Bonn legte Wert darauf, mit seinen Kultureinrichtungen und Museen der natürliche Kristallisationspunkt der Region zu sein, was auch bei uns unbestritten war. Insbesondere die feste Etablierung des jährlichen Beethovenfestes und die Gründung einer Beethovenstiftung sollten die Bedeutung als Kulturstandort dauerhaft sichern. Erstaunlich für mich war nur, dass der Rhein-Sieg-Kreis die Wichtigkeit des *Rheinischen Landesmuseums*, welches der Landschaftsverband Rheinland im Gegensatz zu Westfalen über Jahrzehnte vernachlässigt hatte, anmahnen und verdeutlichen musste. Als weitere Projekte der Kulturförderung wurden in der Region das *Museum zur Geschichte des Naturschutzes* in der Vorburg zur Drachenburg in Königswinter und die *Musikwerkstatt Engelbert Humperdinck* in Siegburg gegründet, während im Nachbarkreis das *Arp-Museum* am Bahnhof Rolandseck entsteht.

Mittelpunkt der Entwicklung der vom Bund zur Verfügung gestellten Liegenschaften ist das *Internationale Kongresszentrum Bundeshaus Bonn (IKBB)*. Nachdem zunächst Haus Carstanjen Amtssitz der inzwischen zwölf UN-Organisationen in Bonn wurde, soll nunmehr das ehemalige Regierungsviertel rund um Plenarsaal, Abgeordnetenhochhaus und Wasserwerk zu einem Kongresszentrum und Campus der Vereinten Nationen in Bonn entwickelt werden.

Hiermit und zusammen mit dem Hotel Petersberg in Königswinter, dem Siebengebirge und der schönen Umgebung sollte es gelingen, die touristische Attraktivität der Region, die durch den Wegfall des Politiktourismus des Bundestages sehr gelitten hat, wieder zurückzugewinnen und zu steigern. Mit der Ansiedlung der *Internationalen Fachhochschule für Touristik, Hotel- und Luftverkehrsmanagement* in Bad Honnef ist hierfür ein weiterer wichtiger Ansatzpunkt geschaffen worden.

Jetzt, am Ende des Ausgleichszeitraums, stellt sich die Frage: Waren die Planungen der Beteiligten, die Maßnahmen der Region und der Bürger die richtigen bzw. haben die gemeinsamen Anstrengungen zum Erfolg geführt, so dass der von vielen befürchtete Absturz der Region verhindert werden konnte?

Um es mit einem Wort zu sagen: JA! Und nicht nur das, die Region steht besser da, als wenn dieser Umwandlungsprozess nicht stattgefunden hätte. Allen Beteiligten, dem Bund, dem Land, der Region, den Ge-

Vorburg Schloss Drachenburg

meinden und den Bürgern, die sich aktiv beteiligt haben, gebühren Lob und Anerkennung für diese Leistung.

Einige Fakten, die die erstaunlichen Erfolge belegen: Trotz der umfangreichen Verlagerung von Hauptstadt-Arbeitsplätzen nach Berlin liegt die Arbeitslosenquote in der Region Bonn deutlich unter dem Bundes- und Landesdurchschnitt, die Zahl der Einwohner ist um über 90 000 und damit rund viermal stärker als auf Bundesebene gestiegen, die Zahl der sozialversicherungspflichtig Beschäftigten hat um zehn Prozent zugenommen – wohingegen sie in NRW und Deutschland um mehr als vier Prozent gesunken ist –, und die Zahl der Unternehmen ist um mehr als 20 000 angewachsen.

Am erfreulichsten für die Region ist aber der Vergleich der einzelhandelsrelevanten Kaufkraft, sagt sie doch eigentlich alles über die Qualität der Arbeitsplätze aus. Die Kaufkraft der Bevölkerung liegt in der Region Bonn/Rhein-Sieg um 14 Prozent über dem Bundes- und rund zehn Prozent über dem Landesdurchschnitt.

Man kann also festhalten:

Kinderklinik in Sankt Augustin

Die Umstrukturierung ist geglückt, und die Verlagerung der Hauptstadtfunktion nach Berlin ist mehr als verkraftet. Die Region Bonn/Rhein-Sieg hat sich besser entwickelt als das restliche Deutschland. Es war großes Glück für alle, dass die vergangenen schweren zehn Jahre gemeinsam gemeistert wurden und jede Kirchturmspolitik, wo immer sie sich zeigte, schnell wieder niedergelegt wurde. Nur dieser Gemeinsamkeit ist es zu verdanken, dass heute ein rundum erneuertes Haus dasteht, in dem sich alle wohl fühlen können (siehe Bild 6).

Um ehrlich zu sein, diese Solidarität war nicht immer einfach und niemand – insbesondere die Presse nicht – hat sie für möglich gehalten. Aber was ist nicht alles machbar, wenn der Druck groß genug ist? Hat doch der Umzugsbeauftragte des Bundes oft sehr plakativ gedroht:

„Wenn ihr euch nicht einigt, bekommt ihr zur Freude des Finanzministers nichts."

Zum Abschluss noch ein Blick nach vorne. Die Arbeit ist mit diesen Erfolgen nicht zu Ende, wenn auch die Bundesförderung endgültig ausläuft und die SFG ihre Aufgabe erfüllt hat und aufgelöst wurde. Für die Zukunft heißt es, die Kräfte unter gleichberechtigten Partnern zu bündeln. Jeder muss seine Aufgaben wahrnehmen, keiner ist des anderen Untertan. Auch in Zukunft gehört die Kirchturmspolitik in die Altaktenablage. Sie führt nämlich nur zur Isolation, zum Verlust von Attraktivität und damit letztendlich zum Verlust von Wohlstand und Arbeitsplätzen.

Bild 6
Realisierter Aufbau

„EHRE, WEM EHRE GEBÜHRT"
Der Verdienstorden der Bundesrepublik Deutschland

VON
GERTI GROßE

Mit dem Verdienstorden der Bundesrepublik Deutschland ehrt der Bundespräsident Frauen und Männer, die sich in besonderem Maße um das Wohl der Allgemeinheit verdient gemacht haben. Wie schon in den vergangenen Ausgaben des Jahrbuches werden an dieser Stelle in chronologischer Reihenfolge die Persönlichkeiten aus dem Rhein-Sieg-Kreis vorgestellt, denen der Landrat im Namen des Bundespräsidenten diese hohe Auszeichnung zwischen dem 1. Juli 2003 und dem 30. Juni 2004 ausgehändigt hat. Die Erläuterungen sind den amtlichen Ordensbegründungen entnommen und stellen daher auf den Zeitpunkt der Entscheidung des Bundespräsidenten ab.

ERIKA UDERT, TROISDORF, VERDIENSTKREUZ AM BANDE

Besonders hervorzuheben ist das über drei Jahrzehnte lange ehrenamtliche Engagement von Frau Udert im sozialen Bereich. Als Mitglied der Arbeiterwohlfahrt (AWO) Troisdorf-Mitte, der sie 1971 beitrat, hat sie von Beginn an bis zum Jahre 1986 aktiv an der AWO-Stadtranderholung im Stadtteil Altenrath mitgewirkt. Dabei handelt es sich um ein Freizeitangebot für Kinder, die ihre Sommerferien zu Hause verbringen. Seit 1988 ist sie Leiterin der Begegnungsstätte der AWO Troisdorf-Mitte. Auch jahreszeitliche Feste führt Frau Udert regelmäßig durch, die für viele ältere Menschen ein besonderes Ereignis in ihrem Alltag sind. Ebenso betreut sie seit 1996 mit weiteren ehrenamtlichen Helferinnen und Helfern den Senioren-Mittagstisch der AWO-Teria. Frau Udert hat durch ihren ehrenamtlichen Einsatz entscheidend dazu beigetragen, dass sich die AWO Troisdorf-Mitte zu einer bedeutenden sozialen Einrichtung entwickeln konnte.

DIPL.-ING. HORST JOHANN FAßBENDER, BAD HONNEF, VERDIENSTKREUZ AM BANDE

Der Schwerpunkt der Verdienste von Herrn Faßbender lag auf dem Gebiet der Rechtspflege. Von 1977 bis 1990 war er als ehrenamtlicher Richter beim Arbeitsgericht Bonn tätig und ist seitdem ehrenamtlicher Richter beim Landesarbeitsgericht Köln. Mit großem Engagement leistet er in diesem Ehrenamt einen wichtigen Beitrag zum Rechtsfrieden in unserer Gesellschaft. Neben seiner Tätigkeit als ehrenamtlicher Richter hat er sich in hohem Maße an der Rheinischen Friedrich-Wilhelms-Universität Bonn engagiert. Herr Faßbender übernahm in vielen Universitätsgremien, so z. B. im Senat, im Konvent und auch im Fakultätsrat der Landwirtschaftlichen Fakultät ehrenamtliche Aufgaben.

GEORG SCHMITZ, RHEINBACH, VERDIENSTKREUZ AM BANDE

Herr Schmitz hat sich besonders mit seiner gefährlichen Tätigkeit als Kampfmittelräumarbeiter ausgezeichnet. Besonderen Einsatz verlangte seine Arbeit auf der Räumstelle Geilenkirchen-Lindern, wo Herr Schmitz mehr als drei Jahre ständig unter erhöhtem Sicherheitsrisiko tätig war. Mit seiner präzisen und umsichtig verrichteten Arbeit hat er einen wichtigen Beitrag zur Abwehr von Gefahren für Leben und Gesundheit der Bevölkerung geleistet.

WILHELM ZETTEL, SANKT AUGUSTIN, VERDIENSTKREUZ AM BANDE

Durch sein soziales Engagement hat sich Herr Zettel verdient gemacht. Seit 1955 engagierte er sich im kirchlichen Bereich ehrenamtlich als Gruppen- und Pfarrjugendleiter bei den Pfadfindern. Darüber hinaus war er von 1970 bis 1974 in Peru und von 1988 bis 1993 in Brasilien als Auslandsmitarbeiter der Konrad-Adenauer-Stiftung tätig. Auch nach seiner Rückkehr nach Deutschland engagierte er sich weiterhin in Brasilien. Ein weiteres ehrenamtliches Betätigungsfeld von Herrn Zettel war die Ausbildung von Rettungsschwimmern, die er in Zusammenarbeit mit dem DLRG und dem Malteser Hilfsdienst betrieb. Mehr als 10 000 vorwiegend junge Menschen bildete er aus und sensibilisierte diese dafür, sich für in Not befindliche Menschen selbstlos einzusetzen. Bei der Bundeswehr nahm Herr Zettel als Reserveoffizier an mehreren Auslandseinsätzen teil. Für seinen Einsatz als Helfer bei der Hochwasserkatastrophe im August 2002 wurde er mit der Einsatzmedaille „Fluthilfe 2002" geehrt.

DR. FRIEDRICH RICHTER, HENNEF, VERDIENSTKREUZ 1. KLASSE

Herr Dr. Richter gehörte von 1964 bis 1972 und von 1976 bis 1994 dem Presbyterium der evangelischen Kirchengemeinde Hennef an. Zudem war er Mitglied der Kreissynode. 1992 gründete er den Verein „Hilfe zur Arbeit", dessen Vorsitzender er ist. Darüber hinaus war er auch gesellschaftspolitisch tätig, wobei ihm vor allen Dingen die Seniorenarbeit am Herzen lag. So war er einer der Initiatoren des „Seniorenbüros". Darüber hinaus war er jahrelang als Schiedsmann aktiv.

CLEMENS BRUCH, SIEGBURG, VERDIENSTKREUZ 1. KLASSE

Herr Bruch hat sich über dreißig Jahre in der Kommunalpolitik engagiert. So gehörte er unter anderem von 1969 bis 1999 dem Kreistag des Rhein-Sieg-Kreises an. Sein besonderes Interesse galt der Umweltpolitik. Neben seiner politischen Tätigkeit engagierte er sich in vielen Bereichen ehrenamtlich, so unterstützte er Kinder- und Altenheime.

Darüber hinaus war er lange Jahre Beirat der Justizvollzugsanstalt Siegburg und arbeitete im Katholischen Verband für soziale Dienste in Deutschland e.V. mit. Weiterhin war er maßgeblich am Aufbau der „Troisdorfer Tafel" beteiligt, einer sozialen Einrichtung, die Lebensmittel an Bedürftige verteilt.

DR. JÖRG BERNHARD BILKE, ALFTER, VERDIENSTKREUZ AM BANDE

Herr Dr. Bilke hat sich besonders für die Wiedervereinigung Deutschlands eingesetzt. Am 9. September 1961 wurde er in der ehemaligen DDR verhaftet und wegen „Staatsverbrechen" zu einer mehrjährigen Haftstrafe verurteilt. Auch nach seiner Haft setzte er sich für die Wahrung des kulturellen Erbes der ehemaligen deutschen Ostgebiete ein. In den Jahren 1982 bis 2000 war er Mitarbeiter der Stiftung Ostdeutscher Kulturrat. In seinen Publikationen versuchte er, diese Kultur zu bewahren und den Bürgern der Bundesrepublik näher zu bringen. Auch nach der Wiedervereinigung setzte er sich mit aktuellen Entwicklungen und Problemen auseinander und förderte den innerdeutschen Dialog.

DR. ILSE BRINKHUES, ALFTER, VERDIENSTKREUZ 1. KLASSE

Frau Dr. Brinkhues kann auf 50 Jahre ehrenamtliches Engagement zurückblicken. Bereits 1949 setzte sie sich dafür ein, dass Lebensmittelpakete für bedürftige Personen in die damalige sowjetische Besatzungszone geschickt werden konnten. Der Schwerpunkt ihrer ehrenamtlichen Tätigkeit war die Entwicklungshilfe. Über Jahrzehnte hinweg organisierte sie Hilfsaktionen, insbesondere in Afrika und Asien, und unterstützte die Projekte auch vor Ort.

Im kirchlichen Bereich engagierte sie sich besonders für die Rechte der Frauen. So machte sie sich stark für die Weihe von Priesterinnen. Darüber hinaus war sie Mitbegründerin der Weltkonferenz der Religionen für den Frieden. Ihr gesamtes Engagement war geprägt von ihrer christlichen Überzeugung und ihrem selbstlosen und unermüdlichen Einsatz über alle Konfessionen hinweg.

FRANZ-JOSEF DREESBACH, WACHTBERG, VERDIENSTKREUZ AM BANDE

Herr Dreesbach ist in seinem Heimatort Oberbachem lange Jahre kommunalpolitisch und in zahlreichen Vereinen aktiv. Von 1975 bis 1984 war er Mitglied im Rat der Gemeinde Wachtberg, danach sachkundiger Bürger. Der Schwerpunkt seiner Vereinstätigkeiten lag im Bereich der Jugendarbeit, vor allem der Förderung der Fußballjugend. Er war Mitglied der Freiwilligen Feuerwehr, Vorsitzender des Pfarrgemeinderates und Mitglied des Kirchenvorstandes der Kirchengemeinde Heilige-Drei-Könige.

GÜNTER KURENBACH, WACHTBERG, VERDIENSTKREUZ AM BANDE

Herr Kurenbach war seit mehr als zwanzig Jahren in verschiedenen Bereichen aktiv. Als langjährigem Mitglied des Wachtberger Gemeinderates lagen ihm besonders sozialpolitische Themen am Herzen. Aber auch außerhalb der Kommunalpolitik hat er sich ehrenamtlich zum Wohle der Allgemeinheit engagiert, so seit 1968 in der Freiwilligen Feuerwehr. Ebenso war er lange Zeit Mitglied im Pfarrgemeinderat der Pfarrgemeinde St. Gereon in Niederbachem und aktives Mitglied in der katholischen Jugend Bonn-Mehlem und Niederbachem. Herr Kurenbach war Mitglied des Kuratoriums der Limbachstiftung, das Träger eines großen Senioren-Stifts ist. Auch in anderen Fördervereinen war er aktiv.

UDO SCHARNHORST, WINDECK, VERDIENSTKREUZ AM BANDE

Herr Scharnhorst ist seit 1985 Mitglied im Rat seiner Heimatgemeinde Windeck. Hier war er in verschiedenen Ausschüssen tätig. Von 1991 bis 1999 war er ehrenamtlicher Bürgermeister der Gemeinde Windeck. Als Mitglied und Vorsitzender des Bürger- und Verschönerungsvereins Herchen widmet er sich in besonderem Maße dem örtlichen Gemeinschaftsleben. Zahlreiche Kinderfeste oder Konzerte wären ohne seinen aktiven Einsatz kaum denkbar. Als Kunstfreund unterstützt er darüber hinaus den Matinee-Verein. Seit 1967 ist Herr Scharnhorst Lehrer am Bodelschwingh-Gymnasium Herchen, davon über ein Jahrzehnt als stellvertretender Schulleiter. In dieser Zeit hat er sich über das normale Maß hinaus sowohl für die Belange der Schülerinnen und Schüler als auch für den Ausbau der Schule eingesetzt.

FRIEDHELM KEHLENBACH, WINDECK, VERDIENSTKREUZ AM BANDE

Herr Kehlenbach ist seit 1974 ununterbrochen Mitglied des Gemeinderates Windeck und seit 1982 Vorsitzender seiner Fraktion. Er ist in vielen Ausschüssen aktiv, so im Schulausschuss, im Haupt- und Finanzausschuss, im Kulturausschuss und seit 1999 als Vorsitzender im Bau- und Vergabeausschuss. Darüber hinaus war er von 1984 bis 1994 stellvertretender Bürgermeister der Gemeinde Windeck. Mit seiner bürgernahen Politik gelang es ihm, sowohl die örtlichen Eigenheiten der Flächengemeinde zu berücksichtigen, als auch alle Bürgerinnen und Bürger in die Gemeinschaft zu integrieren. Zwischen 1994 und 1999 war Herr Kehlenbach Mitglied der Verbandsversammlung des Volkshochschul-Zweckverbandes Rhein-Sieg.

HERMANN KORDES, SANKT AUGUSTIN, VERDIENSTKREUZ AM BANDE

Ein Schwerpunkt des Wirkens von Herrn Kordes lag im gewerkschaftlichen Bereich. So ist er seit 1953 Mitglied in der Deutschen Angestelltengewerkschaft (DAG, heute ver.di). Dort engagierte er sich in verschiedenen Bereichen. Seit 1990 ist er Vorstandsmitglied der ehemaligen DAG-Rentnergemeinschaft Bonn. Er hat viel dazu beigetragen, dass die tarifrechtlichen Interessen von Arbeitnehmern und Arbeitnehmerinnen gewahrt und verbessert werden. Darüber hinaus wurde er 1974 zum Versichertenältesten der Bundesversicherungsanstalt für Angestellte (BfA) für den Rhein-Sieg-Kreis gewählt. Zudem war er von 1982 bis 1996 ehrenamtlicher Revisor des Bezirksvorstandes Bonn und seit 1968 ordentliches Mitglied der Vertreterversammlung des rheinischen Gemeindeunfallverbandes in Düsseldorf.

DR. ANDREAS URBAN, KÖNIGSWINTER, VERDIENSTKREUZ AM BANDE

Seit den siebziger Jahren engagiert sich Dr. Urban für herzkranke Kinder. 1976 übernahm er die Stelle des Oberarztes in der neuen chirurgischen Abteilung der Kinderklinik Sankt Augustin. 1980 wurde er Chefarzt der kinderherzchirurgischen Abteilung. Im Jahre 2000 wurde das Deutsche Kinderherzzentrum in Sankt Augustin gegründet, dessen ärztlicher Direktor er ist. Weit über den Rhein-Sieg-Kreis hinaus genießt Dr. Urban im In- und Ausland einen ausgezeichneten Ruf. Sein Engagement ging weit über seine „ärztlichen Pflichten" hinaus. So gründete er Vereine und Stiftungen, die Spenden für die Kinderklinik in Sankt Augustin sammeln. Aber auch im Ausland setzt er sich für herzkranke Kinder ein, zum Beispiel in Afrika. Die Gründung eines Kinderherzzentrums in Eritrea ist maßgeblich seinem Engagement zu verdanken.

PETER KOKOTT, SANKT AUGUSTIN, VERDIENSTKREUZ AM BANDE

Herr Kokott widmet sich seit 1947 der Pflege des schlesischen Brauchtums und der Kultur. Seit 1965 ist er Mitglied im Bund der Vertriebenen (BdV), Ortsverband Sankt Augustin, 1995 wurde er BdV-Vorsitzender des Rhein-Sieg-Kreises. Bis heute setzt er sich für die Belange Heimatvertriebener ein und organisiert zahlreiche Veranstaltungen. Auch zu Deutschen im Raum Oppeln hat er Kontakt aufgenommen und trägt so zur Versöhnung zwischen den Völkern bei. Darüber hinaus war er von 1984 bis 1989 und von 1991 bis 1994 Mitglied im Rat der Stadt Sankt Augustin. Von 1990 bis 1996 leitete er den Kindergartenbeirat und wirkte auch darüber hinaus in einigen Kindertageseinrichtungen mit. Zudem war er von 1973 bis 1995 Vorstandsmitglied des CDU-Ortsverbandes und seit 1994 ist er auch im Vorstand der Ost- und Mitteldeutschen Vereinigung in der CDU Rhein-Sieg aktiv.

ERICH BECKER, SIEGBURG, VERDIENSTKREUZ AM BANDE

Seit langem widmet sich Herr Becker dem Umwelt- und Naturschutz. So setzt er sich, verstärkt nach seiner Pensionierung 1979, für die Erhaltung des Naherholungsgebietes Aggeraue und Trerichsweiher in Siegburg und seiner einmaligen Flora und Fauna ein. Der Rhein-Sieg-Kreis erwarb dieses wertvolle Gebiet, das dann 1991 unter Naturschutz gestellt werden konnte. Herr Becker ist hier seit 1992 Landschaftswächter. Fast täglich ist Herr Becker zu Kontrollgängen unterwegs und immer bereit, Erholungsuchenden die Vielfalt der Tier- und Pflanzenwelt zu erläutern und näher zu bringen. In seinem Beruf als Metzgermeister setzte er sich in herausragender Weise für die Ausbildung des Nachwuchses ein.

PROF. DR. PETER MOLT, BAD HONNEF, VERDIENSTKREUZ AM BANDE

Herr Prof. Dr. Molt hat sich mehr als 40 Jahre ehrenamtlich in der Entwicklungshilfe und Entwicklungspolitik engagiert. 1962 bis 1966 war er bei der Konrad-Adenauer-Stiftung beschäftigt, hier setzte er sich insbesondere für Menschenrechte, Demokratie und soziale Gerechtigkeit ein, wobei ihm besonders die internationale Solidarität am Herzen lag. Seit den 60er Jahren war Herr Prof. Dr. Molt bei verschiedenen Entwicklungshilfeorganisationen, so zum Beispiel beim Deutschen Entwicklungsdienst, und den Vereinten Nationen tätig. Er ist seit 1992 Honorarprofessor für Politikwissenschaft mit Schwerpunkt Entwicklungspolitik an der Universität Trier. Bereits seit 1984 hatte er dort regelmäßige Lehraufträge übernommen.

DR. INGO ELLGERING, BAD HONNEF, VERDIENSTKREUZ AM BANDE

Dr. Ellgering wurde für sein besonderes ehrenamtliches Engagement vor allem im kulturellen Bereich geehrt. Seine langjährige Vorstandstätigkeit in der Kreissparkasse Köln brachte ihn immer wieder in verschiedenen Funktionen mit dem rheinischen Kulturgut in Verbindung, sei es als Gründungsvorsitzender der „Stiftung Archäologie in Köln", als Kuratoriumsmitglied der Sparkassen-Kulturstiftung Rheinland, im Vorstand des „Rheinischen Vereins für Denkmalpflege und Landschaftsschutz" oder im Vorstand des „Vereins der Freunde der Kunsthochschule für Medien" in Köln. So ist es ihm auch zu verdanken, dass das Römisch-Germanische Museum in die Kulturstiftung der Kreissparkasse Köln aufgenommen wurde. Als Vorstandsmitglied des Fördervereins lag ihm auch die Unterstützung des Kölner Zoos am Herzen. Auch im beruflichen Bereich übernahm er eine Vielzahl von Aufgaben, die das gesellschaftliche Engagement und die Orientierung der Sparkassen am Gemeinwohl zum zentralen Anliegen hatten.

PETER HANSJÖRG STRATZ, WACHTBERG, VERDIENSTKREUZ AM BANDE

Erstmals 1991 fuhr Herr Stratz mit einem DRK-LKW nach Minsk in Weißrussland. Seitdem unternimmt er mindestens einmal im Jahr Hilfstransporte nach Russland, insbesondere nach St. Petersburg, um die Not der armen Bevölkerung zu lindern. Hierbei organisiert er nicht nur die Fahrten, sondern sammelt Sach- und Geldspenden ein, vor allem Bekleidung und Nahrung für Kinder- und Waisenheime. Mit dem von ihm gegründeten Projekt „Aktion Hilfe für St. Petersburg" schafft er es immer wieder, solche Fahrten zu organisieren und persönlich vor Ort direkte und unbürokratische Hilfe zu leisten.

URSULA WIEDENLÜBBERT, TROISDORF, VERDIENSTMEDAILLE

Frau Wiedenlübbert hat sich seit vielen Jahren im kulturellen und sozialen Bereich ehrenamtlich engagiert. Sie war Mitbegründerin des Fördervereins für das Bilderbuchmuseum der Stadt Troisdorf und ist seitdem mit großem persönlichen Einsatz im Vorstand tätig. Während ihrer aktiven Dienstzeit als Lehrerin hat sie mit Kindern und deren Eltern Familienwandertage durchgeführt, um so außerhalb des normalen Schulbetriebs auf spielerische Weise zeitgeschichtlichen Unterricht zu geben.

Das Verdienstkreuz am Bande (Damenausführung)

Das Große Verdienstkreuz (Herrenausführung)

RUDOLF RADERMACHER, MECKENHEIM, VERDIENSTMEDAILLE

Herr Radermacher hat sich durch sein langjähriges ehrenamtliches Engagement im deutschen Alpenverein e.V. auszeichnungswürdige Verdienste erworben. Nachdem er mehrere Jahre Kassenprüfer der Sektion Bonn dieses Vereins war, übernahm er die ehrenamtliche Funktion des Hüttenwarts für die in Kärnten gelegene „Bonner Hütte". Ihm oblagen die Instandhaltung, die er teilweise selbst durchführte, und die ordnungsgemäße Bewirtung der Hütte. Hierbei legte er insbesondere auf den Umwelt- und Naturschutz Wert.

HELGA SALSCHEIDER, HENNEF, VERDIENSTKREUZ AM BANDE

Frau Salscheider engagiert sich seit 30 Jahren im sozialen Bereich und ist ebenfalls seit vielen Jahren in der Kommunalpolitik aktiv. Seit 1975 widmet sie sich Seniorinnen und Senioren. Sie veranstaltete Senioren-Cafés und organisierte Ausflüge. Als langjährige Leiterin einer Spiel- und Bastelgruppe nimmt sie sich auch der Kinderbetreuung an. Seit 1984 ist Frau Salscheider Mitglied im Rat der Stadt Hennef, wo sie im Laufe der Jahre Mitglied in unterschiedlichen Ausschüssen war bzw. ist. Sie ist seit 1992 stellvertretende Vorsitzende des Deutschen Roten Kreuzes – Ortsverein Hennef. Darüber hinaus war sie mehrere Jahre Schöffin beim Landgericht Bonn.

FRANK ZÄHREN, WINDECK, VERDIENSTKREUZ AM BANDE

Herr Zähren ist seit 1979 Mitglied des Windecker Gemeinderates. Seitdem setzt er sich vornehmlich für die Wirtschaftsförderung in Windeck ein. Seit 1999 ist er Vorsitzender des Ausschusses für Wirtschaftsförderung und Fremdenverkehr. Im Bürgerverein Schladern e.V. kümmert er sich besonders um die Integration ausländischer Mitbürger. Ebenso engagiert er sich im Gesangsverein „Germania" Schladern und im evangelischen Kirchenbauverein.

Das Große Verdienstkreuz (Damenausführung)

GÜNTHER HEUBAUM, NIEDERKASSEL, VERDIENSTMEDAILLE

Herr Heubaum ist im kommunalpolitischen Bereich aktiv. Er gehört seit 1975 dem Stadtrat Niederkassel an. Hier war er unter anderem Vorsitzender des Umwelt- und des Rechnungsprüfungsausschusses. Daneben war er lange Zeit Mitglied im Zweckverband der Volkshochschule Troisdorf und Niederkassel und Vorsitzender des Ortsvereins Niederkassel der Arbeiterwohlfahrt. Von 1997 bis 2000 war er ebenfalls Vorsitzender des Ortsrings Mondorf, in dem er heute noch mitwirkt.

ALFRED HEINRICH, TROISDORF, VERDIENSTKREUZ AM BANDE

Herr Heinrich engagiert sich seit Jahrzehnten ehrenamtlich, insbesondere im sportlichen Bereich. Seit 1977 ist er in verschiedenen Funktionen im Vorstand des TuS 07 Oberlar tätig. Sein besonderes Interesse galt hier dem Sportabzeichenwettbewerb, für den er 1992 Stützpunktleiter des Kreissportbundes wurde. Auch im Stadtsportverband Troisdorf e.V. ist er seit 1981 tätig und stellt sein fundiertes Fachwissen in den Dienst aller Sportvereine der Stadt Troisdorf. Daneben gilt sein Interesse dem Umweltschutz, so zum Beispiel im Kleingartenverein Oberlar oder als Fachberater für Kleingartenwesen.

AXEL FRIEDRICH SIEBER, TROISDORF, VERDIENSTMEDAILLE

Herr Sieber hat sich insbesondere für das Gemeinschafts- und Vereinsleben des Ortsteiles Spich eingesetzt und prägt dort seit über dreißig Jahren das Vereinsleben und die Brauchtumspflege entscheidend mit. Er ist Mitglied im Spicher Karnevalsverein und seit 1996 Ehrenvorsitzender des Festausschusses. Im Männergesangverein ist er seit 1988 Vorsitzender. Daneben plant und organisiert er, unterstützt durch die Bundeswehr und die Jugendbehindertenhilfe Rhein-Sieg e.V., integrative Jugendspiele mit behinderten und nicht behinderten Jugendlichen.

Das Großkreuz

JOACHIM SCHOLZ, KÖNIGSWINTER, VERDIENSTKREUZ AM BANDE

Auch Herr Scholz widmete sich insbesondere der Brauchtumspflege und hat sich hier auszeichnungswürdige Verdienste erworben. Er ist seit 1982 Vorsitzender der Dorfgemeinschaft Königswinter-Oelinghoven. Beim Bau des Dorfgemeinschaftshauses wirkte er entscheidend mit. 1975 war er maßgeblich an der Gründung des Tanzcorps „Rot- Weiß Oelinghoven" beteiligt, in dem er beinahe dreißig Jahre aktiv war. Sein Ziel ist vor allem die Integration neuer Bürgerinnen und Bürger sowie das harmonische Miteinander der Generationen. Spenden, die im Rahmen der von ihm organisierten Erntedankfeiern eingehen, werden bedürftigen Menschen in Afrika zur Verfügung gestellt.

KLAUS RINGHOF, MUCH, VERDIENSTKREUZ AM BANDE

Herr Ringhof ist seit Jahren im kommunalpolitischen Bereich aktiv. Er ist seit 1999 Mitglied im Kreistag. Zuvor war er lange Jahre Gemeindedirektor in Much. Hier war er maßgeblich an der positiven Entwicklung der Gemeinde Much insbesondere im wirtschaftlichen Bereich beteiligt. 1989 half Herr Ringhof der brandenburgischen Gemeinde Groß Köris beim Aufbau der kommunalen Selbstverwaltung. Durch sein unermüdliches Engagement wurden nicht nur ein Partnerschaftsvertrag zwischen beiden Gemeinden, sondern auch auf privater Ebene Freundschaften geschlossen.

UWE KAPTEIN, HENNEF, VERDIENSTKREUZ AM BANDE

Herr Kaptein gehört dem Rat der Stadt Hennef seit zwanzig Jahren an. Hier war bzw. ist er in zahlreichen Ausschüssen tätig, so zum Beispiel als Vorsitzender des Stadtentwicklungsausschusses. Neben seinem kommunalpolitischen Engagement ist er auch im sozialen Bereich aktiv. Er ist in der Organisation „Neues Leben Hennef" tätig, die sich für die Integration behinderter Menschen einsetzt. Er hatte maßgeblich Anteil an der Gründung eines Behindertenwohnheims in der Hennefer Innenstadt – eine Einrichtung, die seit 10 Jahren besteht und die der Pflege und Aufrechterhaltung sozialer Kontakte dient.

BRÜCKEN BAUEN ZWISCHEN DEN KULTUREN

FRAUEN UNTERSTÜTZEN AKTIV DEN AUFBAU IN AFGHANISTAN

VON
IRMGARD SCHILLO

AFGHANISTAN – AUCH EIN THEMA FÜR DEN RHEIN-SIEG-KREIS?!

Sicher ist Ihnen noch präsent, wie vor drei Jahren erstmalig die Afghanistan-Konferenz auf dem Petersberg stattfand. Politikerinnen und Politiker aus der ganzen Welt trafen sich, um gemeinsam über die Zukunft von Afghanistan zu beraten und Entscheidungen zu treffen (nachzulesen im Jahrbuch des Rhein-Sieg-Kreises 2003, Seite 180). Mittlerweile haben zwei weitere Treffen in Deutschland stattgefunden: eines ebenfalls auf dem Petersberg und ein drittes in Berlin. Durch die Bereitstellung der Tagungsstätten hat Deutschland von Anfang an seiner positiven Haltung gegenüber Afghanistan Ausdruck verliehen und durch die Runden-Tisch-Gespräche einen wichtigen Beitrag für den Friedensprozess geleistet.

Nicht nur in der Politik ist Afghanistan Thema. Verschiedene Frauenprojekte in der Region unterstützen ganz konkret die Menschen und den Aufbau vor Ort. Beispielhaft möchte ich das von Elke Jonigkeit ins Leben gerufene Projekt *NAZO* vorstellen. Der Name des Hilfsprojekts geht zurück auf Nazo Tokhay. Die Dichterin, die um 1700 lebte, gilt als Mutter einer nationalen Bewegung, die zur Gründung Afghanistans führte. Ich lernte Frau Jonigkeit 2001 bei der Vorbereitung der Ausstellung *Starke Frauen der Region* kennen. Auch sie ist eine dieser starken Frauen. Die Filmemacherin, die in Lohmar lebt, dreht seit 1985 Filme über das Leben von Frauen in Afghanistan.

In sechs Filmen des *Afghanistan-Zyklus*
– *Frauen mit nie gehörten Namen*
– *Geflüchtet, Gefoltert, Vergewaltigt*
– *Mein Vater ist ein Märtyrer*
– *Afghanische Kinder träumen vom Frieden*
– *Tschadari & Buz Kaschi*
– *Die Frauen von Kabul – Sterne am verbrannten Himmel*

beschreibt Frau Jonigkeit die Lebenssituation der dort lebenden Menschen, insbesondere die der Frauen. Sie hat bei ihren vielen Besuchen die Lebenswirklichkeit der afghanischen Frauen unter den verschiedenen Staatsformen kennen gelernt. In 24 Jahren Krieg und Bürgerkrieg sind viele Traditionen zerbrochen. So gibt es heute neben noch intakten Familienverbänden eine Million Witwen, die sich alleine durchschlagen müssen. Viele von ihnen können weder lesen noch schreiben und haben keinen Beruf erlernt – aber fast immer sind sie Mütter vieler Kinder. Die Frauen erlebten neben den schrecklichen persönlichen Folgen des Krieges zusätzlich eine Entwertung ihrer traditionellen Machtstrukturen. Für sie verfestigten sich die tradierten Geschlechterverhältnisse.

Ausstellung im Lohmarer Rathaus.
„Blicke hinter den Schleier – aus dem Alltag afghanischer Frauen"

Bei den Dreharbeiten zum vorläufig letzten Film des Afghanistan-Zyklus *Die Frauen von Kabul – Sterne am verbrannten Himmel* traf Elke Jonigkeit – Gott sei Dank – einige bekannte Gesichter in Afghanistan wieder. Am 6. März 2004 sahen viele Besucherinnen und Besucher diesen Film, der im Rahmen der Frauenkulturtage in Bad Honnef gezeigt wurde. Das Engagement der Frauen und Mädchen beeindruckte das Publikum zutiefst: Frauen, die den Neuaufbau wagen, eine Schule für den gemeinsamen Unterricht von Mädchen und Jungen aufbauen, eine Arztpraxis eröffnen, und wieder als Richterin Recht sprechen (leider noch nach den „alten Gesetzen"). Diese Frauen stehen beispielhaft für all jene, die im heutigen Afghanistan Verantwortung übernehmen. Aus der Zusammenarbeit mit den Protagonistinnen des Films entstand der Frauen-Selbsthilfe-Verein *NAZO*. Genau genommen bildeten sich zwei Vereine: *NAZO* in Afghanistan und *NAZO* in Deutschland. Vorsitzende von *NAZO* in Deutschland ist Elke Jonigkeit.

Der deutsche Verein hat das Ziel, Spenden für Gesundheits- und Bildungsprojekte in Afghanistan zu sammeln. Die *NAZO*-Frauen in Afghanistan helfen mit, die Trümmer der Kriege zu beseitigen: sowohl die äußerlichen – die zerstörten Häuser, Straßen, Strom- und Wasserwerke –, als auch die innerlichen, die seelischen Narben, die der Krieg den Menschen zugefügt hat. Es sind die Frauen, die für Kinder, Ehemänner, Väter und Brüder ein neues Zuhause schaffen.

Im März 2004 wurde ein *NAZO*-Ausbildungszentrum in Kabul eröffnet. Die dort tätigen Frauen haben mit Hilfe ihrer Männer die Räumlichkeiten in Stand gesetzt. Zunächst werden hier 30 Witwen zu Schneiderinnen ausgebildet. Die Ausbildung von Schmuck-Designerinnen ist in Vorbereitung. Dem Zentrum ist ein Kindergarten angeschlossen, der möglichst schnell zu einem selbstständigen Kinderhaus erweitert werden soll. Jede verheiratete Frau in Afghanistan hat laut Statistik sieben, eine Witwe vier Kinder. Es sind also viele Kinder zu betreuen und zu erziehen.

Traditionell müssen sich Jungen und Mädchen schon in sehr jungen Jahren am Überlebenskampf ihrer Familie beteiligen. Auf den Straßen putzen sie Schuhe oder verkaufen Kleinigkeiten. Im Haus knüpfen sie Teppiche oder erledigen die Hausarbeit. Mit dem Kinderhaus will *NAZO* Mädchen und Jungen eine Chance geben, in ihrer Kindheit zu spielen und zu lernen. So soll die Basis für eine Zukunftsperspektive geschaffen werden. Elke Jonigkeits Anliegen ist es, Verständnis für die Situation der Frau in Afghanistan zu wecken. Mit Hilfe der selbst produzierten Ausstellung *Blicke hinter den Schleier – aus dem Alltag afghanischer Frauen* will sie dieses Ziel erreichen. Fotos und Kinderzeichnungen zeigen das normale Leben, aber auch das durch Krieg und Bürgerkrieg verursachte Leid. Exotische Schmuckstücke, kunstvoll bestickte Schleier und prachtvolle Kleider gewähren einen Einblick in ein Afghanistan jenseits von Krieg und Zerstörung, in eine Frauenkultur, die neben der Männerwelt ein Eigenleben führt.

Im Lohmarer Rathaus wurde die Ausstellung im März und April 2004 gezeigt. Am 22. April 2004 endete das Projekt mit einer Finissage. Die Ärztin Dr. Razia Naser, ein Gründungsmitglied von *NAZO* in Afghanistan, informierte in einem Vortrag über die heutige Lebenssituation. Ihre Tochter schilderte die Lebenswelt junger Mädchen in Afghanistan heute und „damals". Anschließend wurde bei einem afghanischen Festtags-Essen (Qabli-Palaiu) über das Gesehene und Gehörte lebhaft diskutiert.

Immer wieder erlebt Frau Jonigkeit, dass es, allen Terrormeldungen zum Trotz, viel Zuversicht, Hoffnung und Mut in Afghanistan gibt. Unter den 500 Volksvertretern der großen Ratsversammlung sind immerhin 100 Frauen. In sie werden große Hoffnungen gesetzt, da immer noch zu viele der Männer an der Macht sind, die in der Vergangenheit Verantwortung trugen und damit auch für die Katastrophen, die das afghanische Volk zu ertragen hatte, mitverantwortlich sind. Der Verein *NAZO* will eine Brücke nach Afghanistan schlagen, will uns die Denk- und Gefühlswelten der Menschen in Afghanistan näher bringen, die dortigen Lebenssituationen verdeutlichen und konkrete Hilfe leisten.

BLICK IN DIE ZUKUNFT

Im künftigen afghanischen Parlament ist rund ein Fünftel der Sitze den Frauen vorbehalten. Auch das Prinzip der Gleichberechtigung von Mann und Frau ist in der neuen Verfassung verankert. Das geschriebene Papier in gelebte Realität umzusetzen, wird jedoch noch großer Anstrengungen bedürfen.

Die Männer in Afghanistan müssen lernen, dass auch Frauen Rechte haben – und die Frauen müssen lernen, wie ihre Rechte beschaffen sind, wie sie sich gegen Unterdrückung und Bevormundung zur Wehr setzen können.

Die Lebenssituation der afghanischen Frauen und Mädchen findet Aufmerksamkeit.

Ob und wie schnell die neue Verfassung das Alltagsleben verändert, hängt mit davon ab, wie intensiv wir – das Ausland – uns für Afghanistans Frauen und damit für Afghanistans Zukunft stark machen.

Kontakt:
NAZO-Deutschland
Hilfe für afghanische Frauen e.V.
Schleheckerstr. 43
53797 Lohmar
www.nazo-support.org

Traditionelle Kleidung sowie Fotos und Zeichnungen vermitteln unterschiedliche Aspekte des Alltagslebens

Feierlicher Abschluss der Ausstellung

Bildnachweis

Curd Söntgerath 12, 13, 182

Siebengebirgsmuseum, Sammlung Stiftung Abtei Heisterbach 14, 15, 17, 18, 20

Siebengebirgsmuseum Stadt Königswinter 16

Reinhard Zado 17, 18, 19, 21, 27, 28, 29, 30, 31, 32, 33, 34, 36, 38, 40, 64, 65, 66, 68, 69, 76, 87, 88, 89, 90, 102, 111, 130, 152, 153, 161, 170, 173, 174, 176, 177, 179, 181, 182, 187, 188, 189, 195, 199, 202, 203, 204, 205, 213

Olaf Denz 22, 23, 24, 25, 26, 27

Horst Bursch 29, 30, 31, 32

Wolfgang Kemmer/Josef Freiburg 34, 35

Klaus Breuer/VVS 36, 37

Martina Krautscheid 37, 71, 163, 168, 169, 171, 196

Barbara Hausmanns/Paul Schmitz/Fotoclub Fritzdorf 42, 43, 44, 45, 46, 47, 48

Frieder Berres/Heimatverein Siebengebirge 50, 51, 52, 53, 54, 55, 56

Rhein-Sieg-Kreis, Archiv 58, 59, 60, 61, 62, 109, 110, 112

Wolfgang Seel 61

Privatbesitz 110

Stadtarchiv Siegburg 65, 66, 67, 68, 69, 104, 109, 111, 113, 124, 125, 126, 196

Rolf Bähr/Klaus Trimborn 70, 71, 72, 73, 74

Horst Heidermann 78, 79, 80, 81, 82, 83

Annette Schütte/Wissenschaftsverlag für Glasmalerei GmbH 84, 85, 86, 87, 88, 89, 91

Frank Hüllen 92, 93, 95, 96, 97, 98, 99, 100, 102

Historisches Archiv der Stadt Köln 92

Rheinisches Amt für Denkmalpflege 93, 94, 97, 98, 99, 101, 102

Hauptstaatsarchiv Düsseldorf 94

Susanne Werner 104, 105, 107, 160, 161, 162, 168, 169, 170, 171, 172, 178, 184, 185, 186, 187, 190, 191, 192, 193

Christian Ubber/Musikwerkstatt Engelbert Humperdinck 106, 107

Hanns G. Noppeney 114, 115, 116, 117, 118

Niklas Schütte 120, 121, 122, 123

Jürgen Schmitz 124, 126, 127, 128, 129

Stadt Lohmar 132, 134, 135

Jürgen Morich 133, 134, 136, 137, 138

Heimat- und Geschichtsverein Lohmar 133

Thomas Wagner 140, 141, 142, 143, 144

Anne Burghard 143, 144

Gemeinsame Kommunale Datenverarbeitung 146, 147, 148

Kreissparkasse Köln 150, 151, 153, 194

Matthias Becker/AOK Rheinland 154, 155

Ralf Rohrmoser-von Glasow 156

Peter Kern 157

Elisabeth Einecke-Klövekorn/Junge Theatergemeinde Bonn 162, 164, 165, 166, 167

Rhein-Sieg-Kreis Pressestelle 173, 175, 178, 181, 191, 196

Steyler Missionare 174

WTV 177

Sonja Jakobshagen 188

Michael Feldhaus 184, 185

Holger Arndt/General-Anzeiger Bonn 108, 113, 186

Wolfgang Maus 192

Architekturbüro Heuer u. Faust, Aachen 195

SKM 198

Elke Jonigkeit 210, 211

Rhein-Sieg-Kreis, Wirtschaftsförderung 200, 201, 202, 203, 205

Ziegen auf dem Rodderberg

Andrea Korte-Böger (Hrsg.)

STEINE UND ERDE
DER JÜDISCHE FRIEDHOF IN SIEGBURG

Als erster Band der Reihe:
„Zeugnisse jüdischer Kultur im Rhein-Sieg-Kreis", herausgegeben von Claudia Maria Arndt, erscheint die umfassende Aufbereitung des jüdischen Friedhofs in Siegburg.

Gebundene Ausgabe
540 Seiten im Format DIN A 4
mit einer vollständigen Bilddokumentation der Grabmäler.

Preis EUR 39,-

ISBN-NR 3-931509-51-6

AUSZUG AUS DEM INHALT

- Geschichte der Juden in Siegburg im Lichte der neueren Forschung
- (K)ein mittelalterlicher Stein
- Bestattungen auf dem jüdischen Friedhof in der NS-Zeit
- Wiederherstellung des jüdischen Friedhofes in der Nachkriegszeit
- Der Friedhof, die Grabmäler und ihre Inschriften
- Einige Beobachtungen zur Mineralogie und zur Kulturgeschichte der Grabsteine
- Katalog der Grabsteine
- Zeugnisse jüdischer Kultur im Rhein-Sieg-Kreis
- Wie alt ist der jüdische Friedhof in Siegburg? Neue Erkenntnisse aus der Forstwirtschaft

RHEINLANDIA VERLAG KLAUS WALTERSCHEID
Im Klausgarten 35 - D-53721 Siegburg
Telefon: 02241-38 27 30 - Fax 02241 38 77 80
e-mail: k.walterscheid@rheinlandia.de
www.rheinlandia.de

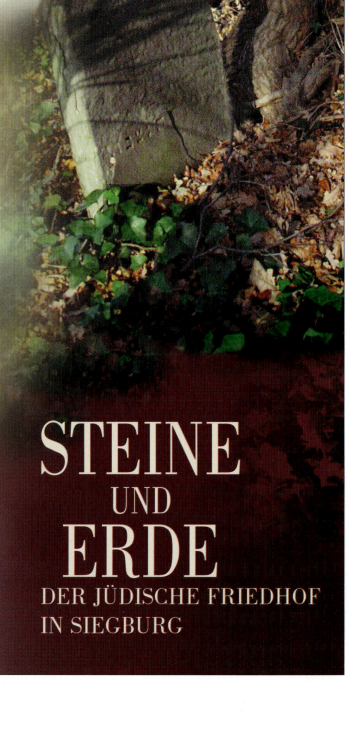

Dan Bondy und Hildegard Heimig

„BET HACHAJIM"
HAUS DES LEBENS

DIE JÜDISCHEN FRIEDHÖFE IN BORNHEIM, HERSEL UND WALBERBERG

Als zweiter Band der Reihe:
„Zeugnisse jüdischer Kultur im Rhein-Sieg-Kreis",
herausgegeben von Claudia Maria Arndt,
erscheint die umfassende Aufbereitung
der jüdischen Friedhöfe in Bornheim,
Hersel und Walberberg.

Gebundene Ausgabe
256 Seiten im Format DIN A 4
mit einer vollständigen Bilddokumentation
der Grabmäler

Preis EUR 25,-

ISBN-NR 3-935005-80-6

RHEINLANDIA VERLAG KLAUS WALTERSCHEID
Im Klausgarten 35 - D-53721 Siegburg
Telefon: 02241-38 27 30 - Fax 02241 38 77 80
e-mail: k.walterscheid@rheinlandia.de
www.rheinlandia.de

BET HACHAJIM
HAUS DES LEBENS

DIE JÜDISCHEN FRIEDHÖFE BORNHEIM, HERSEL UND WALBERBERG